밀쳐야 미친다

미쳐야 미치다

不狂不及

| 조선 지식인의 내면 읽기 |

정민 지음

푸른역사

■ 머리말

불광불급(不狂不及)! 미치지 않으면 미치지 못한다. 세상에 미치지 않고 이룰 수 있는 큰일이란 없다. 학문도 예술도 사랑도 나를 온전히 잊는 몰두 속에서만 빛나는 성취를 이룰 수 있다. 한 시대를 열광케 한 지적, 예술적 성취 속에는 스스로도 제어하지 못하는 광기와 열정이 깔려 있다.

이 책은 조선시대 지식인의 내면을 사로잡았던 이러한 열정과 광기를 탐색한 글이다. 허균, 권필, 홍대용, 박지원, 이덕무, 박제가, 정약용, 김득신, 노긍, 김영 등 내가 이 책에서 관심을 둔 인물들은 우연찮게도 대부분 그 시대의 메이저리거들이 아니라 주변 또는 경계를 아슬하게 비껴 갔던 안티 혹은 마이너들이었다.

누구에게나 자신의 시대는 자못 격정적이다. 이 격정 앞에 온몸을 내던져 맞부딪쳐 나가는 사람이 있고, 못 본 척 고개를 돌려버리는 사람이 있다. 뼈아픈 시련을 자기 발전의 밑바대로 삼아 용수

철처럼 튀어오른 사람과, 한때의 득의가 주는 포만감에 젖어 역사에 흔적조차 남기지 못한 채 스러져버린 사람도 있다. 이 책에 나오는 이들은 모두 전자의 삶을 살았던 사람들이다.

  지난 10년 가까이 나는 이들과 만나 울고 또 웃었다. 현실의 중압이 버거워 달아나고 싶다가도 이들 앞에 서면 정신이 번쩍 들었다. 나태와 안일에 젖었을 때 뒤통수를 후려치는 죽비소리를 들었다. 현실 앞에 부서지면서도 결코 외면하거나 회피하지 않았던 슬프고 칼날 같고 고마운 기록들이 여기에 있다. 나는 이 책에서 다만 기록의 행간에 숨어 잘 보이지 않던 이들의 이야기를 먼지 털어 전달하는 사람의 소임만을 다하고자 했다.

  나는 이 책을 통해 잊혀진 작은 영웅들을 복원해내고 싶다. 그들은 죄인으로, 역적으로, 서얼로, 혹은 천대받고 멸시받는 기생과 화가로 한 세상을 고달프게 건너갔다. 이들은 사람들의 기억에서 잊혀진 채, 형장의 이슬로 사라지거나 심지어 굶어 죽기까지 했다. 그들의 삶은 대부분 잊혀졌지만, 어느 순간 나를 후끈 달아오르게 하고, 정신이 번쩍 들게 했던 그들의 뜨겁고 따뜻한 마음만은 오래 기억하고 싶다.

  절망 속에서 성실과 노력으로 자신의 세계를 우뚝 세워올린 노력가들, 삶이 곧 예술이 되고, 예술이 그 자체로 삶이었던 예술가들, 스스로를 극한으로 몰아세워 한 시대의 앙가슴과 만나려 했던 마니아들의 삶 속에 나를 비춰보는 일은, 본받을 만한 사표(師表)도, 뚜렷한 지향도 없어 스산하기 짝이 없는 이 시대를 건너가는 데 작은 위로와 힘이 될 수 있을 것이다. 아니 어쩌면 그들의 그때와 우리의 지금은 똑같은 되풀이일지도 모르겠다는 생각도 있다.

미쳐야 미친다! 이것은 지난 수년 간 내가 내 자신에게 끊임없이 되뇌어온 화두이기도 하다. 날마다 홍수처럼 쏟아지는 정보 속에서, 무엇보다 중요한 것은 옳고 그름을 판단할 주체를 세우는 일이다. 주체를 세우는 일은 식견을 갖추고 통찰력을 지녀야만 가능하다. 남들 하는 대로 하고 가자는 대로 이리저리 몰려다니기만 한 대서야 도대체 무슨 일을 할 수 있겠는가?

무엇보다 푸른역사의 해묵은 글빚을 갚게 되어 기쁘다. 침묵으로 기다려준 박혜숙 선생께 미안하고 고맙다. 저자를 업그레이드시켜주는 편집자 김주영 씨와 함께 작업한 것을 감사하게 생각한다. 고암 정병례 선생께서 그의 칼로 돌에 새겨 이 책의 얼굴을 빛내주셨다. 세상 살아가며 갚고 새겨야 할 것이 사뭇 많아진다.

2004년 3월
봄이 오는 행당동산에서
정민

미쳐야 미친다

차례

1 벽癖에 들린 사람들

미쳐야 미친다 | 벽(癖)에 들린 사람들 13

굶어 죽은 천재를 아시오? | 독보적인 천문학자 김영 32

독서광 이야기 | 김득신의 독수기(讀數記)와 고음벽(苦吟癖) 51

지리산의 물고기 | 책에 미친 바보 이덕무 68

송곳으로 귀를 찌르다 | 박제가와 서문장 85

그가 죽자 조선은 한 사람을 잃었다 | 노긍의 슬픈 상상 105

2 맛난 만남

이런 집을 그려주게 | 허균과 화가 이정 *125*

산자고새의 노래 | 허균과 기생 계랑의 우정 *138*

어떤 사제간 | 권필과 송희갑의 강화도 생활 *156*

삶을 바꾼 만남 | 정약용과 강진 시절 제자 황상 *177*

실내악이 있는 풍경 | 홍대용과 그의 벗들 *195*

돈 좀 꿔주게 | 박지원의 짧은 편지 *212*

노을치마에 써준 글 | 가족을 그린 정약용의 편지 *227*

3 일상 속의 깨달음

연기 속의 깨달음 | 이옥과 박지원의 소품산문 *245*

그림자놀이 | 이덕무와 정약용의 산문 *263*

천하의 지극한 문장 | 홍길주의 이상한 기행문 *280*

신선의 꿈과 깨달음의 길 | 마음을 다스리는 방법에 관한 허균의 생각 *299*

세검정 구경하는 법 | 정약용의 유기(遊記) 세 편 *318*

1부 _ **벽癖**에 들린 사람들

처참한 가난과 신분의 질곡 속에서도 신념을 잃지 않았던 맹목적인 자기 확신, 추호의 의심 없이 제 생의 전 질량을 바쳐 주인 되는 삶을 살았던 옛사람들의 내면 풍경이 나는 그립다

미쳐야 미친다

벽(癖)에 들린 사람들

    세상은 만만하지 않다. 그저 하고 대충 해서 이룰 수 있는 일은 어디에도 없다. 그렇게 하다 혹 운이 좋아 작은 성취를 이룬다 해도 결코 오래가지 않는다. 노력이 따르지 않은 한때의 행운은 복권 당첨처럼 오히려 그의 인생을 망치기도 한다.
    불광불급(不狂不及)이라 했다. 미치지 않으면 미치지 못한다는 말이다. 남이 미치지 못할 경지에 도달하려면 미치지 않고는 안 된다. 미쳐야 미친다. 미치려면[及] 미쳐라[狂]. 지켜보는 이에게 광기(狂氣)로 비칠 만큼 정신의 뼈대를 하얗게 세우고, 미친 듯이 몰두하지 않고는 결코 남들보다 우뚝한 보람을 나타낼 수가 없다.

광기 넘치는 마니아의 시대

조선의 18세기는 이런 광기로 가득 찬 시대였다. 이전까지 지식인들은 수기치인(修己治人), 즉 자기가 떳떳해야 남 앞에 설 수 있다는 믿음 아래 스스로를 기만하지 않는 무자기(毋自欺) 공부, 마음이 달아나는 것을 막는 구방심(求放心) 공부에 힘을 쏟았다. 이런 것이야 시대를 떠나 누구나 닦아야 할 공부니까 별 문제가 없다. 하지만 사물에 대한 탐구는 완물상지(玩物喪志), 즉 사물에 몰두하면 뜻을 잃게 된다고 하여 오히려 금기시했다. 격물치지(格物致知) 공부를 강조하기는 했어도, 어디까지나 사물이 아니라 앎이, 바깥이 아니라 내면이 최종 목적지였다.

이런 흐름이 18세기에 오면 속수무책으로 허물어진다. 세상은 바뀌었다. 지식의 패러다임에도 본질적인 변화가 왔다. 이 시기 지식인들의 내면 풍경 속에 자주 등장하는, 무언가에 온전히 미친 마니아들의 존재는 이 시기 변모한 지적 토대의 성격을 단적으로 보여준다.

일본 학자 오다 스스무가 쓴 《동양의 광기》를 읽다가 순간 눈이 번쩍 떠졌다. 《벽전소사(癖顚小史)》! 명말청초 본명을 감춘 문도인(聞道人)이란 이가 엮고, 원굉도(袁宏道)가 평을 쓴 책 이름이었다. 무언가에 미친 벽(癖)이 마침내 광기(顚)와 결합하여 정신병리학적으로 볼 때 이상 성격이나 왜곡된 욕망, 강박 증상 따위를 빚어내는, 속된 말로 이른바 '또라이'들의 열전을 모은 책 이름이었다.

흥분한 나는 그 길로 중국과 일본을 수소문해서 여러 사람을 괴롭힌 끝에 힘들게 이 책을 손에 넣었다. 막상 구하고 보니 49명의 벽(癖)에 대해 소개한 몇 쪽에 지나지 않는 작은 책자였다. 이 중에는 자못 변태적이고 엽기적인 벽도 적지 않다.

유옹(劉邕)은 부스럼 딱지를 잘 먹었다. 맛이 복어와 비슷했다. 한 번은 맹영휴(孟靈休)를 찾아갔다. 그는 이에 앞서 자창(炙瘡: 불에 데어 헐은 것)을 앓고 있었다. 부스럼 딱지가 침상 위에 떨어지자 유옹이 가져다 이를 먹었다. 맹영휴는 크게 놀랐다. 부스럼이 미처 떨어지지 않은 것까지 모두 떼어 유옹에게 먹게 했다. 유옹이 가자 맹영휴는 하역(何勗)에게 편지를 썼다. "유옹이 저를 먹어치우는 바람에, 마침내 온몸에 피가 흐르는군요."

'창가벽(瘡痂癖)' 즉 부스럼 딱지를 즐겨 먹는 벽이 있었던 유옹에 관한 항목의 전문이다. 이 밖에 화훼에 미쳐 귀족 집에 꽃이 대야만한 산다화(山茶花)가 한 그루 있단 말을 듣고 애첩과 맞바꾼 장적(張籍)을 비롯하여 온갖 종류의 벽에 들린 사람들의 이야기가 흥미롭게 소개되어 있었다.

나는 이 벽이야말로 18세기 지식인을 읽는 코드라고 확신하고 있던 차였다. 자료를 처음 받던 날, 책을 들고 온 연구실을 미친 사람처럼 환호하며 왔다갔다했다. 부스럼 딱지를 먹는 벽이야 변태적인 식욕일 뿐이지만, 18세기 지식인들은 이처럼 벽에 들린 사람들, 즉 마니아적 성향에 자못 열광했다. 너도나도 무언가에 미쳐보려는 것이 시대의 한 추세였다. 이전 시기에는 결코 만나볼 수 없던 현상이다.

꽃에 미친 김군

박제가(朴齊家)의 〈백화보서(百花譜序)〉를 보면 꽃에 미친 김군(金君)의 이야기가 나온다.

> 사람이 벽이 없으면 쓸모없는 사람일 뿐이다. 대저 벽(癖)이란 글자는 질(疾)에서 나온 것이니, 병 중에서도 편벽된 것이다. 하지만 독창적인 정신을 갖추고 전문의 기예를 익히는 것은 왕왕 벽이 있는 사람만이 능히 할 수 있다.
> 바야흐로 김군은 꽃밭으로 서둘러 달려가서 눈은 꽃을 주목하며 하루 종일 눈도 깜빡이지 않고, 오도카니 그 아래에 자리를 깔고 눕는다. 손님이 와도 한 마디 말을 나누지 않는다. 이를 보는 사람들은 반드시 미친 사람 아니면 멍청이라고 생각하여, 손가락질하며 비웃고 욕하기를 그치지 않는다. 그러나 비웃는 자들의 웃음소리가 채 끊어지기도 전에 생동하는 뜻은 이미 다해 버리고 만다.
> 김군은 마음으로 만물을 스승삼고, 기술은 천고에 으뜸이다.

그가 그린 《백화보》는 병사(甁史), 즉 꽃병의 역사에 그 공훈이 기록될 만하고, 향국(香國) 곧 향기의 나라에서 제사 올릴 만하다. 벽(癖)의 공이 진실로 거짓되지 않음을 알겠다. 아아! 저 벌벌 떨고 빌빌대며 천하의 큰일을 그르치면서도 스스로는 지나친 병통이 없다고 여기는 자들이 이 첩을 본다면 경계로 삼을 만하다.

《백화보》는 꽃에 미친 김군이 1년 내내 꽃밭 아래서 아침부터 저녁까지 계절에 따라 피고 지는 꽃술의 모양, 잎새의 모습을 그림으로 그려놓은 책이다. 김군은 아침에 눈만 뜨면 꽃밭으로 달려간다. 꽃 아래 아예 자리를 깔고 드러누워 하루 종일 꽃만 본다. 아침에 이슬을 머금은 꽃망울이 정오에 해를 받아 어떻게 제 몸을 열고, 저물 녘 다시 오무렸다가 마침내는 시들어 떨어지는지, 그 과정을 쉴 새 없이 관찰하고 그림으로 그린다. 그리는 것만으로 부족해서 글로 옮겨 쓴다. 손님이 찾아와도 혹 꽃 피는 모습을 놓치게 될까봐 말도 시키지 말라는 표정으로 꽃만 바라본다. 그의 이런 행동을 보고 사람들은 '저 사람 완전히 돌았군! 미친 게 틀림없어' 하며 혀를 차거나, '젊은 사람이 어쩌다가 실성을 했누' 하며 안됐다는 표정을 짓기 일쑤다.

하지만 그런가? "홀로 걸어가는 정신을 갖추고 전문의 기예를 익히는 것은 왕왕 벽이 있는 자만이 능히 할 수 있다"고 박제가는 힘주어 말한다. 미치지 않고는 될 수 없는 일이라고 한다. 홀로 걸어가는 정신이란 남들이 손가락질을 하든 말든, 출세에 보탬이 되든 말든 혼자 뚜벅뚜벅 걸어가는 정신이다. 이리 재고 저리 재고, 이것저것 따지기만 해서는 전문의 기예, 즉 어느 한 분야의 특출한 전문가가 될 수 없다. 그것을 가능케 하는 힘이 바로 벽이다.

《백화보》라는 책! 남들 하는 대로 하고, 주판알을 튕기는 사람은 결코 할 수 없는 일을 그는 해냈다. 미쳤다는 손가락질, 멍청이라는 놀림에도 아랑곳없이, 손님이 와도 시간이 아까워 말 한 마디 나누지 못하는 열정 끝에 그는 이 그림책을 완성했다. 박제가는 김군을 바보라고 손가락질하던 사람은 훗날 자취조차 없겠지만, 꽃을 사랑해 그 모습을 그림으로 남긴 그의 이름은 후세에 길이 남을 것을 확신했다. 그를 미쳤다고 비웃던 자들, 전전긍긍하면서 아무 하는 일 없이 무위도식하며 스스로 정상인이라고 만족하는 자들의 비웃음은 한줌 값어치도 없는 것이라고 말이다.

김군은 시간만 나면 꽃을 그렸던 모양이다. 박제가의 친구 유득공(柳得恭)의 문집 중 〈제삼십이화첩(題三十二花帖)〉이란 글에도 김군의 꽃 그림책에 관한 이야기가 한 편 더 실려 있다. 유득공의 글을 보면, 김군의 꽃 그림책이 단순한 소묘에 그치지 않고 꽃잎과 잎새의 빛깔까지 묘사한 채색화였음을 알 수 있다. 복사기가 있던 시절도 아니니, 그의 꽃 그림책은 오로지 한 부밖에는 만들어질 수 없는 책이었다.

세상은 부질없고 모든 것은 변해가는데, 그의 그림책 속의 꽃들은 늘 변치 않고 절정의 순간을 보여준다. 세상은 부질없지 않다고, 변치 않는 것도 있다고 일러주는 것만 같다. 그가 한 일을 어찌 미친놈 멍청이의 짓이라 하랴. 나는 그가 친구도 마다하고, 출세도 마다하고, 오로지 꽃을 관찰하고 그것을 그림으로 그려준 것이 너무도 고맙다. 그가 꽃 그림에 채색을 얹고, 꽃술의 모양과 잎새의 빛깔을 관찰하면서 느꼈을 그 무한한 감사와 경이와 희열을 함께 누리고 싶다.

하지만 정작 그는 박제가의 글에서나 유득공의 글에서나 김군으로만 남아 있을 뿐 제 이름조차 남기지 못했다. 그의 책도 지금에 와서는 볼 수가 없게 되었다. 늘 그가 궁금하던 터에 유재건(劉在建, 1793~1880)의 《이향견문록(里鄕見聞錄)》을 읽다가 그의 이름이 김덕형(金德亨)임을 뒤늦게 확인할 수 있었다. 이 책에는 그가 특별히 화훼 그림에 솜씨가 뛰어나 한 폭이 완성될 때마다 사람들이 다투어 소장했다는 이야기와 그의 《백화첩(百花帖)》이 남아 있다는 이야기가 실려 있고, 박제가의 친구인 유득공이 그의 꽃 그림에 얹어 써준 시 두 수도 소개하고 있다. 그의 신분은 규장각(奎章閣)의 서리(胥吏)였다.

일제시대에 간행된 《명가필보(名家筆譜)》 속에 박제가와 유득공이 친필로 쓴 〈백화보서〉가 실려 있다. 그의 그림도 어느 소장가의 서재에 소중히 간직되어 있을 것을 기대한다.

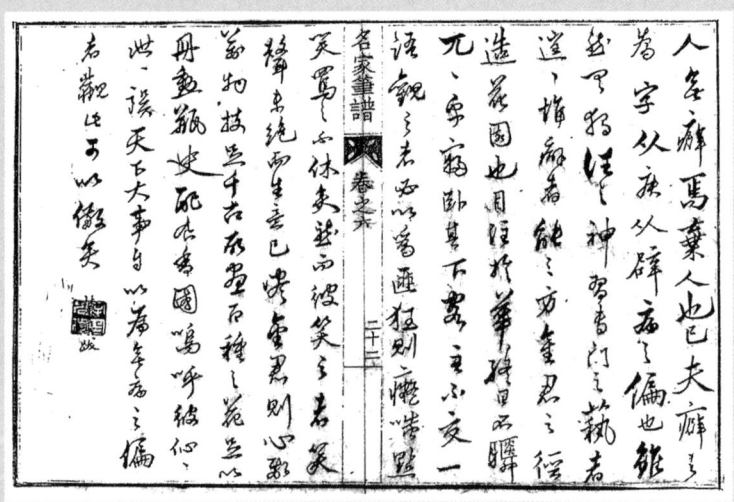

박제가가 써준 〈백화보서〉의 친필
일제시대 백두용(白斗鏞)이 엮은 《명가필보》에 유득공의 글과 나란히 실려 있다. 이 글씨가 남아 있는 것으로 보아, 김덕형이 그린 《백화보》도 그때까지 전해졌음을 알 수 있다. 본격적인 마니아 예찬론이다(전문의 번역은 16쪽에 있음).

심하도다! 방군의 장황벽이여

다음 글은 표구에 미친 방효량(方孝良)에 관한 이야기다. 정조의 사위로 그림에 벽이 있던 홍현주(洪顯周)가 장황벽(裝潢癖)이 있던 방효량을 위해 써준 글이다. 원래 제목은 〈벽설증방군효량(癖說贈方君孝良)〉이다. 긴 제목을 풀면, '벽에 대하여. 방효량 군에게 주다'란 뜻이다. 장황은 서화의 표구를 가리키는 옛말이다('표구'는 일본에서 들어온 말이다). 홍현주는 글의 서두에서 먼저 벽에 대해 길게 설명한 뒤, 자신의 그림 수집벽과 그에 못지않은 방효량의 장황벽에 대해 이야기하였다. 앞은 생략하고 중간부터 읽어본다.

내가 평소에 달리 좋아하는 바가 없지만, 오직 그림에 대해서는 벽이 있다. 옛 그림으로 마음에 차는 것을 한 번이라도 보면, 비록 화폭이 온전치 않고 장정이 망가졌더라도 반드시 비싼 값에 이를 구입하여, 목숨처럼 애호하였다. 아무개가 좋은 그림을 지녔다는 말을 들으면 문득 심력을 다해서 반드시 찾아가 눈으로 보고 마음에 녹여들어 아침 내내 보고도 피곤한 줄 모르고, 밤을 새우고도 지칠 줄을 모르며, 밥 먹는 것도 잊고 배고픈 줄도 알지 못하니, 심하도다 나의 벽이여! 앞서 말한 부스럼 딱지를 즐기거나 냄새를 쫓아다니는 자와 아주 흡사한 부류라 하겠다.

오래된 그림은 흔히 썩어 문드러진 것이 많아 이따금 손을 대기만 하면 바스라지곤 한다. 내가 매번 장차 오래되어 없어질 것을 염려하곤 했다. 방효량은 평소 그림에 대한 안목을 갖춘 사람이다. 벽에 있어서도 또 보통 사람과는 다른 데가 있다. 옛 그림의 종이가 손상되고 비단이 문드러진 것을 보기만 하면 반드시 손수 풀을 쑤어 묵은 장황을 새로 고치느라 애를 써 마지않는다. 바야흐로 눈대중으로 가늠해서 손으로 응하면 규격이 절로 들어맞아 조금의 어긋남도 없다. 평소 생활함에 있어서도 풀 그릇 곁을 벗어나지 않았다. 장황을 할 때는 비록 큰 재물을 준다고 해도 그 즐거움과 바꾸려 들지 않았다. 신기하고 교묘한 솜씨는 거의 포정(庖丁:《장자》에 나오는 인물. 수천 마리의 소를 잡아 마침내 입신의 경지에 들었다. 포정해우庖丁解牛는 신묘한 기술을 일컫는 말로 쓴다)이 소를 잡는 것이나, 윤편(輪扁:춘추시대 제나라의 수레바퀴 만드는 기술자. 수레바퀴 만드는 일을 가지고 제 환공과 토론을 벌였다)이 바퀴를 깎는 것과 서로 아래 위를 겨룰 만하였다.

    그래서 내가 소장한 옛 그림 중에 썩거나 손상된 것은 모두 그의 손을 빌어 낡은 것을 새롭게 하고 수명을 오래 연장할 수 있게 되었다. 심하도다, 방군의 벽이여! 또 나에게 비할 바가 아니로다. 나의 그림에 대한 벽이 방군의 장황에 대한 벽을 얻어, 옛 그림의 문드러진 것이 모두 온전하게 되었다. 매번 한가한 날에는 그와 더불어 책상을 마주하고 함께 감상하곤 하였다. 어리취한 듯 심취하여 하늘이 덮개가 되고 땅이 수레가 되는 줄도 알지 못하였으니 온통 여기에만 세월을 쏟더라도 싫증 나지 않을 듯하였다. 심하구나! 나와 방군의 벽이여. 인하여 벽에 대한 글을 써서 그에게 준다.

 방효량은 왕실의 정원을 관리하는 정6품 장원서(掌苑署) 별제(別提)를 지낸 인물로 미천한 신분이 아니었다. 섬세한 안목과 고도의 기술을 요구하는 장황 기술을 그는 생활 속에서 아주 즐겼던 모양이다. 아무리 낡아 헐어진 옛 그림도 그의 손을 한 번 거치고 나면 아연 새로운 생명을 얻었다. 그는 장황에 몰두하여 어떤 큰 재물과도 바꾸려 들지 않을 만큼 그 자체를 즐겼다. 그리고 장황을 마친 후 새롭게 태어난 작품 앞에서 하루 종일 이리 보고 저리 보며 마음 쏟는 것을 가장 큰 기쁨으로 여겼다.
 이런 행동은 영리를 목적으로 하거나 대가를 염두에 둔 것이 아니다. 오직 옛 그림을 수선하여 새로운 생명을 불어넣는 그 자체가 기뻐 그는 이 일에 몰두했다. 그리고 여기에는 그림을 목숨처럼 아껴 소장하는 벽이 있던 홍현주가 함께 있었다.

돌만 보면 벼루를 깎았던 석치石癡 정철조

 벽(癖)과 비슷한 뜻으로 바보라는 뜻의 치(痴), 또는 치(癡)자도 많이 보인다. 모두 병들어 기댄다는 뜻의 녁(疒)자를 부수로 하는 글자들이다. 모두 무엇에 대한 기호가 지나쳐 억제할 수 없는 병적인 상태가 된 것을 뜻한다. 치(癡)는 상식으로 도무지 납득할 수 없는 벽에 대한 일반의 반응을 반영한다. 이 시기 문인들의 호에는 아예 바보 또는 꼬다라는 뜻으로 치(痴), 즉 멍청이란 말이 들어간 예가 적지 않다.

정철조(鄭喆祚, 1730~1781)는 벼루를 잘 깎기로 이름났다. 그래서 그의 호는 석치(石癡)다. 그는 당당히 문과에 급제하고 정언(正言: 사간원에 속한 정6품의 관직)의 벼슬까지 지낸 인물인데, 당대에 그가 깎은 벼루를 최고로 쳤다. 예술에 안목이 있다는 사람치고 그의 벼루 한 점 소장하지 못하면 아주 부끄럽게 여겼을 정도라고 했다. 이규상(李奎象, 1727~1799)이 동시대 각 분야의 재주꾼들을 모아 기록한 《병세재언록(幷世才彦錄)》에서는 그에 대해 이렇게 적고 있다.

죽석(竹石) 산수를 잘 그렸고, 벼루를 새기는 데 벽이 있었다. 벼루를 새기는 사람은 으레 칼과 송곳을 갖추고, 새김칼이라고 불렀다. 그런데 그는 단지 차고 다니는 칼만 가지고 벼루를 새기는데, 마치 밀랍을 깎아내는 듯하였다. 돌의 품질을 따지지 않고, 돌만 보면 문득 팠는데, 잠깐 만에 완성하였다. 책상 가득히 벼루를 쌓아두었다가 달라고 하면 두말 없이 주었다.

정철조에게서도 마니아적인 특성은 여지없이 드러난다. 돌을 깎아 벼루를 만드는 일 그 자체가 좋아서 하는 것이지, 그것으로 생

정철조가 깎은 벼루를 그린 그림
이한복(李漢福, 1897~1940)이 그렸다. 일제시대 유명한 서화 수장가인 박영철(朴榮喆)이, 자신이 아끼던 명연(名硯) 3개를 이한복을 시켜 그리게 하고 관련 내용을 적은 《삼연재연보(三硯齋硯譜)》에 실린 그림이다. 전형적인 조선 벼루의 모양으로, 위쪽에는 이용휴(李用休, 1708~1782)의 명문(銘文)이 새겨져 있는데, 그 내용은 이렇다. "손은 글씨를 잊고, 눈은 그림을 잊는다. 돌에서 무얼 취할까? 치(痴)와 벽(癖)이 으뜸이다[手忘書, 眼忘畵. 奚取石, 痴癖最]." 이용휴와 정철조는 정철조의 여동생이 이용휴의 아들 이가환에게 시집가서 사돈의 인연이 있었다. 수경실(修綆室) 소장.

계의 수단을 삼지 않는다. 또 돌의 재질을 가리지 않고, 보이면 보이는 대로 파서 그것으로 작품을 만든다.

정철조는 그림에도 탁월한 재능을 지녔고, 기중기와 도르래, 맷돌과 수차 같은 기계들을 직접 설계하고 제작하기까지 했다. 그의 집 방안에는 천문기구가 가득 차 있었고, 서양 천문학에도 상당히 조예가 깊었다. 하지만 당대 그에 대한 평가는 냉랭하였던가 보다. 정인보(鄭寅普)는 "사람들은 한결같이 그를 술주정뱅이로만 여겼으니, 어찌 시대와의 만남이 불행하여 구차히 재앙을 면하기만을 바란 것이 아니겠는가?"라고 슬퍼했다.

얻고 잃음을 마음에 두지 않는다

이렇듯 꽃에 미친 김덕형이나 장황에 고질이 든 방효량, 벼루에 빠진 정철조말고도 18, 19세기로 접어들면 어느 한 분야에 미쳐 독보의 경지에 올라선 마니아들이 자주 등장한다.

칼 수집 벽이 있어 칼마다 구슬과 자개를 박아 꾸며서 방과 기둥에 주욱 걸어놓고, 날마다 번갈아 찼지만 1년이 지나도록 다 찰 수 없었다는 영조 때 악사 김억(金檍), 매화에 벽이 있어 뜰에 매화 수십 그루를 심어놓고, 시에 능한 사람이라면 신분의 높고 낮음을 가리지 않고 매화시를 받아와 비단으로 꾸미고 옥으로 축을 달아 간직하여 매화시광(梅花詩狂)으로 불렸던 김석손(金祏孫) 같은 인물들이 그들이다.

이유신(李惟新)은 수석에 벽이 있어 아예 호를 석당(石堂)이라고 했다. 신위(申緯, 1769~1847)도 돌에 미쳐 돌을 주우러 다녔고, 심지어는 중국에 사신으로 가면서 가는 곳마다 돌을 주워 수레에 가득 싣고 돌아오면서, 그 모습을 동행한 화가에게 그리게 해서 장편의 시를 지어 얹은 일도 있다. 이 밖에 국화에 미쳐서 혼자 무려 48종의 국화를 재배했다는 미원(薇原)의 심씨(沈氏), 매화를 아낀 나머지 그림값으로 받은 3천 냥을 쾌척해 매화를 샀던 화가 김홍도(金弘道) 등도 모두 어느 한 가지 벽에 들렸던 마니아들이다.

담배를 유난히 좋아했던 이옥(李鈺, 1760~1815)은 아예 담배에 관한 기록들을 주제별로 모아 《연경(煙經)》을 엮었고, 비둘기 사육에 관심이 있었던 유득공(柳得恭, 1748~1807)은 《발합경(鵓鴿經)》을 남겨, 당시 서울을 중심으로 성행했던 관상용 비둘기 사육에 관한 기록을 집대성했다. 이서구(李書九, 1754~1825)는 자신이 기르던 초록 앵무새를 관찰하면서 역대 문헌 속에 나오는 앵무새 이야기를 집대성해서 《녹앵무경(綠鸚鵡經)》을 지었다.

심지어 죄를 입고 귀양가서도 이들의 이러한 정리벽은 고쳐지지 않았다. 정약전(丁若銓, 1758~1816)의 《현산어보(玆山魚譜)》나, 김려(金鑢, 1766~1822)의 《우해이어보(牛海異魚譜)》, 정약용(丁若鏞, 1762~1836)의 그 엄청난 저작들도 모두 벽의 추구가 낳은 새로운 지적 패러다임의 산물이다. 박지원(朴趾源, 1737~1805)은 이런 마니아들의 세계를 이렇게 묘사한다.

비록 작은 기예라 해도 잊는 바가 있은 뒤라야 능히 이룰 수 있거늘, 하물며 큰 도이겠는가?

최흥효(崔興孝)는 온 나라에 알려진 글씨를 잘 쓰는 사람이다. 일찍이 과거를 보러 가서 답안지를 쓰는데, 한 글자가 왕희지와 비슷하게 되었다. 앉아서 하루 종일 뚫어지게 바라보다가 차마 능히 버리지 못하고 품에 안고 돌아왔다. 이는 얻고 잃음을 마음에 두지 않았다고 말할 만하다.

이징(李澄)이 어려서 다락에 올라가 그림을 익혔는데, 집에서는 있는 곳을 모르다가 사흘 만에야 찾았다. 아버지가 노하여 매를 때리자 울면서 눈물을 찍어 새를 그렸다. 이는 그림에 영욕을 잊은 자라고 말할 만하다.

학산수(鶴山守)는 온 나라에 유명한 노래 잘하는 자이다. 산에 들어가 연습할 때 한 곡조를 부를 때마다 모래를 주워 신발에 던져 신발이 모래로 가득 차야만 돌아왔다. 일찍이 도적을 만나 장차 그를 죽이려 드니, 바람결을 따라 노래하자 뭇 도적이 감격하여 눈물을 흘리지 않는 자가 없었다. 이는 이른바 삶과 죽음을 마음에 들이지 않은 것이다.

내가 처음 이를 듣고는 탄식하여 말하였다. "대저 큰 도가 흩어진 지 오래되었다. 나는 어진 이 좋아하기를 여색 좋아하듯 하는 자를 보지 못하였다. 저들이 기예를 가지고도 족히 그 목숨과 바꾸었으니, 아아! 아침에 도를 들으면 저녁에 죽어도 좋은 것이다.

이징(李澄, 1581~?)이 그린 노안도(蘆雁圖)
이징은 왕족 출신 화가 이경윤(李慶胤)의 서자로 17세기 전반의 대표적인 화가였다. 갈대 밭에 내려앉아 마주보고 있는 두 마리 기러기는 부부를 상징한다. 노안도는 음을 따서 노안도(老安圖), 즉 부부가 해로하며 편안한 여생을 보내라는 축원을 담고 있다.

〈형언도필첩서(炯言挑筆帖序)〉의 앞부분이다. 우연히 왕희지와 같게 써진 글씨에 제가 취해서 과거 답안지를 차마 제출할 수 없었던 최흥효. 아버지에게 매를 맞는 와중에 저도 몰래 눈물을 찍어 새를 그리던 이징. 모래 한 알로 노래 한 곡을 맞바꿔, 그 모래가 신에 가득 찬 뒤에야 산을 내려온 학산수. 이들은 모두 예술에 득실을 잊고, 영욕을 잊고, 사생을 잊었던 사람들이다.

진짜는 진짜고, 가짜는 가짜다
잊는다(忘)는 것은 돌아보지 않는다는 뜻이다. 따지지 않는다는 뜻이다. 이것을 해서 먹고 사는 데 도움이 될지, 출세에 보탬이 될지 따지지 않는다는 말이다. 그냥 무조건 좋아서, 하지 않을 수 없어서 한다는 말이다. 붓글씨나 그림, 노래 같은 하찮은 기예도 이렇듯 미쳐야만 어느 경지에 도달할 수가 있다. 그러니 그보다 더 큰 인생의 문제를 해결하려면, 깨달음에 도달하려면 도대체 얼마나 미쳐야 할 것인가?
순 가짜들이 그럴듯한 간판으로 진짜 행세를 하고, 근성도 없는 자칭 전문가들이 기득권의 우산 아래서 밥그릇 챙기기에 여념이 없는 것은 그때나 지금이나 변함없는 풍경이다. 그러나 진짜는 진짜고 가짜는 가짜다. 진짜 앞에서 가짜는 몸 둘 곳이 없다. 설 땅이 없다. 그것이 싫어 가짜들은 패거리로 진짜를 몰아내고, 자기들끼리 똘똘 뭉친다.

한 시대 정신사와 예술사의 발흥 뒤에는 자신이 좋아하는 어느 한 분야에 이유 없이 미치는 마니아 집단들이 존재한다. 하지만 그들은 역사에 뚜렷한 이름 석 자조차 남기지 못하고 스러질 때가 더 많다. 하지만 한 시대의 열정이 이런 진짜들에 의해 안받침되고, 우연히 남은 한 도막 글에서 그들의 체취와 만나게 되는 것은 한편 슬프고 또 한편으로 다행한 일이다.

굶어 죽은 천재를 아시오?

독보적인 천문학자 김영

능력 있는 사람이 대접받는 사회, 공정한 룰이 지켜지는 시스템을 사람들은 말한다. 지극히 당연한 이 말이 자꾸 입에 오르내리는 것은 세상이 그처럼 공정하지도 않고, 능력 있는 사람이 제 역량을 마음껏 펼칠 수 있도록 내버려두지도 않기 때문이다. 바른길을 가는 사람들이 바보라고 놀림당하고, 부족한 것들이 작당해서 능력 갖춘 사람을 왕따시키는 것은 옛날이나 지금이나 늘상 있는 일이다.

상처 입은 개와 사자자리 유성우流星雨

　1998년 대만의 정치대학교에 교환교수로 1년 간 머문 적이 있다. 학교에는 주인 없는 개들이 유난히 많았다. 두세 마리 혹은 서너 마리씩 떼를 지어 다니는 이 놈들은, 따뜻한 볕을 찾아 배를 깔고 누워 자다가 밥 때가 되면 식당 근처나 쓰레기통 주변을 기웃거리며 끼니를 해결하는 것이 일이었다.

　가만히 관찰해보니, 이 개들에게도 이른바 구역이 있어서 남의 영역을 침범하는 일은 좀체로 없었다. 각 구역에는 으레 두목 격의 개가 한 마리씩 있었다. 상경대학 주변에 있는 개들이 덩치가 제일 크고 무리도 많은 편인데, 이곳은 구내식당과 인접해 있고 학생들이 먹다 남은 음식을 종종 가져다 주어 굶을 걱정이 없는 명당자리였다. 이곳의 대장은 덩치가 큰 검은 점박이였다. 녀석은 언제나 부하들을 이끌고 다니는데, 먹을 것이 생겨도 부하들은 결코 먼저 입을 대지 않았다. 간혹 영문을 모르는 신참내기 개가 주변을 기웃거리다가 대번에 부하들에게 물어뜯겨 온몸이 피투성이가 되곤 했다. 어쩌다 한 번씩 학교에 때아닌 개의 자지러지는 비명소리가 들리는 것은 이 때문이었다.

　내 연구실이 있던 외국어문학부 건물 주변은 다리가 짧은 엷은 밤색 개의 관할구역이었다. 검은 점박이와는 달리 녀석은 부하를 거느리는 법 없이 혼자 다녔다. 아침마다 제 구역을 한 바퀴씩 시찰하는 모양인데, 녀석이 짧은 다리로 한참 폼을 잡고 걸어갈 때

차가 옆을 지나갈라치면 물어뜯을 듯 짖어대며 자동차를 향해 덤벼드는 모습을 가끔 볼 수 있었다. 녀석의 호전적인 성격이 잘 드러나는 대목이었다. 보는 사람이 적을 때는 절대 그러지 않는 것도 특기할 만했다. 먹을 것이 신통찮은 후문 어귀나 후미진 신문관 쪽은 으레 힘이 없어 쫓겨난 흉터투성이 개들의 차지였다. 간혹 거기서도 위계질서 같은 것이 보여 실소를 금치 못할 때가 있었다.

저는 손 하나 까딱 않고 부하들만 시키는 검은 점박이나, 일일이 제가 다 챙기고 확인해야 직성이 풀리는 밤색 짧은 다리, 그 밑에서 넘버 투나 넘버 쓰리 자리를 놓고 충성을 경쟁하는 부하들, 또는 공연히 멋모르고 주위를 서성대다가 아닌 이빨에 제 살을 뜯기고 마는 신참내기, 아니면 아예 눈에 띄지 않는 후미진 곳에서 굶주림을 감내하고 있는 상처 입은 개들. 참 이곳 개들의 사회도 사람 사는 세상의 축소판이란 느낌이 들 때가 한두 번이 아니었다. 나는 여기에 싸움 잘하는 한국의 진돗개나 풍산개 한 마리를 풀어 놓으면 어떨까 하는 실없는 생각을 하면서 강의실을 오가곤 했다.

그 해 11월 지구촌을 떠들썩하게 했던 사자자리 유성우(流星雨)의 장관을 TV 화면으로 보다가, 나는 전혀 엉뚱하게도 학교의 개들을 생각했다. 그리고 혜성처럼 나타났다가 유성처럼 사라져버린 조선 후기 한 천문학자의 서글픈 초상이 그 위에 포개져 떠올랐다.

독학으로 신수神授의 경지에 오르다

김영(金泳, 1749~1817), 내가 그와 처음 만난 것은 연세대학교 도서관이 유일본으로 소장하고 있는 항해(沆瀣) 홍길주(洪吉周, 1786~1841)의 문집에 대한 해제를 쓰면서였다. 벌써 10년 저쪽의 일이다. 홍길주의 문집은 3종 36권 17책으로, 당시 조선 후기 지식인들의 고양된 문화 역량을 한눈에 보여주는 방대하고도 호한한 저작이다. 그 가운데 나를 특히 애먹였던 것은 도무지 무슨 소린지 알 수 없는 〈기하신설(幾何新說)〉과 〈기하잡쇄보(幾何雜碎補)〉〈호각연례(弧角演例)〉 같은 기하학 관련 저술이었다. 자술(自述)에 따르면 홍길주는 7~8세 때 기하학을 배우기 시작하여 12세 때 이미 연립방정식의 해법 및 제곱근과 세제곱근의 풀이, 피타고라스의 정리 등을 완전히 해득했을 만큼 수학과 기하학에 조예가 깊었다.

특히 그의 〈호각연례〉는 황도와 백도 상 해와 달의 운행을 예측한 것으로, 유클리드의 평면기하학을 넘어선 구면삼각법(球面三角法)의 난해한 이론을 소화(消化)하여 천문학에 활용한 것이다. 중국의 《역상고성(曆象考成)》을 보고, 그 내용이 너무 소략하여 이해하기 어려움을 안타깝게 여겨 이를 부연하고 도면으로 풀이한 것이다. 스물아홉(1814)에 착수하여 23년 뒤인 쉰둘(1837)에야 완성을 본, 한국 과학기술사에서 간과치 못할 특이한 저술이다. 비록 아직까지 학계의 주목을 받지는 못했지만 말이다.

홍길주는 〈호각연례〉를 완성한 후 바로 자신의 수학 선생인 김

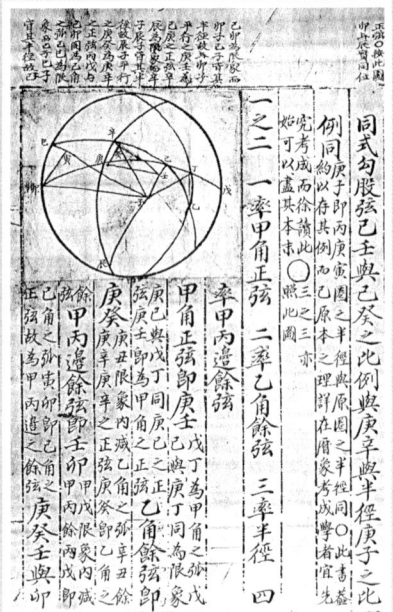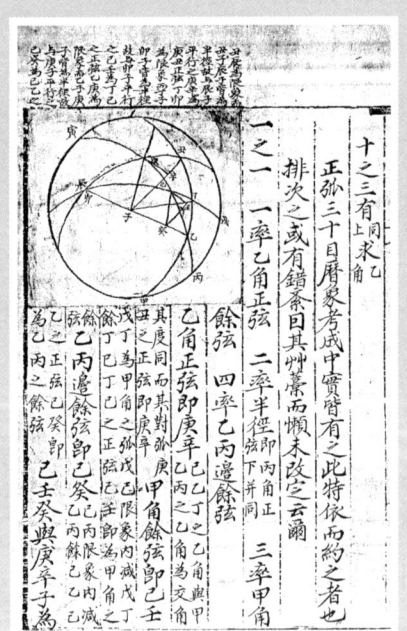

홍길주가 김영에게 보여 감수를 받으려 했던 〈호각연례〉의 일부분
황도와 백도상의 해와 달의 운행을 예측한 천문학 관련 저술이다. 홍길주의 집안은 그의 어머니 영수각 서씨도 수학에 상당한 조예가 있었던 수학 집안이었다. 그리고 김영은 홍길주로 하여금 수학에 눈뜨게 해준 과외선생이었다. 연세대도서관 소장.

영에게 보여줄 생각이었으나, 불행히도 그가 세상을 뜨는 바람에 그렇게 할 수 없는 것을 못내 애석해했다. 그의 문집에는 어린 시절 자신에게 기하학을 가르쳐준 스승이기도 했던 김영의 일생을 간략히 정리한 〈김영전(金泳傳)〉이 실려 있다.

이 전기에 따르면, 김영은 인천 사람으로 신분이 미천했으며, 용모가 꾀죄죄하고 말도 어눌하여 알아들을 수 없을 지경이었다. 그렇지만 역상산수(曆象算數)의 학(學)에 있어서는 신수(神授)라 할 만큼 독보의 조예가 있었다. 그는 스승 없이 《기하원본(幾何原本)》 1책을 독학해서 익힌 것이 고작이었으나, 이에 흥미를 느껴 향후 15~16년 간 역상(曆象)에 더욱 침잠 몰두하여 마침내 남들이 넘볼 수 없는 높은 경지에 이르렀다.

김영의 재능을 맨 처음 알아본 사람은 각신(閣臣) 서호수(徐浩修, 1736~1799)였다. 산학으로 당대에 가장 이름이 높았던 서호수는 관상감(觀象監 : 오늘날 기상대와 천문대의 기능을 아우르고 있던 서운관書雲館)의 제거(提擧)로 있을 때, 김영의 소문을 듣고 그를 불러 몇 마디 말을 나누어본 후, 대번에 당대 으뜸으로 자부하던 자신의 실력이 그에게는 결코 미칠 수 없음을 알았다.

이에 관상감의 책임자로 있던 홍길주의 조부 홍락성(洪樂性, 1718~1798)에게 김영을 추천하였고, 마침내 김영은 관상감에 기용될 수 있었다. 김영이 당대 쟁쟁한 벌열이었던 홍씨 집안과 서씨 집안에 드나들게 된 것은 이런 저런 얽히고 설킨 인연이 있었다. 홍길주의 어머니 영수각(令壽閣) 서씨(徐氏)만 해도 서호수와 한집안인 데다, 《주학계몽(籌學啓蒙)》에서 평분(平分) · 약분(約分) · 정부(正負 : 양수와 음수) · 구고(句股 : 직각삼각형)에 대한 설명이 번잡하여 어려운 것을 보고 스스로 계산법을 창안할 정도로 수학에 조예가 깊었다.

사람됨이 고집불통인 데다 기질이 있었다

홍길주의 문집에 대한 해제를 쓴 뒤, 김영에 대한 기억이 차츰 희미해져갈 무렵, 나는 다시 한 번 김영과 대면할 기회를 가졌다. 어느 날 서호수의 아들 서유본(徐有本, 1762~1822)의 《좌소산인문집(左蘇山人文集)》을 보다가, 그에 대한 또 한 편의 전기인 〈김인의영가전(金引儀泳家傳)〉과, 서유본이 김영에게 보낸 두 통의 편지를 찾아낸 것이다.

서유본의 문집은 국내에는 없고 일본에만 있는 것을 이우성 선생께서 복사해 와 소개함으로써 비로소 알려진 책이었다. 특히 서유본이 쓴 전기는 홍길주의 것보다 훨씬 상세해, 이 글을 읽고는 김영이란 인물이 보다 실감 있게 다가왔다. 서유본의 글을 보고 나서 나는 자꾸 그가 나에게 자신의 존재를 알려주고 싶어한다는 이상한 느낌이 들었다. 이후에도 《이항견문록(里巷見聞錄)》과 《조선왕조실록》에 그와 관련된 기록이 있는 것을 확인했다. 서유본의 전기는 이렇게 시작된다.

그의 이름은 영(泳)이요 자는 계함(季涵)이니 김해 사람이다. 아비는 아무이고 조부는 아무이다. 대대로 농사를 지었는데, 그는 어려서 고아가 되어 가난해 의지할 곳이 없게 되자, 이리저리 떠돌다 서울로 왔다. 사람됨이 성글고 고집불통인데다 기질(氣疾)이 있었다. 키는 후리하게 크고 얼굴은 야위었으나 두 눈동자는 반짝반짝 빛났다.

서유본은 김영을 김해 사람, 홍길주는 인천 사람이라고 했고, 《이향견문록》에는 또 영남 사람이라고 적혀 있다. 이로 보아 그는 출신조차 분명찮은 미천한 신분이었던 듯하다. 여기에 홍길주의 기록까지 더하면 비쩍 마른 꾀죄죄한 용모에 후리후리한 키, 성깔 있고 고집 있게 생겼으되, 말은 어눌하여 우물대기만 하는 괴팍한 성격의 한 사내의 모습이 떠오른다. 자에 계(季)자를 쓴 것으로 보아 여러 형제 중 막내였던 듯하나 이것도 확인할 수 없다.

기질(氣疾)이 있다고도 했다. 《이향견문록》에는 그가 젊은 시절 산술에 통달하고도 본원(本源)의 깨달음에는 이르지 못함을 안타까이 여겨 여러 해 고심진력하느라, 마침내 유울지질(幽鬱之疾)을 앓아 여러 번 위험한 지경에 이르렀다고 적고 있다. 이로 보아 상당히 심각한 우울증 증세도 보였던 것 같다. 남과 잘 어울리지 못하는 성격 탓에 주변 사람과 별 교통이 없는 폐쇄적인 상황 속에서 공부하였고, 모르는 것이 있어도 물어볼 스승조차 없는 답답함이 더하여, 마침내 히스테리 발작 증세로까지 나타났던 모양이다.

면전에서 욕을 하고 주먹으로 때리다

그가 세상의 인정을 받게 된 것은 1789년의 천역(遷役), 즉 정조의 아버지 사도세자의 현륭원(顯隆園)을 수원 화산으로 이장할 당시였다. 그 전해에도 일식(日食)의 도수가 북경과 큰 차이를 보이자 김영이 들어가 원인을 규명한 일이 있었다. 해 뜰 무렵이나 해 질 무렵 정남쪽에 보이는 별인 중성(中星)의 위치를 측정한 지 50년이 지난지라 별자리의 위치가 1도 가까이 어긋나 있었고, 해시계와 물시계의 시간이 실제와 많은 차이를 보이고 있었다. 관상감사(觀象監事) 김익(金熤)이 김영을 천거하여 그로 하여금 새로 적도경위의(赤道經緯儀)와 지평일구(地平日晷:해시계) 등을 만들게 했다. 이때 김영은 이들 의기(儀器)와 함께 《신법중성기(新法中星記)》와 《누주통의(漏籌通義)》를 편찬하여 바쳤다. 이것으로 중성을 관측하여 올바른 시간을 추산해 천역의 일을 무사히 마칠 수 있었다. 이때 일은 《조선왕조실록》 정조 13년 8월 21일자 기록에도 자세히 나와 있다.

김영은 이 공로를 인정받아 특례로 역관(曆官)에 발탁되었다. 그의 나이 마흔한 살 때였다. 그때까지만 해도 전문직이었던 관상감에는 과거시험을 통하지 않고 특례로 발탁된 전례가 없었다. 정조가 특명으로 그에게 벼슬을 내리면서 "김영과 같이 재주가 뛰어난

김영이 만든 것으로 알려진 해시계 지평일구(地平日晷)
보물 제 840호로 현재 덕수궁 궁중유물전시관에 보관되어 있다. 한양의 북극고도인 37도 39분을 기준으로 만든 평면형 해시계다.

사람은 상례에 따를 수 없다"고 하자, 관상감의 관리들은 모두 그를 시기하여 "이는 우리 관규를 무너뜨리는 것"이라며 격렬히 반발하였다. 그러나 정조는 이들의 반발을 무시하고, 그를 역관에 임명했을 뿐 아니라 아예 관상감의 관원들을 그에게 나아가 배우게 하였다. 관상감 관원들은 매번 추보(推步: 천체의 운행을 관측함)의 일이 있을 때마다 김영에게 묻지 않고서는 위로 보고조차 할 수 없었다.

출신도 불분명한 미천한 농군의 아들이 과거도 거치지 않고 관상감 관직을 얻은 것은 조선조를 통틀어 전례를 찾아볼 수 없는 일이다. 이후 그는 종6품의 사재감직장(司宰監直長), 통례원인의(通禮院引儀) 등의 벼슬을 거쳤다. 다른 일을 하면서도 역관의 일은 늘 겸임하였다. 나라에 성력(星曆)과 관련된 큰 논의, 즉 일식이 있거나 혜성이 나타나면 그는 관상감에 불려들어가 문제를 해결하였다. 그의 능력은 다른 이의 추종을 불허할 만큼 탁월하였다. 그의 계산은 역상 서적상의 오자까지도 다 잡아낼 만큼 정확하였다.

정조가 승하하고 후원자였던 서호수마저 세상을 뜨자, 주변머리 없던 김영은 달리 청탁할 데도 없고, 그럴 마음도 없어 그만 벼슬에서 쫓겨나고 만다. 그러나 1807년 혜성이 나타나더니 1811년 다시 큰 혜성이 나타나자, 나라에서 관상감에 명하여 혜성의 운행 도수를 계산해 올리라 했는데, 할 수 있는 자가 아무도 없었으므로 하는 수 없이 김영을 다시 불러들였다. 또 1813년 겨울 역법 상의 문제로 중국 흠천감(欽天監)에 가 자문을 청할 적에도 관상감에서는 김영 외에는 달리 적임자가 없었다.

그때 그는 연경에 가서 이 문제를 해결하는 한편으로 《만년력》 몇 권을 사가지고 돌아왔다. 이후로 역법 상의 해묵은 문제들이 말끔히 해결되었다. 그러자 관상감원들의 질투는 극에 달했고, 이제 무서울 것 없는 그들은 거리낌 없이 김영을 못살게 굴었다. 서유본은 이때 일을 이렇게 적고 있다.

> 그가 관상감에 들어간 뒤 일이 있을 때는 인정받아 중히 여김을 받았고, 일이 끝나면 그 능력을 질투하여 왁자하게 떼거리로 일어나 그를 괴롭혔다. 혹 여러 사람이 있는 자리에서 면전에다 욕을 하고 주먹으로 때리기까지 하였다.

용렬한 소인배들의 행태가 눈에 선하다. 성깔 있던 김영은 더러운 꼴을 더 이상 참지 못하고 벼슬을 걷어치우고 나와버렸다. 벼슬을 그만둔 후에는 집도 절도 없이 이리저리 떠돌며 아이들 서당 선생 노릇으로 근근이 연명하며 지냈다. 아무도 늙고 병든 그를 기억하지 않았다. 서유본은 "그가 사색 공부에 힘 쏟음이 적었으므로 마침내 기질(氣疾)이 되고 말았는데, 늙어서는 더욱 심하여졌다"고 적고 있다. 달면 삼키고 쓰면 뱉는 세상에 대한 환멸을 못 이겨 종내는 젊은 날의 우울증 증세가 도져 심각한 지경까지 이르렀던 모양이다.

《주역》으로 절망을 견디며

벼슬을 때려치운 뒤, 그는 수학 공부에서 《주역》에 대한 공부로 관심을 확장시켰다. 마흔이 훨씬 넘어서야 영의정 김익의 강권으로 장가를 갔지만, 먹고 살 일은 거들떠보지도 않고 비바람도 가리지 못할 다 부서진 집에서 《주역》 연구에 몰두하였으므로 사람들은 그를 주역 선생이라고 불렀다. 《주역》에 대한 경지가 깊어지자, 그는 스스로 "사람이 오래 살아야 백 살인데, 이제부터 내게 30년만 더 주어진다면 오히려 깊고 오묘한 이치를 두루 캐어 물리(物理)의 학문을 크게 펼쳐 이 세상을 위해 한 사업을 마련할 수 있을 텐데"라고 말했을 만큼 스스로에 대한 자부도 대단하였다. 서유본의 기록은 이렇게 이어진다.

그가 평소에 몸이 약하고 병을 잘 앓는 데다가 알량한 녹(祿)마저 끊어지자 굶주림과 곤궁함이 또 닥쳐왔다. 이따금 호상(湖上)으로 나를 찾아오면 머리를 푹 숙이고 기운도 없이 풀이 죽어 마치 피곤해 꾸벅꾸벅 조는 사람 같았다. 내가 시험삼아 상수(象數)의 요결(要訣)을 가지고 슬쩍 그를 돋울라치면 문득 눈을 부릅뜨고 손바닥을 쳐가면서 정채가 환하게 사람을 격동시켰다.

요컨대 이 시기 그는 완전히 탈진 상태였던 것이다. 오직 학문만이 그를 버티게 하는 힘이 되었다. 그의 관심은 《주역》 외에 율려

(律呂), 즉 음악 방면으로도 확장되었다. 서유본이 그에게 보낸 편지 〈답김생영서(答金生泳書)〉를 보면 상세한 언급이 있다.

혼자서 침잠하는 동안 지적 희열과 성취욕에 빠져 있던 김영은 서유본에게 자신이 깨달은 이런 저런 사실을 이야기한 모양이다. 그런데 그 내용인즉 주자가 말한 '오십상승(五十相乘)'의 주장이 전혀 근거가 없다거나, 소강절(邵康節)의 주장이 견강부회의 억지 주장이라는 식으로, 선현에 대한 비판을 서슴지 않았다. 지구가 둥글다는 사실조차 알지 못했던 이들의 우주에 대한 지식은 김영이 볼 때 너무 초보적이고 오류투성이였다.

그러자 서유본은 선현의 말씀을 얄팍한 지식으로 그렇게 함부로 말할 수 없다며 근거를 대어 준절히 나무랐다. 서유본 또한 김영에게 깊은 애정을 가지고 있었다. 공연히 그의 논의가 성현을 표적으로 하여 쓸데없이 구설에 말려드는 것을 염려한 배려였던 셈이다. 서유본이 김영에게 보낸 두 통의 편지는 지적 성취감에 한창 고무되어 있던 만년 김영의 내면을 들여다보는 데 무속함이 없다.

서유본은 김영에게 당시 남사고(南師古)의 저작으로 전해지던 《동국분야기(東國分野記)》를 보완해 여지도(輿地圖)에 따라 별자리의 분야(分野)를 재배열하여 한 권의 완성된 책을 만들어볼 것을 권면하기도 했다. 분야는 천체의 별자리를 구획으로 나누어 방위로 구분한 것을 말하는데, 우리는 중국을 기준으로 할 때 늘 동북 방면인 기미(箕尾)의 분야에 속했다. 곧 서유본의 주문은 중국이 자

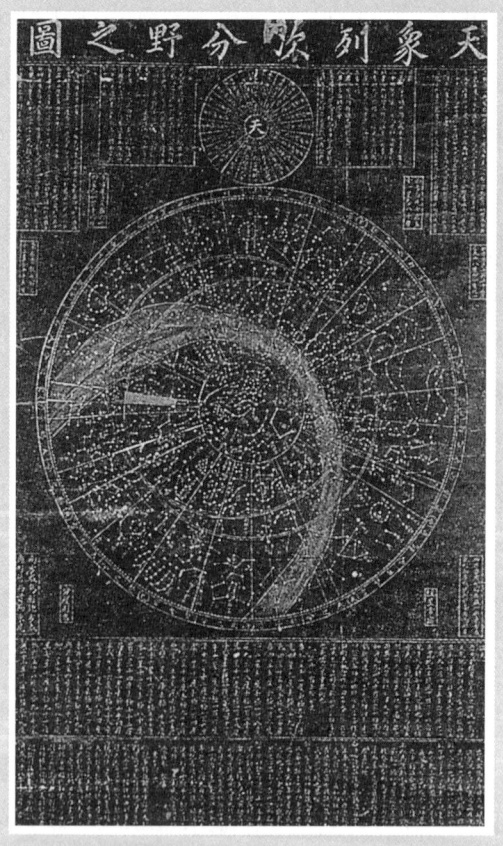

1395년에 제작된 천문도인 천상열차분야지도(天象列次分野之圖) 탁본
천문을 12분야로 나누고, 별자리를 그려 넣었다. 아래쪽에는 천문도의 제작 과정과 참가자 및 제작 연도를 적은 권근(權近)의 글이 있다. 서울대 규장각 소장.

기 땅을 기준으로 자기 나름의 분야가 있듯이, 조선은 조선대로 한양을 중심으로 분야를 표시해야 한다는 자주적 인식에 따른 것이었다.

 김영은 이 밖에도 자신이 공부한 것을 〈역설(易說)〉과 〈악률설(樂律說)〉로 정리해두었다. 또 《역상계몽(易象啓蒙)》《기삼백해(朞三百解)》《도교전의(道敎全議)》《관물유약(觀物牖鑰)》 등의 저술을 남겼다. 하지만 제목 외에 전하는 것은 없다. 그는 관상감에 있는 동안 많은 책의 편찬에 관여하였다. 《국조역상고(國朝曆象考)》와 《칠정보법(七政步法)》 등은 모두 그가 중심이 되어 작업을 진행하였다. 그러나 지금 그의 이름은 책의 맨 끄트머리에 실무 기사의 한 사람으로 올라 있을 뿐이다. 다만 그가 만든 적도경위의와 해시계의 일종인 지평일구만은 관상감에 보존되어 지금까지 전해진다.

곤궁 속에 굶어 죽어

 세상을 뜨기 직전 그 치절한 가난 속에서도 김영은 학문을 저술로 남기라고 권하는 서유본에게 이렇게 말했다. 서양의 양법(量法)과 시학(視學)을 실용화하고, 물을 퍼올리는 수차(水車) 제도에 있어 불편한 용미거(龍尾車) 대신 편리한 용골거(龍骨車)의 기아(機牙) 도설을 완성해 수리와 농공에 보탬이 되게 하며, 자명종과 시계의 도설(圖說)을 정리해 정확한 시간을 알 수 있게 하는 것, 이 세 가지 작업을 필생의 사업으로 알고 민생에 작은 보탬이라도 되고자 밤낮 힘쏟고 있다고 말이다. 다만 그는 시간이 넉넉지 않음을 안타까워했다.

수학에서 출발한 그의 관심은 죽기 직전까지도 천문과 역법, 주역과 악률, 그리고 서구의 자연과학에 이르기까지 끊임없는 탐구욕으로 확산되고 있었다. 그러나 그는 이를 미처 탈고하지 못하고 세상을 떴다. 죽기 전 그는 어린 아들에게 이렇게 말했다.

"내가 기록해둔 난고(亂藁)가 상자에 가득하다. 반드시 훗날 책을 이루어내려 했으나 이제는 글렀구나. 내 죽은 뒤 삼가 다른 사람에게 주지 말고, 가서 삼호(三湖)의 서유본에게 전하는 것이 좋겠다."

그러나 그의 부고를 들은 서유본이 그 집에 사람을 보냈을 때, 원고가 가득 담겨 있던 책 상자는 관상감 생도가 이미 훔쳐가 버린 뒤였다. 이미 그의 연구를 도적질하려고 호시탐탐 노리던 손길이 있었던 것이다. 그가 살았을 때 면전에서 욕하고, 주먹을 휘두르던 자들이었다. 결국 김영의 필생의 저작들은 가져간댔자 무슨 말인지 알지도 못할 자들의 손에 들어가 오유(烏有)로 돌아가고 말았다.

그는 아들 하나와 딸 둘을 두었다고 했다. 워낙 늦은 결혼이었으므로 그가 세상을 떴을 때 모두 어린 나이였다. 홍길주는 〈김영전〉에서 "어린 아들 하나가 있었는데, 유락(流落)하여 간 곳을 알지 못한다"고 적었다. 그가 죽자 식솔들마저 유리걸식하며 뿔뿔이 흩어져갔던 것이다.

그의 죽음에 대해서는 기록마다 약간 차이가 있다. 《이항견문록》에서는 을해년, 즉 1815년 봄 곤궁 속에서 굶어 죽었다고 적혀 있는데, 서유본은 그보다 두 해 뒤인 1817년 69세의 나이로 세상을 떴다고 했다. 연도는 서유본의 기록에 더 신뢰가 가지만, 굶어 죽었다는 《이항견문록》의 기록이 마음에 맺힌다. 학문의 성취가 높아질수록 주변의 질시는 높아만 갔다. 그는 세상에게 버림받은 채 학문에만 몰두하다가 평생을 따라다니던 곤궁을 떨치지 못하고 굶어 죽었다.

세상은 재주 있는 자를 사랑하지 않는다

언젠가 대만 정치대학교 본관 앞에서 나는 참혹한 형상의 개 한 마리를 만난 적이 있다. 목 둘레가 온통 피투성이였는데, 숨쉬는 것조차 힘든 듯 숨을 쉴 때마다 목에서 쇳소리가 났다. 보아하니 어릴 때 주인을 잃은 개로, 집을 나온 후 몸집은 커가는데 목줄은 그대로 있어 시시히 숨통을 조여오자 제 깐엔 그것을 풀어보려고 몸부림쳤던 모양이다. 이제 목줄은 살 속 깊이 박혔고 목 둘레는 온통 벌겋게 피로 물들어 있어 차마 손을 댈 수조차 없을 만큼 참혹한 몰골이었다. 그놈은 이제 숨쉴 기력도 없이, 다른 개들의 텃세를 피해 학교 구석진 곳만을 골라 맴돌고 있었다. 녀석은 제 몸이 커갈수록 점점 더 죄어오는 고삐의 질곡을 괴로워하다 그렇게 세상을 마쳤으리라.

"세상은 재주 있는 자를 결코 사랑하지 않는다." 홍길주는 〈김영전〉에서 이렇게 쓰고 있다. 능력 있는 사람이 손가락질당하는 세상, 모자란 것들이 작당을 지어 욕을 하고 주먹질을 해대는 사회, 그러고는 슬쩍 남의 것을 훔쳐다가 제 것인 양 속이는 세상은 지금도 끝나지 않았다. 나는 그날 밤 하늘을 휘황하게 수놓고 사라져버린 유성우를 보다가, 자꾸만 어느 보이지 않는 그늘 아래서 피투성이인 채로 죽어갔을 그 개를 생각했다. 사자자리 유성우의 최초 관측 보고는 김영이 51세 때인 1799년 11월에 미국에서 있었다.

독서광 이야기

김득신의 독수기(讀數記)와 고음벽(苦吟癖)

세상에는 여러 종류의 사람이 있다. 한 번 척 보고 다 아는 천재도 있고, 죽도록 애써도 도무지 진전이 없는 바보도 있다. 정말 갸륵한 이는 진전이 없는데도 노력을 그치지 않는 바보다. 끝이 무디다 보니 구멍을 뚫기가 어려울 뿐, 한 번 뚫리게 되면 크게 뻥 뚫린다. 한 번 보고 안 것은 얼마 못 가 남의 것이 된다. 피땀 흘려 얻은 것이라야 평생 내 것이 된다.

1억1만3천 번의 독서

김득신(金得臣, 1604~1684)은 자못 엽기적인 노력가다. 아이큐가 절대로 두 자리를 넘지 않았을 것이 분명한 그는, 평생을 두고 잠시도 쉬지 않고 노력에 노력을 거듭했다. 역대 시화(詩話) 속에는 믿기지 않는 그의 둔재(鈍才)와 무식한 노력이 전설처럼 돌아다닌다. 한 사람의 인간이 성실과 노력으로 이룰 수 있는 한계를 그는 보여준 사람이다. 그가 어떤 사람인지는 다음의 〈독수기(讀數記)〉 한 편만 읽어봐도 알 수 있다.

〈백이전(伯夷傳)〉은 1억1만3천 번을 읽었고, 〈노자전(老子傳)〉 〈분왕(分王)〉 〈벽력금(霹靂琴)〉 〈주책(周策)〉 〈능허대기(凌虛臺記)〉 〈의금장(衣錦章)〉 〈보망장(補亡章)〉은 2만 번을 읽었다. 〈제책(齊策)〉 〈귀신장(鬼神章)〉 〈목가산기(木假山記)〉 〈제구양문(祭歐陽文)〉 〈중용서(中庸序)〉는 1만8천 번, 〈송설존의서(送薛存義序)〉 〈송수재서(送秀才序)〉 〈백리해장(百里奚章)〉은 1만5천 번, 〈획린해(獲麟解)〉 〈사설(師說)〉 〈송고한상인서(送高閑上人序)〉 〈남전현승청벽기(藍田縣丞廳壁記)〉 〈송궁문(送窮文)〉 〈연희정기(燕喜亭記)〉 〈지등주북기상양양우상공서(至鄧州北寄上襄陽于相公書)〉 〈응과목시여인서(應科目時與人書)〉 〈송구책서(送區冊序)〉 〈마설(馬說)〉 〈후자왕승복전(朽者王承福傳)〉 〈송정상서서(送鄭尙書序)〉 〈송동소남서(送董邵南序)〉 〈후십구일부상서(後十九日復上書)〉 〈상병

부이시랑서(上兵部李侍郞書)〉〈송료도사서(送廖道士序)〉〈휘변(諱辨)〉〈장군묘갈명(張君墓碣銘)〉은 1만3천 번을 읽었다. 〈용설(龍說)〉은 2만 번 읽었고, 〈제악어문(祭鱷魚文)〉은 1만4천 번을 읽었다. 모두 36편이다.

〈백이전〉〈노자전〉〈분왕〉을 읽은 것은 글이 드넓고 변화가 많아서였고, 유종원(柳宗元)의 문장을 읽은 까닭은 정밀하기 때문이었다. 〈제책〉〈주책〉을 읽은 것은 기굴(奇崛)해서고, 〈능허대기〉〈제구양문〉을 읽은 것은 담긴 뜻이 깊어서였다. 〈귀신장〉〈의금장〉〈중용서〉 및 〈보망장〉을 읽은 것은 이치가 분명하기 때문이고, 〈목가산기〉를 읽은 것은 웅혼해서였다. 〈백리해장〉을 읽은 것은 말은 간략한데 뜻이 깊어서이고, 한유(韓愈)의 글을 읽은 것은 스케일이 크면서도 농욱하기 때문이다. 무릇 이들 여러 편의 각기 다른 문체 읽기를 어찌 그만둘 수 있겠는가?

갑술년(1634)부터 경술년(1670) 사이에 《장자》와 《사기》, 《대학》과 《중용》은 많이 읽지 않은 것은 아니나, 읽은 횟수가 만 번을 채우지 못했기 때문에 〈독수기〉에는 싣지 않았다. 만약 뒤의 자손이 내 〈독수기〉를 보게 되면, 내가 책 읽기를 게을리하지 않았음을 알 것이다. 괴산 취묵당(醉默堂)에서 쓴다.

만 번 이하로 읽은 것은 아예 꼽지도 않고, 만 번 이상 읽은 36편 문장의 읽은 횟수를 적은 글이다. 도대체 김득신의 미련이 아니고는 언감생심 꿈도 꿀 수 없는 일이다. 정작 내게 놀라운 사실은 그가 허구헌 날 같은 글을 되풀이해 읽으면서 읽은 횟수까지 빠짐없이 적어두었다는 점이다.

그의 노둔함이 이와 같았다

김득신이 태어날 때 그의 아버지 김치(金緻)가 꿈에 노자(老子)를 만났다. 그래서 아이 적 이름은 노담(老聃)을 꿈에서 보았다고 해서 몽담(夢聃)으로 지어주었다. 하지만 신통한 태몽을 꾸고 태어난 아이는 머리가 너무 나빴다. 열 살에야 비로소 글을 배우기 시작했는데, 흔히 읽던 《십구사략(十九史略)》의 첫 단락은 겨우 26자에 지나지 않았건만, 사흘을 배우고도 구두조차 떼지 못했다.

저런 둔재가 있느냐고 곁에서 혀를 차도 아버지는 화내지 않고 되풀이해 가르쳤다. 아들이 노자의 정령을 타고났으니, 자라서 반드시 문장으로 세상에 이름을 떨칠 것을 의심하지 않았다. 누가 뭐라고 하면 아버지는 이렇게 아들을 두둔하였다. "나는 저 아이가 저리 미욱하면서도 공부를 포기하지 않으니 그것이 오히려 대견스럽네. 하물며 대기만성(大器晚成)이라 하지 않았는가?"

그렇게 떠듬떠듬 나아간 끝에 김득신은 나이 스물이 되어서야 비로소 글 한 편을 지어 올리기에 이르렀다. 아버지는 그 글을 받아 보고 크게 감격했다. 그리고 이렇게 말했다. "더 노력해라. 공부란 꼭 과거를 보기 위해서 하는 것은 아니다." 아들은 이 말을 듣고 기뻐서 물러나 덩실덩실 춤을 추었다. 이후 그는 더욱 분발해서 남들이 즐겨 읽는 글 수백 편을 뽑아놓고 밤낮을 가리지 않고 읽고 또 읽었다.

뒤늦게 과거에 급제하여 성균관에 들어간 뒤에도 길을 걸을 때나 앉아 있을 때나, 남들과 이야기를 주고받을 때나 혼자 있을 때나 옛글을 외우지 않은 적이 없었다. 다른 선비들은 그가 식당에서 묵묵히 앉아 있는 것을 보면, '저 친구 또 고문을 외우고 있구먼!' 했을 정도였다. 밤에는 늘 책을 머리맡에 두고 잤다. 누가 까닭을 묻자 "잠에서 깨어 가만히 손으로 문지르고 있으면 마음이 편안해진다네"라고 대답했다.

하지만 타고난 둔한 재질은 어쩔 수가 없었던 듯, 홍한주(洪翰周, 1798~1866)의 《지수염필(智水拈筆)》에는 이런 이야기가 실려 있다.

김득신은 지혜가 부족하고 재주가 몹시 노둔했는데도 외워 읽기를 몹시 부지런히 했다. 독서록이 있었는데 천 번을 읽지 않은 것은 기록에 올리지도 않았다. 사마천의 《사기(史記)》중에 〈백이전〉 같은 것은 1억1만3천 번을 읽기에 이르렀다.

뒤에 한 번은 말을 타고 어떤 사람 집을 지나가는데, 책 읽는 소리가 들려왔다. 그는 말을 멈추고 한참 동안 듣더니 이렇게 말했다.

"그 글이 아주 익숙한데, 무슨 글인지 생각이 안 나는구나."

말 고삐를 끌던 하인이 올려다보며 말했다. "부학자(夫學者)

재적극박(載籍極博) 어쩌고저쩌고 한 것은 나으리가 평생 맨날 읽으신 것이니 쇤네도 알겠습니다요. 나으리가 모르신단 말씀이십니까?"

김득신은 그제서야 그 글이 〈백이전〉임을 깨달았다. 그 노둔함이 이와 같았다. 하지만 만년에는 능히 시로 세상에 이름이 났다.

그는 〈백이전〉을 1억1만3천 번 읽은 것으로 이름났다. 이때 1억은 지금의 10만을 가리키니, 실제 그가 읽은 횟수는 11만3천 번이다. 그 자신도 이것을 자부해서 자신의 거처에 '억만재(億萬齋)'라는 당호를 내걸기까지 했다. 그런데도 얼마나 머리가 나빴으면 길 가다 우연히 들려온 〈백이전〉의 한 구절을 기억 못했다. 말고삐를 끌던 하인조차 질리게 들어 줄줄 외우던 글을 말이다.

후손인 김유헌(金由憲)은 선조의 〈독수기〉를 읽고 쓴 글에서 "옛날 우리 백곡 선조께서는 만년까지 손수 여러 책을 베껴 써서 늙어서도 읽기를 게을리하지 않았다. 백 번을 읽고 천 번을 읽고, 만 번 억 번에 이르도록 읽었다. 글의 맥락이 담긴 복선이 있는 곳은 밑줄을 긋고 둥근 점을 잇대어놓았다. 핵심 의미가 담긴 곳에는 흘려 쓴 글씨로 곁에다 주를 달았다. 삼가 필적을 살펴보니 쇠바늘과 은철사가 살아 움직이는 것만 같았다"고 적고 있다.

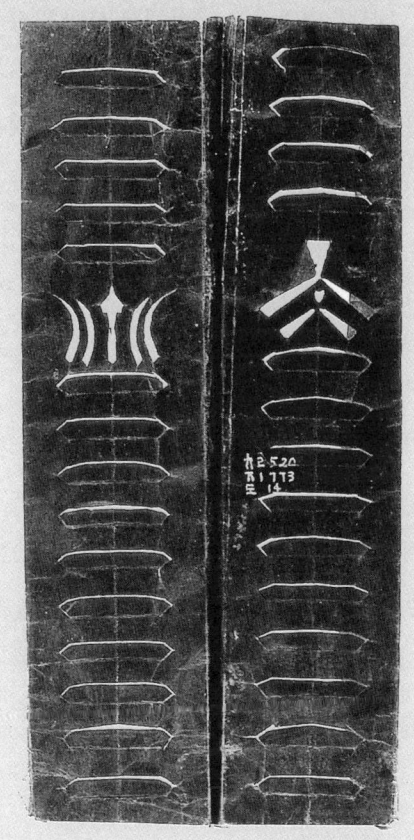

서산(書算)
산문(算文)이라고도 한다. 책 읽은 횟수를 기억하기 위해 사용한 것이다. 아래쪽 열 개의 홈은 한 번 읽을 때마다 하나씩 젖히고, 열 개가 다 젖혀지면 위쪽의 하나를 젖혀 열 번을 표시했다. 폭 4.5cm 높이 23.3cm. 한양대박물관 소장.

아 참 그렇지!

그의 일화는 대부분 엉뚱하고 기발해서 사람을 포복절도하게 했다. 한 번은 한식날 말을 타고 들 밖으로 나갔다가 도중에 5언시 한 구절을 얻었다. 그 구절은 '마상봉한식(馬上逢寒食)'이었다. 마땅한 대구(對句)를 찾지 못해 끙끙대자, 말고삐를 잡고 가던 하인 녀석이 연유를 물었다. 마땅한 대구를 못 찾아 그런다고 하니, 녀석이 대뜸 '도중속모춘(途中屬暮春)'을 외치는 것이 아닌가? "말 위에서 한식을 만나니, 도중에 늦은 봄을 맞이하였네"로 그럴싸한 대구가 되었다.

깜짝 놀란 김득신은 즉시 말에서 내리더니, "네 재주가 나보다 나으니, 이제부터는 내가 네 말구종을 들겠다" 하고는 하인 녀석더러 말을 타게 했다. 하인은 씩 웃으며, 사실은 이 구절이 자기가 지은 것이 아니라, 나으리가 날마다 외우시던 당시(唐詩)가 아니냐고 했다. '아 참 그렇지!' 하며 김득신은 자기 머리를 쥐어박았다는 것이다.

좀더 엽기적인 이야기로는 이런 것도 있다. 역시 홍한주의 《지수염필》에 보인다.

김득신이 또 한 번은 '풍지조몽위(風枝鳥夢危)' 즉 '바람 부는 가지에 새의 꿈이 위태롭고'란 한 구절을 얻었다. 여러 해가 지나도록 알맞은 대구를 잇지 못했다. 하루는 새벽에 집안 제사를 지낼 때였다. 가을 밤이라 달이 밝고 이슬은 흰데 벌레소리가 뜨락에 가득했다. 막 제주(祭酒)를 올리려는데 갑자기 '노초충성습(露草蟲聲濕)' 곧 '이슬 젖은 풀잎에 벌레소리 젖누나'란 구절이 떠올랐다. 앞서의 구절에 꼭 맞는 대구였다. 마침내 저도 모르게 큰 소리로 시를 읊조리더니만 잔을 높이 들어 자기가 마셔 버렸다. 그리고 나서 이렇게 말하는 것이었다. "비록 돌아가신 아버님께서 살아 계셨다 해도 반드시 내 이 술 마신 것을 칭찬하셨을 게야."

김득신의 일은 흔히 이 같은 경우가 많아 사람들을 포복절도케 하곤 했다. 또 한 번은 시 짓는 벗들과 압구정에 올라가 시를 지은 일이 있었다. 괴롭게 온종일 생각하다가 저물 녘이 되자 큰 소리로 말했다. "내가 오늘 겨우 두 구절을 얻었네만 아주 훌륭하다네." 사람들이 묻자 이렇게 대답했다. "삼산은 푸른 하늘 밖에 반쯤 떨어지고, 이수는 백로주에서 둘로 나뉘있네[三山半落靑天外, 二水中分白鷺洲]일세. 멋지지 않은가?" 사람들이 웃으며 말했다. "이게 정말 그대의 시란 말인가? 이것은 이백이 지은 시 〈봉황대(鳳凰臺)〉일세." 김득신은 그만 머쓱해져서 "그런가?"라고 했다. 마침내 길게 탄식하더니 그 아래를 이렇게 이었다. "천 년 전 적선(謫仙)이 나보다 먼저 얻었으니, 석양에 붓 던지고 서루(西樓)를 내려오네[千載謫仙先我得, 夕陽投筆下西樓]." 듣던 사람들이 배를 잡고 웃지 않는 이가 없었다.

　몇 년을 끙끙대던 대구가 떠오르자 너무 기쁜 나머지 제상에 올리려던 술을 자기가 마셔버렸다. 나도 이런 이야기를 들은 적이 있다. 대단한 호주가(好酒家)가 제삿날인 것을 깜빡 잊고 술에 엉망으로 취해 들어왔다. 온 가족이 제사를 못 올리고 기다리다가, 제상에 올리라고 술을 따라주었다. 그는 잔을 들어 가만히 보다가 단숨에 벌컥 들이키더니 '술맛 참 좋다!' 하더니만 벌렁 누워 잠들어버렸다. 하지만 제사 지내다 말고 시상이 떠올라 돌아가신 아버지께 올리려던 술을 자기가 마셨단 이야기는 그에게서 처음 듣는다.

　두번째 이야기는 하루 종일 끙끙대다가 누구나 아는 이백의 시 두 구절을 생각해내고는 자기가 지은 것으로 착각하다 남들을 웃긴 이야기다. 구한말 하겸진(河謙鎭, 1870~1946)은 《동시화(東詩話)》에서 다시 이런 일화를 적고 있다.

　　김득신은 괴로이 읊조리는 벽(癖)이 있었다. 시에 몰두할 때면 턱수염을 배배 꼬며 형상조차 잊었다. 그의 아내가 어쩌나 보려고 점심상을 차리면서 상추쌈을 얹어놓고 양념장은 두지 않았다. 아내가 물었다. "간이 싱겁지도 않아요?" 그가 말했다. "응? 어쩌다 보니 잊어버렸어."
　　또 비 오는 밤에 시구를 찾다가 마루로 나가 오줌을 누는데 추녀 끝에 매달려 있던 빗방울이 요강으로 떨어졌다. 오줌에서

유운홍(劉運弘, 1797~1859)이 그린 〈부신독서도(負薪讀書圖)〉
한나라 때 주매신(朱買臣)이 산에서 나무를 해 오면서도 독서에 열중했다는 고사를 그린 것이다. 이덕무의 글에도 상투를 대들보에 묶어놓고 책을 읽었던 소진(蘇秦), 쇠뿔에 《한서(漢書)》를 걸어놓고 꼴을 먹이면서도 책에서 눈을 떼지 않았던 당나라 이밀(李密), 남의 양을 치다가 책에 빠져 양을 모두 잃고 만 왕육(王育), 아내가 장보러 간 사이에 마당에 널어놓은 겉보리가 소낙비에 다 떠내려가는 줄도 모르고 책만 읽었던 후한 때 고봉(高鳳)과 같은 독서광들의 이야기가 보인다. 서울대박물관 소장.

빗방울 소리가 나는 줄 알고, 새벽 내내 마루 아래에 서 있었다.
　또 한 번은 정두경(鄭斗卿)이 지은 〈과모화관(過慕華館)〉이란 시의 "해 지는 모화관, 가을 바람에 정두경〔落日慕華館, 秋風鄭斗卿〕"이란 구절을 좋아했다. 뒤에 모화관을 지나다가 뜻을 얻어, "해 지는 모화관, 가을 바람에 김득신〔落日慕華館, 秋風金得臣〕"이라고 읊조리더니 금세 기쁘지 않은 낯빛으로 "사람의 이름 글자도 또한 음률과 관계가 있구나"라고 말했다.

　그는 무언가에 한 번 몰두하면 아예 끝장을 보는 성격이었다. 머리 나쁜 것을 알아 외우다 못해 통째로 삼킬 지경으로 읽고 또 읽었다. 읽는 것이 지금처럼 눈으로 훑어보고 마는 간서(看書)가 아니라 리듬을 얹어 소리 내어 읽는 성독(聲讀)이고 보면 그의 독서 횟수에는 그저 어안이 벙벙해질 뿐이다. 또 좋아하는 시는 외우고 외우다 어느 순간에는 자기가 지은 것으로 착각할 만큼 몰입하였다. 곁에서 보기에 안쓰러울 정도로 노력을 거듭해서 그는 마침내 큰 시인이 되었다.

반듯했던 삶의 자리

　머리가 나빠 외워도 금세 잊어버렸지만, 삶의 자리는 언제나 반듯했다. 약속한 일에 대한 기억력은 의외로 또렷했다. 문집에 실린 〈기문록(記聞錄)〉의 두 단락을 읽어보자.

김득신이 한 번은 만주(晚洲) 홍석기(洪錫箕)의 집에 머물며 공부하고 있었다. 홍공은 출타하고 없었고 그만 혼자 있었다. 한 종이 솥을 지고 들어오는 것을 보고, 무슨 일이냐고 물었다. 종이 말했다. "빚 받을 집에서 뽑아 왔습니다." 김득신은 책을 거두어 그 길로 서둘러 돌아오려 했다. 홍공이 오는 길에 그를 보고 까닭을 물었으나 대답하지 않았다. 두 번 세 번 굳이 묻자 솥을 뽑아온 일을 가지고 대답했다. 홍공은 "이것은 내가 모르는 일이다. 내 집에 과부가 된 누이가 있는데 혼자 한 일이다. 실로 내 잘못이 아니다"라고 하며 간곡히 사과해 마지않았다. 김득신은 그제서야 그만두었다.

김득신은 구당(久堂) 박장원(朴長遠)과 서로 사흘 걸리는 거리에 살았다. 몇 년 전에 아무 해 몇 월 며칠에 서로 방문하기로 미리 약속을 했었는데, 틀림없이 기일에 맞추어 이르렀다. 한 번은 약속을 했는데 마침 비바람이 크게 불고 날이 늦은지라 오지 않을 것으로 생각하고 있었다. 그날 저녁에 과연 그가 이르렀다. 그 독실함이 이와 같았다.

빚 대신 가난한 집 솥을 뽑아 오는 각박함을 보고는 조금의 망설임도 없이 친구 집을 박차고 나왔다. 그 잊어버리기 잘하는 사람이 몇 년 전에 한 벗과의 약속만은 잊지 않고 지켰다. 이런 독실한 품성의 바탕에서 그의 근면한 노력이 꽃을 피울 수 있었다.

천재와 둔재

김득신의 엽기적인 독서는 많은 사람들의 입에 오르내렸던 듯, 정약용과 황덕길(黃德吉, 1750~1827) 등이 이에 대해 쓴 글이 남아 있다. 이 중 황덕길이 쓴 〈김득신의 독수기 뒤에 쓰다〔書金柏谷得臣讀數記後〕〉란 글의 한 대목을 읽어보자.

일찍이 선배들을 살펴보니, 김일손(金馹孫)은 한유의 문장을 1천 번, 윤결(尹潔)은 《맹자》를 1천 번 읽었다. 노수신(盧守愼)은 《논어》와 두시를 2천 번 읽었고, 최립(崔岦)은 《한서》를 5천 번 읽었는데, 그 중에서 〈항적전(項籍傳)〉은 두 배를 읽었다. 차운로(車雲輅)는 《주역》을 5천 번 읽었고, 유몽인(柳夢寅)은 《장자》와 유종원의 문장을 1천 번 읽었다. 정두경(鄭斗卿)은 《사기》를 수천 번 읽었고, 권유(權愈)는 《강목(綱目)》 전체를 1천 번 읽었다.

지금까지 동방에서 대가의 문장을 논할 때면 반드시 이분들을 지목하는데, 그 시를 읽고 글을 읽어보면 그 글이 어디서 힘을 얻었는지 알 수 있다.

근세에 재주가 뛰어난 자로 칭송을 받는 자로, 중추(中樞) 곽희태(郭希泰)는 다섯 살에 〈이소경(離騷經)〉을 다섯 번 읽고 다 외웠다. 그 아들 곽지흠(郭之欽)은 일곱 살에 〈이소경〉을 일곱 번 읽고 외웠는데, 한 글자도 틀리지 않았다. 권유의 아들 권호

(權護)와 종제(從弟) 권민(權慜)이 어릴 적에 이들에게 〈우공(禹貢)〉을 가르쳐 총명한지 시험하였다. 문장의 뜻을 다 가르친 뒤 책을 덮고 외우게 하니, 권민은 바로 외웠고 권호는 한 번 읽은 뒤에 외웠다. 그들의 총명한 재주가 남들보다 뛰어나니 비록 옛날에 암기력이 뛰어난 장수양(張睢陽)이라 하더라도 어찌 이들보다 낫겠는가? 하지만 그들의 문장은 단지 한때 재능이 있다는 이름만 얻었을 뿐 후세에 전하는 것이 없다.

글의 앞부분에서 황덕길은 김득신의 피나는 노력을 말하면서, 부족한 사람은 있어도 부족한 재능은 없다고 했다. 부족해도 끊임없이 노력하면 어느 순간 길이 열린다. 단순무식한 노력 앞에는 배겨날 장사가 없다. 되풀이해서 읽고 또 읽는 동안 내용이 골수에 박히고 정신이 자라, 안목과 식견이 툭 터지게 된다. 한 번 터진 식견은 다시 막히는 법이 없다. 한 번 떠진 눈은 다시 감을 수가 없다.

하지만 그 어려운 책을 몇 번 읽고 줄줄 외웠던 천재들의 글은 지금 한 편도 전하지 않는다. 남은 것은 그런 천재가 있었다는 풍문뿐이다. 김득신은 그렇지가 않았다. 공부를 아무리 해도 성적이 오르지 않는 사람은 김득신을, 아니 그의 끝없이 노력하는 자세를 스승으로 모실 일이다.

마음을 지킨 사람

이서우(李瑞雨, 1633~?)가 쓴 〈백곡집서(柏谷集序)〉의 한 대목을 인용하면서 글을 맺기로 한다.

대저 사람은 스스로를 가벼이 여기는 데서 뜻이 꺾이고, 이리저리 왔다갔다하느라 학업을 성취하지 못하며, 마구잡이로 얻으려는 데서 이름이 땅에 떨어지고 만다. 공은 젊어서 노둔하다 하여 스스로 포기하지 않고 독서에 힘을 쏟았으니 그 뜻을 세운 자라 할 수 있다. 한 권의 책을 읽기를 억 번 만 번에 이르고도 그만두지 않았으니, 마음을 지킨 사람이라 할 수 있다. 작은 것을 포개고 쌓아 부족함을 안 뒤에 이를 얻었으니 이룬 사람이라고 할 수 있다.

아! 어려서 깨달아 기억을 잘한 사람은 세상에 적지 않다. 날마다 천 마디 말을 외워 입만 열면 사람을 놀래키고, 훌륭한 말을 민첩하게 쏟아내니, 재주가 몹시 아름답다 하겠다. 하지만 스스로를 저버려 게으름을 부리다가 어른이 되어서는 그만두어버리고, 늙어서도 세상에 들림이 없으니, 공과 견주어본다면 어떠하겠는가?

함부로 몸을 굴리고, 여기저기 기웃대다가 청춘을 탕진한다. 무엇이 좀 잘된다 싶으면 너나없이 물밀 듯 우루루 몰려갔다가, 아닌

듯 싶으면 썰물 지듯 빠져나간다. 노력은 하지 않으면서 싫은 소리는 죽어도 듣기 싫어하고 칭찬만 원한다. 그 뜻은 물러터져 중심을 잡지 못하고, 지킴은 확고하지 못해 우왕좌왕한다. 작은 것을 모아 큰 것을 이루려 하지 않고 일확천금만 꿈꾼다. 여기에서 무슨 성취를 기약하겠는가?

옛사람들은 김득신의 노둔함을 자주 화제에 올렸지만, 그 속에는 비아냥거림이 아니라 외경(畏敬)이 담겨 있었다. 지금도 세상을 놀래키는 천재는 많다. 하지만 기웃대지 않고 자기 자리를 묵묵히 지키는 성실한 둔재는 찾아볼 수가 없다. 그래서 한때 반짝하는 재주꾼들은 있어도 꾸준히 끝까지 가는 노력가는 만나보기 힘들다. 세상이 갈수록 경박해지는 이유다.

지리산의 물고기

책에 미친 바보 이덕무

세상 사는 일이 하도 심드렁하다 보니, 옛사람의 맑은 정신이 뜬금 없이 그리워질 때가 있다. 삶의 속도는 나날이 빨라져, 어떤 새 것도 나오는 순간 이미 낡은 것이 되어버린다. 그런데도 내면에는 마치 허기가 든 것처럼 충족되지 않는 허전함이 있다. 정말 마음 맞는 벗이 하나 있어, 멀리서 생각하는 것만으로도 훈훈해지는 그런 만남이 문득 문득 그리울 때가 있다.

한 사람의 지기를 찾아

이덕무(李德懋, 1741~1793)! 그를 생각하면 나는 떠오르는 그림이 있다. 후리후리한 큰 키에 비쩍 마른 몸매. 퀭하니 뚫린 그러나 반짝반짝 빛나는 두 눈. 그의 글을 읽으면 마음이 따뜻해진다. 그러다가 어느새 그 준열한 삶 앞에 내 자신이 부끄러워지고, 풀어져 있던 자세가 저절로 가다듬어진다.

만약 한 사람의 지기를 얻게 된다면 나는 마땅히 10년 간 뽕나무를 심고, 1년 간 누에를 쳐서 손수 오색실로 물을 들이리라. 열흘에 한 빛깔씩 물들인다면, 50일 만에 다섯 가지 빛깔을 이루게 될 것이다. 이를 따뜻한 봄볕에 쬐어 말린 뒤, 여린 아내를 시켜 백 번 단련한 금침을 가지고서 내 친구의 얼굴을 수놓게 하여, 귀한 비단으로 장식하고 고옥(古玉)으로 축을 만들어 아마득히 높은 산과 양양히 흘러가는 강물, 그 사이에다 이를 펼쳐놓고 서로 마주보며 말없이 있다가 날이 뉘엿해지면 품에 안고서 돌아오리라.

동서양을 통틀어 우정에 관한 한 이보다 더 절실한 아포리즘은 찾아볼 수 없을 것이다. 한 사람의 벗을 위해 10년 간 뽕나무를 심고, 또 1년을 누에 쳐서 실을 뽑아, 하나 하나 정성 들여 오색 물을 들이겠다. 그것을 다시 봄볕에 말려, 아내로 하여금 친구 얼굴을 수놓게 하고는, 저 백아와 종자기가 거문고로 이야기를 주고받던 고산유수(高山流水) 가에서 말없이 마주보고 앉았다가 저물 녘에야 돌아오겠다고 했다. 그는 아마도 마음속에 지녀둘 한 사람의 지기를 얻지 못해 애를 태웠던 모양이다. 이덕무의 《이목구심서(耳目口心書)》에 나온다. 말 그대로 귀로 듣고 눈으로 보고 입으로 말하고 마음으로 오간 생각을 적은 글을 모은 책이다. 다시 한 대목을 더 읽어보자.

을유년 겨울 11월 공부방이 추워 뜰 아래 작은 띳집으로 거처를 옮겼다. 집이 몹시 누추하여 벽에 언 얼음이 뺨을 비추고 방 구들의 그을음 때문에 눈이 시었다. 바닥은 들쭉날쭉해서 그릇을 두면 물이 엎질러지곤 했다. 햇살이 비쳐 올라오면 쌓였던 눈이 녹아 스며들었다. 띠에서 누런 국물 같은 것이 뚝뚝 떨어졌다. 손님의 도포에 한 방울이라도 떨어지면 손님이 크게 놀라 일어나는 바람에 내가 사과하곤 했다. 하지만 게을러 능히 집을 수리하지는 못하였다. 어린 아우와 함께 석 달 간 이곳을 지켰지만 글 읽는 소리가 그치지 않았다. 세 차례나 큰 눈을 겪었다. 매번 눈이 한 차례 오면 이웃에 키 작은 늙은이가 꼭 대빗자루를 들고 새벽에 문을 두드리며 혀를 끌끌 차면서 혼자 말하곤 했다. "불쌍하구먼! 연약한 수재가 얼지는 않았는가?" 먼저 길을 내고는 그 다음엔 문밖에 신발이 묻힌 것을 찾아다가 쳐서 이를 털고 재

이덕무의 친필 편지

이덕무는 참으로 독실한 사람이었다. 그의 성품은 친구 딸의 병을 걱정하는 이 한 통의 편지 속에서도 그대로 드러난다. 족질(族姪) 이광석에게 보낸 편지를 보면, 멋을 부려 초서로 갈겨 써서 잘 해독되지 않는 편지를 나무라는 내용이 보인다. 또박또박 해서로 정갈하게 써 내려간 글자만 봐도 그가 어떤 사람이었는지 알 수 있다. 성균관대학교박물관 소장.

> 빨리 눈을 쓸어 둥글게 세 무더기를 만들어놓고 가곤 하였다. 나는 그 사이에 이불 속에서 옛글 서너 편을 벌써 외우곤 하였다.

난방이 안 되는 공부방에서 덜덜 떨며 글을 읽다가 얼어 죽을 것만 같아서 하는 수 없이 한 칸짜리 초가집으로 거처를 옮겼다. 하지만 그곳도 춥기는 매일반이었다. 벽에 얼음이 얼어 거울처럼 얼굴을 비추고 날이 풀리면 누런 물이 뚝뚝 떨어지는 방에서, 그는 어린 아우와 함께 책만 읽었다.

흰 눈이 펑펑 내린 아침, 자리에 누워 옛글을 낭랑히 외운다. 방문 밖에선 신발에 덮힌 눈을 탁탁 터는 소리, "밤새 얼마나 추웠을꼬? 그런데도 저렇게 글만 읽으니 원 참!" 하며 이웃집 노인이 혼잣말로 중얼거리는 소리, 대빗자루로 눈을 쓰는 소리가 들려온다. 세수를 하자고 방문을 열면 동그란 눈 무더기 셋이 마당에서 그를 반겼다.

추운 겨울 새벽, 입김이 나는 찬 방 이불 속에서 사각사각 눈 쓰는 소리를 듣는 마음은 어떤 것이었을까? 제 집 앞 쓸다 말고, 절대 궁핍 속에서도 공부에만 몰입하는 젊은이가 안쓰러워 남의 집 마당까지 쓸어주던 그 키 작은 이웃 노인의 마음은 또 어땠을까? 잡다한 일에 치여 공연히 투덜대다가도 이런 글과 마주하면 산란하던 마음이 화들짝 돌아온다.

그는 이어지는 글에서 추운 겨울 이 방에서 홑이불만 덮고 잠을 자다가 꼭 얼어죽을 것만 같아서 《논어(論語)》를 병풍처럼 늘어세워 웃풍을 막고, 《한서(漢書)》를 이불 위로 물고기 비늘처럼 잇대어 덮고서야 겨우 얼어 죽기를 면할 수 있었다고 적고 있다.

책만 읽은 바보

목멱산 아래 멍청한 사람이 있는데, 어눌하여 말을 잘하지 못하고 성품은 게으르고 졸렬한 데다, 시무(時務)도 알지 못하고 바둑이나 장기는 더더욱 알지 못하였다. 남들이 이를 욕해도 따지지 않았고, 이를 기려도 뽐내지 않으며, 오로지 책 보는 것만 즐거움으로 여겨 춥거나 덥거나 주리거나 병들거나 전연 알지 못하였다.

어릴 때부터 스물한 살이 되도록 하루도 손에서 옛 책을 놓은 적이 없었다. 그 방은 몹시 작았지만 동창과 남창과 서창이 있어, 해의 방향에 따라 빛을 받아 글을 읽었다. 지금까지 보지 못했던 책을 얻게 되면 문득 기뻐하며 웃었다. 집안 사람들은 그가 웃는 것을 보고 기이한 책을 얻은 줄을 알았다.

두보의 오언율시를 더욱 좋아하여, 끙끙 앓는 것처럼 골똘하여 읊조렸다. 그러다 심오한 뜻을 얻으면 너무 기뻐서 일어나 이리저리 왔다갔다하는데, 그 소리는 마치 갈가마귀가 깍깍대는 것 같았다. 혹 고요히 소리 없이 눈을 동그랗게 뜨고 뚫어지게 바라보기도 하고, 꿈결에서처럼 혼자 중얼거리기도 하였다. 사람들이 그를 가리켜 '간서치(看書痴)' 즉 책만 읽는 멍청이라고 해도 또한 기쁘게 이를 받아들였다.

아무도 그의 전기를 짓는 이가 없으므로 이에 붓을 떨쳐 그 일을 써서 〈간서치전(看書痴傳)〉을 지었다. 그 이름과 성은 적지 않는다.

이덕무가 젊은 시절의 자기 자신에 대해 적은 〈간서치전〉이다. 아무도 그의 전기를 짓지 않기에 자기가 적는다고 했다. 일면의 자조와 일면의 득의가 교차하는 글이다. 앞에서 벽(癖)과 치(癡)에 대해 말한 적이 있지만, 이덕무도 자신을 '간서치(看書癡)' 즉 책만 읽는 멍청이라고 불렀다.

그는 풍열로 눈병에 걸려 눈을 뜰 수 없는 중에도 어렵사리 실눈을 뜨고 책을 읽었던 책벌레였다. 열 손가락이 다 동상에 걸려 손가락 끝이 밤톨만하게 부어올라 피가 터질 지경 속에서도 책을 빌려달라는 편지를 써 보내던 그였다. 그는 마치 기갈 들린 사람처럼 책을 읽었다. 가난하여 책 살 돈이 없었기에 늘 남에게서 빌려 보았다. 한 권 책을 얻으면 기뻐 이를 읽고, 또 중요한 부분을 베껴 적었다. 이렇게 읽은 책이 수만 권이었고, 파리 대가리만한 작은 글씨로 베낀 책만 수백 권이었다.

맹자가 내게 밥을 지어주네그려

그는 왜 그토록 책 읽기에 집착했을까? 이덕무는 서얼이었다. 품은 바 포부와는 관계없이 그가 할 수 있는 일은 원천적으로 차단되어 있었다. 책을 많이 읽는다 해서 딱히 써먹을 데가 있는 것도 아니었다. 그렇다고 살아갈 방도가 없지는 않았으나, 그것은 애초에 자신의 힘이나 능력 밖의 일이거나, 법을 범하고서야 가능한 부정한 것이었기에 그 처절한 가난과 숙명의 굴레를 천명으로 알고 살았다. 견딜 수 없는 고비도 많았다.

내 집에 좋은 물건이라곤 단지 《맹자》 일곱 편뿐인데, 오랜 굶주림을 견딜 길 없어 2백 전에 팔아 밥을 지어 배불리 먹었소. 희희낙락하며 영재(泠齋) 유득공(柳得恭)에게 달려가 크게 뽐내었구려. 영재의 굶주림도 또한 하마 오래였던지라, 내 말을 듣더니 그 자리에서 《좌씨전》을 팔아서는 남은 돈으로 술을 받아 나를 마시게 하지 뭐요. 이 어찌 맹자가 몸소 밥을 지어 나를 먹여주고, 좌씨가 손수 술을 따라 내게 권하는 것과 무에 다르겠소. 이에 맹자와 좌씨를 한없이 찬송하였더라오. 그렇지만 우리들이 만약 해를 마치도록 이 두 책을 읽기만 했더라면 어찌 일찍이 조금의 굶주림인들 구할 수 있었겠소. 그래서 나는 겨우 알았소. 책 읽어 부귀를 구한다는 것은 모두 요행의 꾀일 뿐이니, 곧장 팔아치워 한 번 거나하게 취하고 배불리 먹기를 도모하는 것이

박실(樸實)함이 될 뿐 거짓 꾸미는 것이 아니라는 것을 말이오. 아아! 그대의 생각은 어떻소?

이덕무가 이서구(李書九, 1754~1825)에게 보낸 편지다. 주림을 견디다 못해 손때 절은 《맹자》를 전당 잡혀 오랜만에 온 식구들이 굶주린 배를 채웠다. "여보게! 이 사람. 오늘은 맹자가 내게 밥을 지어 주네그려." 그 길로 친구 집에 달려가 툭 던지는 말이다. 이미 양식 떨어진 지가 여러 날째이던 유득공도 제 아끼던 《좌씨전》을 내다 팔아 쌀 사고 남은 돈으로 막걸리를 받아와 친구에게 따라주었다. 무엇이 그리 좋아 희희낙락했던가? 무슨 자랑할 일이라고 친구 집으로 달려갔던가? 또 그 와중에 제 주머니 사정 아랑곳않고 술을 받아와 벗에게 따라주던 유득공의 그 심사도 도무지 나는 헤아릴 길이 없다.

'이 더러운 세상에서 책 읽어 부귀를 꿈꾼다는 것은 애초에 허망한 일이 아니었더냐. 차라리 다 팔아치워 밥술이나 배불리 먹는 것이 더 낫지 않으랴!' 이런 자조의 심정이었을까? 그러나 나는 알 수가 있다. 제 손때 묻은 《맹자》가 혹 남의 손에 넘어가지나 않을까 싶어 하루가 멀다하고 헌책방을 기웃거렸을 그의 모습을 말이다.

무엇을 위한 독서였던가?

이덕무의 어머니는 영양실조 끝에 폐병을 얻어 세상을 떴다. 의원의 처방을 받고도 돈을 마련하지 못해 그 약을 못 해드렸다. 어쩌다 어렵게 약을 마련하면 손수 약을 달이며 약탕관에서 부글부글 끓으며 졸아드는 약물 소리를 제 애간장이 녹는 소리로 들었다. 어머니가 그렇게 세상을 뜬 후 그는 무연히 앉아, "지금도 슬픈 생각이 들어 가만히 귀를 기울이면 아직도 어머니의 기침소리가 은은하게 귀에 들리는 것만 같다. 황홀하게 사방을 둘러보아도 기침하시는 어머니의 그림자는 찾을 수가 없다. 이에 눈물이 얼굴을 적신다"고 쓰고 있다.

가난한 집에 시집갔던 누이도 영양실조와 폐병으로 어머니의 뒤를 따라갔다. 그는 피눈물을 흘리며 누이의 제문을 이렇게 썼다.

1776년 6월 3일, 폭우가 쏟아지며 캄캄해졌다. 전날 저녁부터 아침까지 온 식구가 모두 밥을 굶었다. 네가 이를 알고는 기쁘지 않아 상을 찡그리더니, 이 때문에 병이 더 극심해졌다. 아이를 집에 돌려보내자 갑자기 네가 숨을 거두었다. 늙은 아버지는 흐느껴 울며 부자와 형제가 이에 세 번 곡하였다. 천하에 지극히 애통한 소리다. 너는 이제 영원히 잠들었으니 이를 듣는가 듣지 못하는가? (중략)

평시에는 남들과 말할 적에 형제가 몇이냐고 물으면 아무개

와 아무개 넷이 동기(同氣)라고 하였더니, 이제부터는 남들이 물으면 넷이라 할 수가 없겠구나. 몸은 나무토막처럼 뻣뻣하여 육골(肉骨)을 긁어내는 것만 같구나. 형은 아우의 죽음을 슬퍼하고, 아우가 형을 묻는 것을 애통해하는도다. 이치가 분명하여 차례가 있어 어길 수 없건만, 네가 태어나고 죽는 것을 보게 되니 나는 원통하고 참담할 뿐이로구나. 너는 비록 편하겠으나 내 죽으면 누가 울어주랴! 어두운 흙구덩이에 차마 어찌 옥 같은 너를 묻으랴? 아, 슬프도다!

눈물 없이는 차마 읽을 수 없는 제문이다. 그러나 나는 이쯤에서 무기력하기만 한 그의 독서가 슬며시 미워진다. 누구를 위한 독서요, 무엇을 위한 독서였던가? 제 어미의 약조차 마련하지 못하고, 제 누이마저 영양실조로 떠나 보내는 그런 독서를 무엇에다 쓴단 말이냐?

정작 그가 벼슬길에 오른 것은 서른아홉 살 때였다. 정조가 학술 진흥을 내세워 왕권 강화책의 일환으로 세운 규장각(奎章閣)의 초대 검서관(檢書官)으로 임명된 것이다. 여기에는 그의 식견과 사람됨을 아끼던 벗들의 적극적인 추천이 있었다. 검서관의 일이란 규장각의 문서정리와 자료조사 같은 단순 작업이었다. 책을 교정하는 작업도 했다. 하루 5천 자도 넘는 글을 쓰느라 손이 마비될 지경에 이를 만큼 힘든 나날을 보냈다.

이처럼 어려운 생활 속에서 그가 남긴 방대한 저술은 사람을 압도한다. 그의 《이목구심서》는 당시 박지원과 박제가 등이 여러 번 빌려가 자기 글에 수도 없이 인용한 책이다. 그의 해박한 독서와 지적 편력, 사물에 대한 투철한 관심이 한눈에 들여다보인다. 경이로움으로 읽는 이를 압도한다. 또 선비의 바른 몸가짐을 격언투로 적은 《사소절(士小節)》, 고금 명인들의 시화(詩話)를 수록한 《청비록(淸脾錄)》, 역사서인 《기년아람(紀年兒覽)》, 일본 풍토지라 할 《청령국지(蜻蛉國志)》 등이 모두 그의 손에서 나왔다. 규장각에 있으면서는 《국조보감(國朝寶鑑)》《갱장록(羹墻錄)》《문원보불(文苑黼黻)》《대전통편(大典通編)》 편찬에 참여하여 한몫을 담당하였다. 이 밖에 《어정송사전(御定宋史筌)》과 《여지지(輿地誌)》, 《무예도보통지(武藝圖譜通志)》 등의 관찬서도 모두 그의 꼼꼼한 필치가 배어 있는 책들이다.

이덕무는 호(號)에 대한 욕심도 유난히 많았다. 젊었을 적에는 '영치(嬰處)'란 호를 썼나. 어린아이와도 같은 거짓 없는 마음을 썼으되 처녀의 수줍음을 지녀 남에게 보이기 부끄러워서라고 했지만, 그처럼 천진하고 진실된 마음이 담긴 것을 은근히 자랑스럽게 여겼다. 또 매미와 귤의 맑고 깨끗함을 사랑하여 '선귤당(蟬橘堂)'이란 당호(堂號)를 썼다. 강호에 살면서 아무 영위함 없이 그저 제 앞을 지나가는 고기만 먹고 사는 신천옹(信天翁)이라고도 불리우는 청장(靑莊)의 삶을 부러워하여 제 집의 이름을 '청장관(靑莊館)'이

이덕무의 젊은 시절 시문을 모은 《영처집(嬰處集)》
성대중(成大中)의 글씨다. 표제 옆에 '영아지강(嬰兒之剛)'과 '처녀지전(處女之專)'이라 썼다. 어린아이의 굳셈과 처녀의 전일함을 지닌 글을 모았다는 뜻이다. 우아한 필치로 쓴 성대중의 친필 서문 뒤에 이덕무의 친필 원고가 실려 있다. 개인 소장.

라고 짓기도 했다.

이런 그를 정조는 특별히 아꼈다. 이덕무의 책 읽는 소리를 좋아하여, 임금 앞이라 자꾸 소리를 낮추는 그에게 자주 음성을 높일 것을 주문하였고, 책 교정말고 스스로의 저작을 남길 것을 권면하여 그를 감격시켰다. 뿐만 아니라 그가 관직에 있었던 15년 동안 모두 520여 차례에 걸쳐 하사품을 내렸고, 그가 세상을 뜨자 국가의 돈으로 그의 문집을 간행케 했으며, 그 아들에게는 아버지의 벼슬을 그대로 내렸다. 그리고 보면 그의 독서가 그렇게 무기력한 것만은 아니었다.

굽은 나무 아래선 쉴 수가 없고

하지만 오늘 그가 나를 압도하는 대목은 호한한 독서와 방대한 저작이 결코 아니다. 그 처절한 가난 속에서도 맑은 삶을 살려 애썼던 그의 올곧은 자세가 나는 무섭다. 내가 부러워하는 것은 만년의 별 실속 없는 두외거나, 그 많은 임금의 하사품이 아니다. 아무도 알아주는 이 없고, 알아줄 기약도 없는 막막함 속에서도 제 가는 길을 의심치 않았던 그 믿음이 나는 두렵다.

한편으로 그 갈피 갈피에 서려 있을 피눈물 나는 고통과 열 손가락이 퉁퉁 붓는 동상과 굶주림, 영양실조 끝에 폐병으로 어머니와 누이를 떠나보내는 무력감과 자조감이 나는 또 눈물겹다. 그가 지은 《송유민보전(宋遺民補傳)》에는 두준지(杜濬之)란 이의 시가 실려 있다.

차라리 백 리 걸음 힘들더라도
굽은 나무 아래선 쉴 수가 없고
비록 사흘을 굶을지언정
기우숙한 쑥은 먹을 수 없네.

寧枉百里步　曲木不可息
寧忍三日飢　邪蒿不可食

그는 이런 시를 읽으며 마음을 다잡았다고 했다. 이런 무모한 인내와 자기 확신은 어디서 비롯된 것일까?

그의 편지글에 보면 "옛날에는 문을 닫고 앉아 글을 읽어도 천하의 일을 알 수 있었지요"라는 구절이 있다. 정작 이해할 수 없는 것은 오늘의 우리들이다. 인터넷 시대에 세계의 정보를 책상 위에서 만나보면서도 천하의 일은커녕 제 자신에 대해서조차 알 수가 없다. 정보의 바다는 오히려 우리를 더 혼란 속에서 허우적거리게 할 뿐이다. 왜 그럴까? 거기에는 나는 없고 정보만 있기 때문이다. 그러기에 내가 소유한 정보의 양이 늘어갈수록 내면의 공허는 커져만 간다. 주체의 확립이 없는 정보는 혼란만 가중시킬 뿐이다.

그래서 사람들은 조그만 시련 앞에서도 쉽게 스스로를 허문다. 거품 경제 속에서 장밋빛 미래를 꿈꾸다 갑자기 닥친 잿빛 현실 속에서 그들의 절망은 너무도 빠르고 신속하다. 실용의 이름으로 대학의 지적 토대는 급격히 무너지고, 문화는 말살되고 있다. 취직과 돈벌이와 영어가 삶의 지상 목표로 변한 사회에서 우리는 살고 있다. 젊은이들은 스스로를 '저주받은 세대'라고 되뇌이며 우왕좌왕한다. 돈을 벌수만 있다면, 출세를 할 수만 있다면 지금까지 소중히 여겨온 가치와 자존(自尊)도 송두리째 던져버릴 태세다. 그렇지만 그런가?

그 처참한 가난과 신분의 질곡 속에서도 신념을 잃지 않았던 맹목적인 자기 확신, 독서가 지적(知的) 편식이나 편집적 욕망에 머물지 않고 천하를 읽는 경륜으로 이어지던 지적 토대, 추호의 의심없이 제 생의 전 질량을 바쳐 주인 되는 삶을 살았던 옛사람들의 내면 풍경이 나는 그립다.

> 지리산 속에는 연못이 있는데, 그 위에는 소나무가 주욱 늘어서 있어 그 그림자가 언제나 연못에 쌓여 있다. 연못에는 물고기가 있는데 무늬가 몹시 아롱져서 마치 스님의 가사와 같으므로 이름하여 가사어(袈裟魚)라고 한다. 대개 소나무의 그림자가 변화한 것인데, 잡기가 매우 어렵다. 삶아서 먹으면 능히 병 없이 오래 살 수 있다고 한다.

지리산 깊은 소(沼)에는 물고기가 살고 있다. 못 위로 허구헌 날 비치는 소나무 그림자를 보다가 제 몸의 무늬마저 그 그림자와 같게 만든 물고기가 살고 있다. 사시장철 푸르른 낙락한 소나무의 기상을 닮아, 삶아 먹으면 병도 없어지고 오래 살 수 있게 해준다는 물고기가 살고 있다. 아! 나도 그 못 가에서 살고 싶구나. 그래서 그 무늬를 내 몸에도 지녀두고 싶구나. 날로 가팔라져만 가는 비명 같은 삶의 속도 속에서, 나는 한 번쯤 이런 생각을 하며 생활의 숨결을 골라보았으면 싶은 것이다.

송곳으로 귀를 찌르다

박제가와 서문장

여행은 이제 일상이 되었다. 여행은 젊음의 특권이다. 새로운 풍물과 마주하고 낯선 사람들을 만나면서 그의 정신은 부쩍 자란다. 낯선 여행지에서 문득 깬 새벽잠은 좀체 다시 오지 않는다. 자리에서 일어나 행장에 꾸려간 책을 꺼내 읽는다. 세상길은 내게 아직은 차고 시리기만 한데, 옛글 속에서 만나는 고인의 육성에도 삶의 고단함은 묻어 있다. 그것이 또 내게는 따뜻한 위로가 된다. 그때도 그랬구나. 이렇게 해서 책 속의 옛사람과 여관방의 젊은이는 동행이 된다.

가을 구름이 내 정수리를 어루만지네

옛 선비들이 산수간을 노닐며 유람의 자취를 적은 글을 산수유기(山水遊記)라 한다. 일종의 기행문인 셈이다. 나는 1996년 역대 문인들이 남긴 산수유기를 묶어 10책의 자료집으로 펴낸 일이 있다. 만일 누가 나에게 그 많은 산수유기 가운데 가장 걸작을 한 편 꼽으라고 한다면 나는 조금의 망설임 없이 박제가(朴齊家, 1750~1805)의 〈묘향산소기(妙香山小記)〉를 꼽겠다.

이 글은 전문이 근 6천 자에 달하는 장편의 기행문이다. 이상하게 현재 전하는 박제가의 문집에는 실려 있지 않고, 북한 조선문화예술총동맹출판사에서 1964년에 간행한 《기행문선집》속에 원문과 함께 번역이 실려 있다. 이 글은 박제가가 스무 살 때 영변도호부사로 부임하던 장인 이관상(李觀祥)을 따라가던 길에 지었다. 9월에 그는 손위 처남 이몽직(李夢直)과 함께 열흘 간 묘향산을 탐승하였다. 장인의 후광으로 동행이 적지 않았고, 기생과 악공(樂工)까지 대동한 완자한 행차였다.

〈묘향산소기〉는 그 서사가 너무도 아름다워 마치 꿈결인 듯 묘향산의 모습이 눈에 선한 명문이다. 그 가운데 몇 대목을 들어 보이면 다음과 같다.

납작한 돌을 골라 물결을 향해 몸을 뉘어 던졌다. 물껍질을 벗기며 세 번도 뛰고 네 번도 뛴다. 느린 것은 두꺼비가 물에 잠기는 것 같고, 가벼운 것은 마치 물찬 제비 같다. 어쩌다가는 대나무 모양을 만들면서 마디마디 재빠르게 뒤쫓기도 한다. 혹 동전을 쌓으며 쫓아가기도 하는데, 뾰족한 흔적은 뿔 같고, 층층의 무늬는 탑인 듯도 싶다. 이것은 아이들의 장난인데, 물수제비 뜨기라 한다.

고목이 절벽에 기댄 채 말랐는데, 우뚝함은 귀신의 몸뚱이 같고, 서리어 움츠림은 잿빛 같았다. 껍질을 벗은 것은 마치 늙은 뱀이 벗어놓은 허물 같았고, 대머리가 된 것은 병든 올빼미가 걸터앉아 고개를 돌아보는 듯하였다. 속은 구멍이 뚫려 텅 비었고 곁가지는 하나도 없었다. 산에 의지한 돌은 검고, 길에 깔린 돌은 희며, 시내에 잠긴 돌은 청록빛이었다. 돌들끼리 비벼 표백되고 깔리어 그런가 싶었다. 돌빛은 핥은 듯 불그스레 윤기가 나고 매끄러웠다. 한 필 비단 같은 가을 햇살이 멀리 단풍나무 사이로 펼쳐지자, 또 시냇가의 모래는 모두 담황색인 듯하였다.

첫 번째 것은 물수제비 뜨기라는 놀이의 묘사다. 납작한 돌을 수면 위로 비껴 던지자 대나무 무늬를 그리면서 달아난다는 표현이 압권이다. 또 절벽에 기댄 채로 말라버린 고목의 묘사도 탁월하다. 한문으로 이렇듯 핍진(逼眞)한 묘사가 가능한 줄을 이 글을 읽고 처음 알았다.

우러러 토령(土嶺)을 보니 오 리쯤 되겠는데, 잎 진 단풍나무는 가시와 같고 흘러내린 자갈돌은 길을 막아선다. 뾰족한 돌이 낙엽에 덮였다가 발을 딛자 비어져 나왔다. 벌렁 나자빠질 뻔하다가 일어나느라 손을 진흙 속에 묻고 말았다. 뒤에 오던 사람들이 웃을까봐 부끄러워 단풍잎 하나를 주워들고서 그들을 기다리는 체하였다.

만폭동(萬瀑洞)에 앉으니 석양이 얼굴을 비춘다. 거대한 바위가 마치 산마루 같다. 긴 폭포가 그 바위를 타넘고 흘러 내려온다. 물굽이는 세 번을 굽이쳐서야 비로소 바닥을 짓씹는다. 물줄기가 움푹 들어갔다가 소용돌이를 치며 일어나는 모습은 마치 고사리순이 주먹을 말아쥔 것만 같다. 용의 수염 같기도 하고 범의 발톱 같기도 하여 움켜쥘 듯하다가는 스러진다. 내뿜는 소리가 흘러 내려 하류로 서서히 넘치더니, 주춤하다가는 다시금 내뿜는 것이 마치 숨을 헐떡이는 것만 같다. 한참을 가만히 듣고 있으려니까 나 또한 숨이 차다. 이윽고 잠잠해져 아무 소리도 들리지 않는 듯하더니 조금 있자 더욱 거세게 쏟아져 내린다.

바지를 정강이까지 걷어붙이고 소매는 팔꿈치 위로 말아올리고 두건과 버선을 벗어 깨끗한 모래 위에 던져두고 둥근 돌에 엉덩이를 고여 고요한 물가에 걸터앉았다. 작은 잎이 떴다 가라앉는데 배 쪽은 자줏빛이고 등 쪽은 누런 빛이었다. 이끼가 엉

묘향산 만폭동 풍경
만폭동은 향로봉 남쪽 비탈면의 골짜기다. 직각으로 꺾인 가파른 폭포가 아니라 경사면을 타고 몇 차례 꺾여 내려오는 물결이 장관을 이룬다. 북한 조선화보사 발행 《묘향산》(2001)에 수록.

겨 돌을 감싸니 이들이들한 것이 마치 미역 같았다. 발로 물살을 가르자 발톱에서 폭포가 일어나고, 입으로 양치질하니 비는 이빨 사이로 쏟아졌다. 두 손으로 허위적거리자 물빛만 있고 내 그림자는 보이지 않는다. 눈꼽을 씻으며 얼굴의 술기운을 깨노라니, 때마침 가을 구름이 물 위에 얼비쳐 내 정수리를 어루만지는구나.

그의 글을 읽다 보면 가볼 길 없는 묘향산의 구비구비가 마치 눈앞에 펼쳐진 듯 생생하게 떠오른다. 그대로 한 폭의 그림이요, 한 편의 시다. 특히 폭포가 움푹 들어갔다가 다시 솟는 장면을 주먹을 말아쥔 고사리순, 용의 수염에 견주는 것이나, 가을 구름이 정수리를 어루만진다는 표현은 실감나다 못해 황홀한 묘사가 아닌가.

달빛은 마치도 흰 명주 같았다
다시 뒷부분의 한 대목을 읽어본다. 객수에 잠을 못 이루던 서울 선비 박제가가 탑 둘레를 맴돌다가 초로의 스님과 만나 대화하는 장면이다.

금환(禁寰) 스님과 더불어 《법화경》의 화택(火宅)의 비유를 강론하였다. 스님은 50여 세로 송경(誦經)은 잘하지만 사람과 마주하는 것은 꺼리는 듯했다. 그 형인 혜신(慧信) 또한 중이 되어 극

락전에 거처하는데 불경의 조예가 금환보다 낫다 한다. 내가 물어보았다.

"중 노릇이 즐거운가?"

"제 한 몸을 위해서는 편합지요."

"서울은 가보았소?"

"한 번 가보았지요. 티끌만 자옥히 날려 도저히 못살 곳 같습디다."

내가 또 물었다.

"대사! 환속할 생각은 없소?"

"열두 살에 중이 되어 혼자 빈 산에 산 것이 40년올시다. 예전에는 수모를 받으면 분하기도 하고, 자신을 돌아보면 가엾기도 했었지요. 지금은 칠정(七情)이 다 말라버려, 비록 속인이 되고 싶어도 될 수도 없으려니와, 혹 속인이 된다 해도 무슨 쓸모가 있답니까? 끝까지 부처님을 의지타가 적멸로 돌아갈 뿐입지요."

"대사는 처음에 왜 중이 되시었소?"

"만약 자기가 원심(願心)이 없다면 비록 부모라 해도 억지로 중 노릇은 시키지 못하지요."

이날 밤 달빛은 마치도 흰 명주 같았다. 탑을 세 바퀴 돌고 술도 한 순배 하였다. 먼 데 바람소리가 잎새를 살랑이니 쏴 - 아 하고 쏟아내는 듯 쓸어내는 듯하였다.

명주를 펼쳐놓은 듯 희고 고운 달빛, 바람은 쏴-아 물결소리를 내고, 도도한 흥취는 몇 잔의 술로도 잠재울 수가 없다. 몸은 솜방망이처럼 피곤한데 정신은 닦아놓은 유리알처럼 투명하다.

스무 살의 젊은이는 늙은 중에게 중 노릇이 즐거우냐고 짐짓 묻는다. 서울은 가보았느냐고 묻자, 스님은 먼지만 날려 도저히 사람 살 곳이 못 됩디다 하고 고개를 내젓는다. 환속을 말하는 짓궂은 농담에는 칠정이 다 말라버렸다고 대답한다. 청춘의 고민은 깊기만 해서, 칠정조차 다 말라버린 노승의 경지가 부러웠던 것일까? 그는 슬쩍 화제를 돌리고 만다. 달빛 아래 담소의 광경이 꿈속같이 아련하다.

신새벽 등불을 켜고 〈서문장전〉을 읽다

정작 〈묘향산소기〉의 첫 대목은 이렇게 시작된다.

9월이라 기러기 울어 예니 햇살은 희고 서릿발 푸르다. 13일 동쪽으로 묘향산 길을 떠났다. 초록빛 도포에 자줏빛 나귀, 허리에는 칼을 차고 안장에는 책을 얹었다. 북산(北山)의 끊어진 언덕, 약산(藥山) 동대(東臺)의 가파른 절벽이 양 켠으로 늘어서 수문 길이 되니 골짜기의 형세와 아주 비슷하다. 마치 마른 진흙이 제풀에 갈라져 터진 것처럼 양쪽이 들쭉날쭉 서로 마주하고 있고 시냇물이 그 가운데로 흐른다. 시냇가 어지런 돌은 모두 분을 바른 것만 같다. 그 위 꼭대기에 누각이 있는데 음박루(飮博樓)라 이름하였다. 동쪽으로 60리를 가서 석창(石倉)에 이르렀다. 날이 기울었기로 예서 길을 멈추었다. 석창 앞 시내는 잔잔했다. 푸른 시내 위로는 온갖 나무들이 산에 기대어 서 있다. 온통 시골집을 위해 맞은편 언덕이 되어준 것만 같았다.

새벽에 일어나 등불을 혀고 원중랑(袁中郎)이 지은 〈서문장전(徐文長傳)〉을 읽었다. 이몽직(李夢直)이 말했다.

"밤 깊은데 함께 시냇가에 와 자게 될 줄 어찌 알았겠나?"

내가 말했다.

"달은 지붕 위에 가득한데 꿈은 집 가운데 있군 그래! 고개 들면 맑은 이슬, 들리느니 찬 소리뿐. 그대들이 잠 못들 줄 또 어찌 알았으리."

초록 도포를 늘씬하게 차려입고, 허리엔 칼을 찼으니 한껏 멋을 냈다. 가을 비람 서늘한데 안장 곁엔 책을 함께 꾸려두었다. 여로의 새벽, 묵었던 시골 마을에서 그네들은 피곤함도 잊고서 잠을 깨었다. 9월 13일이라 했으니 양력으로 치면 10월 말 어름이다.

신새벽의 기운이 선득한데, 여관방에 앉아서 책을 펴든다. 이슬 맑고 가을 소리 뼈에 저미는 새벽, 달빛은 푸르게 지붕 위를 덮고 있다. 그 새벽에 박제가 펴든 책은 명나라 원굉도(袁宏道, 1568~1610)가 지은 〈서문장전(徐文長傳)〉이었다. 명말청초의 천재적 문인이요 화가였던 서위(徐渭, 1521~1593)의 일생을 적은 이 글은 이렇게 시작된다.

> 어느 날 저녁 내가 도태사(陶太史)의 다락에 앉아 마음 가는 대로 시렁 위 책을 뽑아 보다가 《궐편(闕編)》 시 한 질을 얻었다. 조악한 종이에 붓으로 썼는데 그을음이 앉아 거무튀튀해서 글자 모양이 희미했다. 등불 가까이 가서 이를 읽었다. 채 몇 수 읽기도 전에 나도 몰래 놀라 뛰면서 황급히 도주망(陶周望)을 불렀다.
> "이 책 누가 지은 겐가? 지금 사람이야? 아니면 옛날 사람인가?"
> 주망이 말했다.
> "이건 우리 고향의 서문장 선생의 책일세."
> 두 사람은 떨쳐 일어나 등불 그림자 아래서 읽다가는 소리 지르고, 소리 지르다간 다시 읽었다. 잠자고 있던 종들이 그 서슬에 모두 놀라 일어났다. 내가 서른 해를 살고도 이제야 비로소 해내(海內)에 서문장 선생이 있음을 알았구나. 아! 어찌 이토록 서로 앎이 늦었더란 말인가?

전기(傳記)치고는 시작이 조금 뜻밖이다. "이 책 누가 지은 겐가? 지금 사람이야? 아니면 옛날 사람인가?" 그 놀라 당황하고 다

급함이 눈에 뵈는 것만 같다. 읽다가는 소리 지르고, 소리 지르다 간 다시 읽는 호흡이 몹시도 가빴겠다. 온 집안에 아닌 밤중에 소동이 벌어졌던 것이다.

도끼로 제 머리를 깬 사내

서문장! 그는 어떤 사람이었던가? 늘 그렇듯이 비상한 재주를 지닌 그를 세상은 알아주지 않았다. 서문장은 시문과 그림이 탁월했고 병법에도 능하였으나, 불우를 곱씹으며 타관을 떠돌았다. 그 무료불평을 글로 남겼다. 하지만 그 책은 질 나쁜 종이에 필사된, 그나마 그을음이 잔뜩 앉아 알아보기조차 어려운, 우연히 손길이 가지 않았더라면 영영 세상에 알려지지도 않았을 그런 것이었다. 시인의 운명이란 그렇듯 곤고(困苦)한 것이던가? 이어지는 글은 그의 인간과 문학에 관한 기술이다.

서문장은 제주와 지략을 사부하고 기이한 계책을 좋아하여 병법을 말하면 맞는 것이 많았다. 온 세상의 선비 중에는 제 뜻에 차는 자가 없다고 보았으나, 마침내 세상에서 알아주지는 않았다. 서문장은 사람을 뽑는 관리에게서 뜻을 얻지 못하자 마침내 술로 방랑하며 산수에 뜻을 붙였다. 남쪽의 제(齊)·노(魯)와 북쪽의 연(燕)·조(趙) 땅을 다니고 사막까지 두루 유람하였다. 그가 본 바 산이 내달리고 바다가 일어서며, 모래바람이 일고 구름이 떠가고, 바람이 울부짖고 나무가 쓰러진 모습, 궁벽한 골짜기와 큰 도회지, 사람과 사물, 물고기와 새의 온갖 놀랍고 경악할 만한 형상을 하나 하나 모두 시에다 담아내었다.

그 가슴속에는 또 닳아 없어질 수 없는 자욱한 기운이 있고 영웅이 길을 잃어 발붙일 집조차 없는 슬픔이 있었다. 그 시는 성내는 것 같고, 비웃는 것 같으며, 물이 골짜기에서 울부짖는 듯하고, 새싹이 흙을 뚫고 나오는 것 같았다. 과부가 밤중에 곡하는 듯하고, 나그네가 추위 속에 길을 떠나는 것 같았다. 비록 그 체제와 격식이 이따금 낮은 것도 있었지만 마음을 그려냄은 자기에게서 나와 왕자의 기상이 있었다. 저 머리에 두건을 두르고서 남을 섬기는 자들이 감히 바랄 바가 아니었다.

글에는 우뚝한 식견이 담겨 있어 기운이 무겁고 법이 삼엄하여 남을 흉내냄을 가지고 자신의 재주를 손상하지 않았다. 자기 주장을 펴느라 격조를 다치는 법이 없었으니 한유(韓愈)와 증공(曾鞏)에 견줄 만하였다. 그는 뜻이 높아 시속과 더불어 어울리지 못하였다. 당시에 이른바 문단의 맹주라는 자들을 그는 모두 꾸짖으며 우습게 여겼으므로, 그 이름이 월(越) 땅을 벗어나지 못하였다.

아아 슬프다. 글씨 쓰기를 즐겨 붓질이 분방하기가 그 시와 같았고, 굳센 가운데 아리따운 자태가 드러났으니 구양수가 이른바 '아름다운 여인은 나이가 들어도 절로 남은 자태가 있다'

고 한 것이 이것이다. 사이 사이에 여가가 있으면 옆으로 넘쳐 꽃과 새를 그리곤 하였는데 모두 빼어나 운치가 있었다. 마침내 그 후처를 죽인 혐의로 옥에 갇혀 사형이 언도되었으나, 태사 장원변이 힘써 풀어주어 겨우 풀려날 수 있었다.

세상과 만나지 못한 좌절은 분노의 방랑으로 이어졌다. 그 방랑은 그의 작품세계를 더욱 웅숭깊고 괴기스럽게 만들었다. 비분과 통곡, 격정과 절망을 노래했으되 문학의 격조를 벗어나지는 않았다. 하지만 문단의 반응은 냉랭하기만 해서, 그는 결국 남방 구석진 곳의 촌놈으로 묻히고 말았다. 서문장은 글씨와 그림에서도 일가를 이루었다. 특히 그의 그림은 놀라운 현대성으로 중국 회화사에서 새로운 화풍을 개척한 기린아로 추앙받고 있다. 하지만 그는 절망적인 현실과 맞서던 끝에 정신착란을 일으켜 미쳐버리고 만다. 극심한 분열증으로 자기 아내를 죽인 살인범이 되어 감옥에 들어갔다.

만년엔 분(憤)을 품음이 더욱 깊어져 미친 짓도 점점 심해갔다. 지체 높은 이가 문에 이르러도 이를 막고 들이지 않더니, 이따금 돈을 지니고 술집에 가서는 천한 아랫것들을 불러다가 함께 술을 마셨다. 한 번은 도끼로 제 머리를 쳐서 깨뜨려 피가 흘러 얼굴을 덮었다. 두개골이 모두 깨져, 만지면 소리가 났다. 또

명나라 때 간행된 문집에 실린 서위의 초상화(위)와 그의 그림 〈물에 잠긴 매화〉(아래)
새 꽃을 갓 피운 굵은 매화 등걸이 거꾸로 강물에 처박혀 있다. 매화꽃이 안쓰럽게 물 위로 둥둥 떠간다. 간결하면서도 기굴한 필치는 그의 내면을 강렬하게 투사한다.

한 번은 날카로운 송곳으로 양쪽 귀를 찔렀는데 한 치도 더 되게 들어갔지만 겨우 죽지 않았다.

그는 기이한 짓을 수없이 많이 했다. 가슴속의 분(憤)이 쌓여 광질(狂疾)이 되었다. 그는 왜 도끼로 제 머리를 쳤을까? 머리가 없었다면 번뇌(煩惱)도 없을 것이 아닌가. 왜 송곳으로 두 귀를 찔렀을까? 귀가 멀어야만 이 미친 세상의 소음이 마음을 어지럽히지 못할 것 아닌가.

〈서문장전〉은 결국 그가 뜻을 얻지 못한 채 분을 품고 세상을 떴다고 적고 있다. 원굉도는 "선생의 시문이 우뚝하여 근대의 무잡스럽고 더러운 습속을 일소하였거니와, 백세의 아래에 절로 정해진 의론이 있으리라. 어찌 불우했다고만 하랴?" 하며 글을 맺었다. 하지만 서문장은 후세의 기림을 알지 못한 채 땅에 묻혔다.

능력대로 인정받는 삶을 꿈꾸며

이제 내가 정작 궁금한 것은 그날 새벽 박제가의 마음이다. 여행지의 숙소에서 잠을 설친 젊은 나그네는 많은 글 중에 왜 하필 〈서문장전〉을 골라 읽었을까? 그 새벽에 이 글은 그에게 어떤 의미로 읽혔을까? 박제가, 그는 서얼이었다. 선대가 첩의 자식이면, 그 자식의 자식도 본인의 능력과 관계없이 과거 응시가 제한되고 벼슬에 제한을 받았다. 그게 당시 조선의 법이었다. 그렇지만 설레는 여행길에 오른 패기에 찬 청년의 내면에는, 신분의 질곡에 숨막혀 하는 답답한 마음만 가득하지는 않았을 것이다.

뜻 있는 이로 하여금 도끼로 제 머리를 찍고, 송곳으로 제 귀를 찌르게 만드는 세상, 그리하여 마침내 미쳐 분을 품고 죽게 만들고는 쉽게 잊고 마는 세상에 대한 절망의 심정이 담겨 있지는 않았을까? 나는 그 속내가 종내 궁금했다.

서문장, 바로 그가 지은 짧은 글 한 편을 여기에 소개한다. 꿈에 돌아가신 적모(嫡母)를 뵙고서 울며 지은 글이다. 제목은 〈감몽제적모문(感夢祭嫡母文)〉이다.

벌써 예전에 어머님은 병으로 돌아가셨다. 그런데 어찌된 일인지 간밤 꿈에서는 돌아가시지 않고 병이 드신 채 옷을 벗고 방구석에 앉아 문짝으로 몸을 가리고 계셨다. 내가 그 증세를 진맥하고는 한숨 쉬며 눈물이 얼굴을 타고 흘렀다. 맥이 빠른 데다 답답하여 치료할 수 없는 줄을 알았지만, 거짓으로 말씀드렸다.

"이제 곧 나으실 거예요."

얼굴을 가리고서 통곡하다가 어머님을 부축해서 침상에 모셨다. 울음을 그치고 잠에서 깨었는데, 울음과 눈물은 여태도 흐르고 있었다. 꿈에 어머님이 병들어 계신 것만으로도 슬픔을 견디지 못하였는데, 깨고서 하마 돌아가신 것을 슬퍼하니 자식의 마음이 어떠하리까!

그는 꿈에 뵌 어머니의 병든 모습에 잠을 깨고도 가슴 아파 눈물을 줄줄 흘린 효자였다. 그런데 적모(嫡母)란 서자(庶子)가 아버지의 정실(正室)을 일컫는 말이다. 서문장 그도 서자였던 것이다. 그도 따뜻한 가정이 그리웠고, 능력대로 인정받고 더불어 사는 포근한 삶을 꿈꾸었다.

세상은 날로 강퍅해지고, 도탑던 고인의 마음은 이제 찾아볼 길이 없다. 그날 새벽 스산한 가을 소리를 들으며 등불 아래서 〈서문장전〉을 펼쳐 읽던 박제가의 모습이 오늘 따라 새삼 마음에 맺힌다.

이름 밖에서 그 사람과 만나고 싶다

젊은 시절 박제가는 자신이 쓴 〈소전(小傳)〉에서 스스로에 대해 이렇게 적고 있다.

그 모습은 물소 이미에 킬닐 눈썹을 지녔다. 초록빛 눈동자에 흰 귀를 가졌다. 고고한 이만을 가려서 더욱 가까이 지낸다. 권세 있는 자를 바라보고는 더욱 소원해진다. 그래서 알아주는 이가 적고 언제나 가난하다. 어려서는 문장을 배웠지만, 자라서는 경제의 학문을 좋아했다. 몇 달씩 집에 돌아가지 않고 공부하고 있지만 사람들은 알지 못한다. 바야흐로 고명한 이와 마음을 논하고, 세상 일은 돌아보지 않는다. 명분과 이치를 따져 아득한

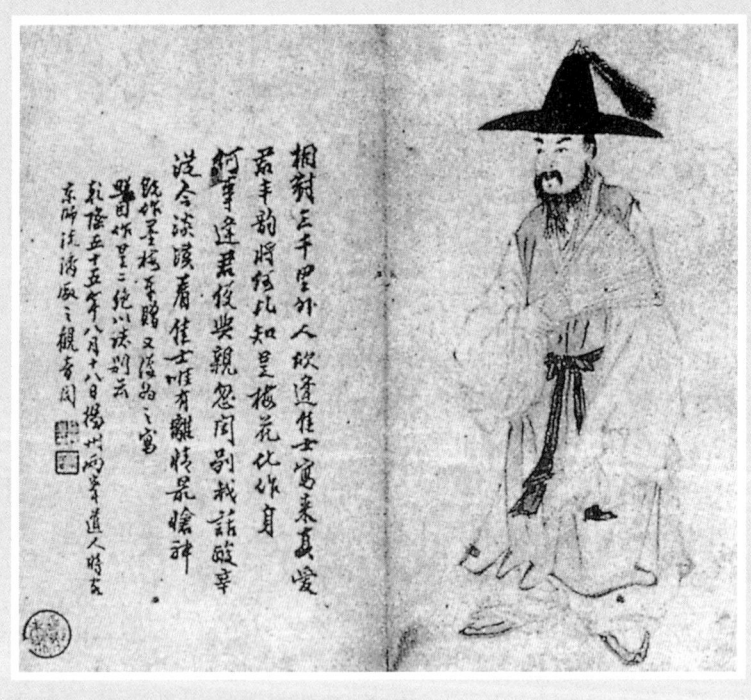

청나라 화가 나빙(羅聘)이 그린 박제가의 초상화
일본 학자 후지츠카가 소장했던 그림으로 태평양 전쟁 때 불에 타서 없어졌다. 군관 모자를 쓰고 손에 부채를 든 작은 키에 야무진 젊은이의 모습이 보인다.

것에 침잠한다. 백 세 이전과 더불어 흉금을 터놓고, 만 리 먼 곳을 건너가 노닌다.(중략)

아아! 껍데기만 남기고 가버리는 것은 정신이다. 뼈가 썩어도 남는 것은 마음이다. 그 말의 뜻을 아는 자는 삶과 죽음, 알량한 이름의 밖에서 그 사람과 만나게 되기를 바란다.

문장 공부를 버리고 경국제세(經國濟世)의 공부에 몰두하고는 있지만, 아무도 알아주지 않는다. 써먹을 데도 없다. 그래서 뜻 높은 이에게 마음을 슬쩍 비춰 보일 뿐, 세상 일에는 별 관심이 없다. 그러면서 그는 말했다. 나는 껍데기의 삶은 살지 않겠다. 뼈가 썩은 뒤에도 길이 남을 정신으로 살겠다. 세상 사람들아! 나는 나다. 그의 이름이 어떻고, 신분이 어떻고, 죽었는지 살았는지가 어떻고는 묻지를 말아라.

이제 와 정작 슬픈 것은 그의 불우나 그 시대의 암울이 아니라 먼지만 풀풀 이는, 감동을 잊은 지 오래인 건조한 우리네 마음이다. 무연히 박제가의 〈묘향산소기〉를 읽다 말고 나는 한참이나 딴 생각을 했던 것이다. 박제가의 〈묘향산소기〉는 이렇게 끝난다.

무릇 유람이란 흥취를 위주로 하나니, 노님에 날을 헤아리지 않고 아름다운 경치를 만나면 머물며, 나를 알아주는 벗과 함께 마음에 맞는 곳을 찾을 뿐이다. 저 어지러이 떠들썩하는 것은 나의 뜻이 아니다. 대저 속된 자들은 선방(禪房)에서 기생을 끼고 시냇가에서 풍악을 베푸니, 꽃 아래서 향을 사르고 차 마시는 데 과일을 두는 격이라 하겠다. 어떤 이가 내게 와서 묻는다.

"산속에서 풍악을 들으니 어떻습디까?"

"내 귀는 다만 물 소리와 스님이 낙엽 밟는 소리를 들었을 뿐이오."

그가 죽자 조선은 한 사람을 잃었다

노궁의 슬픈 상상

품은 식견을 세상을 위해 쓰지 못하는 것은 슬픈 일이다. 김삿갓 같은 시인의 존재는, 지식인을 고작 말장난이나 하면서 경계인으로 떠돌다 죽게 만든 병든 사회 시스템에 대한 분노를 일깨운다. 얼마나 많은 사람들이 이룰 수 없는 꿈을 쫓아 긴 밤을 한숨 쉬며 애태웠을까? 분노를 삭이고, 재기를 꿈꾸면서, 안타까운 후회와 허망한 희망으로 이리 뒤척 저리 뒤척 하지만, 막상 먼동이 하얗게 터오고 나면 남는 것은 불면의 피로와 부질없는 생각의 형해(形骸) 뿐이다.

그가 죽자 조선은 한 사람을 잃었다

노긍(盧兢, 1737~1790)은 우리에겐 아직 낯선 이름이다. 자를 신중(愼仲)이라 하였다가 뒤에 여임(如臨)으로 고쳤다. 살얼음을 밟듯 물가에 임한 듯 조심조심 살려 했던 마음가짐을 읽을 수 있다. 그의 또 다른 자 한원(漢源)은 문장의 근원이 마치 한강물의 도도한 흐름과 같다 하여 얻은 이름이다. 문체가 꽃구슬을 흩어놓은 언덕과 같다 해서 산주파(散珠坡), 그 살던 집이 복사꽃이 흐드러진 골짝에 있다 해서 도협(桃峽)이란 호를 쓰기도 했다.

1976년 문중에서 전해오던 글을 수습하여 영인한《한원문집(漢源文集)》때문에, 그의 글이 비로소 세상에 알려졌다. 노긍의 아버지 노명흠(盧命欽, 1713~1775)은 야담집《동패낙송(東稗洛誦)》을 엮은 사람이다. 부자가 모두 과시(科詩)에 있어서는 당대에 겨룰 짝이 없었다. 이들은 영정조시대 시파(時派)와 벽파(辟派)가 치열한 정쟁을 벌이던 와중에, 시파의 홍봉한(洪鳳漢) 집안 문객으로 수십 년간 얹혀 살았다.

정조 즉위 후 정권의 향방이 달라짐에 따라, 노긍은 즉각 벽파의 미움을 사 과거 시험장에서 글을 팔아 선비의 기풍을 무너뜨렸다는 죄목으로 평안도 위원(渭原) 땅에서 6년 간 귀양살이를 했다. 말하자면 그는 과거시험 답안 대필업자였던 것이다. 애써 갈고 닦은 문필의 실력을 그는 고작 남을 위해 답안지를 대신 써주는 데 써먹었다.

그런데 이런 한심한 인간이 세상을 뜨자 이가환(李家煥, 1742~1801)은 이렇게 그의 죽음을 애도하고 있다.

> 우리나라 수천 리 둘레에서 하루에 태어나는 자가 몇이며 죽는 자가 몇이던가. 태어나도 사람의 수가 더 많아지지 않고, 죽는대도 사람 수가 더 줄어들지 않는 그런 자야 어찌 헤아릴 수 있겠는가? 영조 14년(1738) 12월 18일, 광주부(廣州府) 쌍령촌(雙嶺村)에 산이 운 것이 세 번이요, 시내가 운 것이 세 번이었다. 그리고 노긍이 태어났다. 정조 14년(1790) 5월 3일에 자최로 연복(練服)을 입고 예법에 따라 제사를 올리고, 그 이튿날 문간에서 손님을 전송하고 정침에 돌아와 갑작스레 눈을 감더니, 노긍이 죽었다. 그가 태어나 우리나라는 한 사람을 얻었고, 그가 죽자 우리나라가 한 사람을 잃었다고 한다면 그 사람을 알 수 있을 것이다.

이가환의 〈노한원묘지명(盧漢源墓誌銘)〉의 서두다. 태어나도 그만 죽어도 그만인 목숨이야 어찌 일일이 손꼽을 수 있겠는가? 그러나 이가환은 그가 태어나 조선은 한 사람을 얻었고, 그가 죽자 한 사람을 잃었다고 했다. 요즘 식으로 말해 고작해야 잘 나가는 논술학원 족집게 강사였고, 그나마 남의 답안지를 대필해주다가 걸려서 귀양갔던 기구한 운명의 사내에게 그는 왜 이렇게 높은 평

조선시대 과거 시험장 풍경
돗자리를 깔고 일산을 편 채 여럿이 둘러앉아 답안 작성을 하고 있다. 제 답안지를 혼자 쓰는 것이 아니라, 돌려보고 상의하며 작성하고 있는 풍경이 희한하다. 〈소과응시(小科應試)〉 부분, 국립중앙박물관 소장.

가를 내렸던 걸까?

이어지는 글에서 이가환은 노긍이 증광회시(增廣會試: 나라에 경사가 있을 때 보던 임시 과거)에 응시했을 때 동향의 늙고 곤궁한 선비가 빈 답안지를 안고 비척대는 것을 보고는 선뜻 제 원고를 그에게 주어버린 일을 적고 있다. 덕분에 그 선비는 높은 등수로 합격했다. 노긍은 아쉬워하기는커녕 일소에 부치며 즐거워했다. 이가환이 묘지명에 이런 내용을 적은 것은, 그가 과거 시험장에서 돈을 받고 답안지를 팔았다는 죄가 사실은 이런 종류의 것이었음을 변명해주고 싶었던 것일 게다.

노긍은 과거시험을 보기만 하면 급제를 했다. 하지만 급제를 하면 뭐하나? 급제는 명예를 더할 뿐 그와 같은 몰락한 잔반(殘班)에게 정작 벼슬의 기회는 오지 않았다. 급제를 여러 번 해도 달라지는 것은 하나도 없었다. 차라리 권세가의 과외선생으로 들어가 먹고살 도리를 닦는 것이 더 나았다. 제 답안지를 남에게 건네주는 그의 행동에는 시대를 향한 싸늘한 냉소의 기미마저 느껴진다.

뒤척이다 보면 창은 훤히 밝아오고

귀양갈 당시 노긍은 아버지의 상기(喪期)를 채 마치지 못한 상황이었다. 이에 더하여 아내의 상까지 만났다. 엎친 데 덮친 격으로 이듬해 그의 큰아들은 임금의 행차를 가로막고 제 아비의 억울함을 호소하다 강원도 간성 땅으로 귀양을 갔다. 집에는 어린 자식들이 어미도 없이 귀양간 아비와 제 형을 기다리고 있었다. 둘러봐도 살길은 참으로 막막하기만 했다.

과거 시험장에서 글을 팔아먹었다는 죄를 입어 먼 변방에서 귀양살이하는 동안, 찬 방에 새우등을 하고 누웠을 때 마음속에 얼마나 많은 상념들이 스쳐갔을까? 한밤중에 떠오른 갖가지 생각에 대해 쓴 그의 작품 〈생각에 대하여[想解]〉는 이러한 기막힌 상황에서 나온 글이다.

내가 변방에서 죄를 입어 온갖 고초를 다 겪었다. 밤에 간혹 구부려 누웠다가 망령되이 정이 일어나면, 인하여 생각이 꼬리를 물어 이리저리 걷잡을 수가 없었다. 용서를 받아 풀려나면 어찌할까? 고향을 찾아 돌아가서는 어쩐다지? 길에 있을 때는 어찌하고, 문에 들어설 때는 어찌하나? 부모님과 죽은 아내의 산소를 둘러볼 때는 어찌하며, 친척 및 벗들과 둘러모여 말하고 웃을 때는 어찌하나? 채소의 씨는 어찌 뿌리며, 농사일은 어떻게 할까? 하다못해 어린애들 서캐와 이를 손수 빗질하고, 서책에 곰팡이 피고 젖은 것을 마당에 내다 볕 쬐는 데 이르기까지 온갖 세상 사람들에게 있을 법한 일이란 일은 전부 마음속에 떠오르는 것이었다.

이렇듯 뒤척이다 보면 창은 훤히 밝아왔다. 막상 이루어진 일은 하나도 없고, 변함없이 위원군(渭原郡)의 벌 받아 귀양온 밥 빌어먹는 사내일 뿐인지라, 생각을 어느 곳으로 돌려야 할지, 문득 내가 누군지조차 알지 못하여 마침내 혼자 실소하고 말았다.

하룻밤에도 수없이 떠오르는 갖은 상념들을 주체할 길 없어 쓴 글이다. 낯설고 물선 귀양지에서 밤새 잠 못 이루고 이리 뒤척 저리 뒤척이며 생각은 하룻밤에도 만리장성을 쌓는다.

혹시 내일 아침 석방을 알리는 통지서가 날아온다면 얼마나 좋을까? 막상 고향집 문앞에 서면 어떤 표정을 지으며 들어선다지? 집에 간댔자 이미 반가운 얼굴로 맞아줄 아내도 죽고 없다. '여보! 당신 장례도 제대로 못 치르고 붙들려 간 남편이 돌아왔소. 미안하구려! 평생 고생만 시키다가 마지막 떠나는 자리조차 내 손으로 가늠하지 못하고 말았소.' 아내의 무덤 앞에 서서 고작 이런 말밖엔 할 수가 없을 테지. 반갑다고 몰려든 친척과 벗들 앞에서 좋다고 웃어야 하나? 아니면 기가 막혀 울어야 하나?

훌훌 털고 빨리 죽고 싶을 뿐이다

이 세상에 잠 못 드는 많은 영혼들의 안타까운 바람과 한숨만으로도 세계는 가득 차 넘칠 것이다. 허황한 망상이 아침해와 함께 말짱한 꿈으로 흩어지고 나면, 귀양지의 낯선 방에서 웅크려 누운 초라한 모습만 남아 있을 뿐이다. 그의 생각은 계속 이어진다.

오늘 밤 오경 중만 하더라도, 부서진 오두막집 속에서 다시금 몇 천만 명의 사람이 천만 가지 생각을 일으켜 세계에 가득 차고 넘침이 있으리라. 뒤로 이득을 취하려는 생각도 있겠고, 내놓고 이름을 얻으려는 생각도 있을 것이다. 귀하게 되어 한 몸에 장상(將相)을 아우르고픈 생각도 있을 테고, 부자가 되어 재물이 왕공(王公)처럼 많았으면 하는 생각도 있겠지. 그런가 하면 처첩이 방에 가득했으면 하는 생각도 있겠고, 또한 자손이 집에 넘쳤으면 하는 생각도 있을 것이다. 저를 뽐내고 이기고 싶은 생각도 있겠고, 남을 해코지하고 틈새를 이용하려는 생각도 있을 터이다.

원래 한 사람도 없었고 애초에 한 생각도 없었기에, 이 또한 창이 훤히 밝아오면 한 가지 이뤄진 일이 없고, 변함없이 가난한 자는 도로 가난해지고 천한 자는 다시 천하게 되며, 이씨는 다른 이씨로 돌아오고 장씨는 다른 장씨로 돌아오고 마는 것이다. 대개 전생의 바탕을 지금 세상에서 받아 쓰는 것이니, 조화옹은 목이 뻣뻣하여 이러한 사람의 정리는 돌아보지 않고, 한 차례 기록함이 결정되고 나면 다시는 두 번째로 표시를 고쳐주는 법이 없다. 설사 멋대로 이리저리 헤아려 이렇듯이 교활하고 어지러이 정신을 벗어나게 하여 10만8천 리에 통하게 하더라도, 근두운(筋斗雲)을 탄 손오공의 재주로도 뛰어봤자 울타리 안을 벗어나지 못하고, 나가봤자 경계의 밖을 지나가지 못할 터이니 어찌한

단 말인가?

  오늘 또 먹던 대로 밥 먹고 입던 대로 옷 입고 있는데 염라대왕의 검은 옷 입은 저승사자가 신속하게 비첩(批帖)을 가지고 이르게 되면, 올라갈 때 길을 나섬은 감히 머뭇대지 못할 터이다. 지금까지의 천만 가지 생각들은 뒤에다 죄 내던져버리고, 단지 머리를 푹 숙이고 따라가면서 마침내 내가 많고 많은 숙원이 있고 생각의 실마리가 끝나지 않았으므로, 일정을 늦추어달라고 빌어보지도 못할 것이다. 쯧쯧! 이렇게 가는 길이 바로 종국에 떨어져 내려가는 곳일 터이고, 이처럼 인정하는 것이야말로 바야흐로 첩첩이 쌓인 것을 타파하고 일을 더는 방법이 될 것이다.

  답답하기는 답답했던 모양이다. 전생의 업보를 지금 생에서 받아 쓸 뿐이라고 했다. 그렇지 않고서야 이럴 수가 있을까 싶었던 거겠지. 오죽 답답했으면 손오공의 근두운 생각을 다 했을까? 그래봤자 손오공이 부처님 손바닥을 벗어날 수 없듯, 아무리 발버둥쳐도 한 치도 벗어날 수 없는 숨막히는 현실을 그는 비관했다. 많고 많은 숙원을 이룰 수 없을진대 밤마다 쓸데없는 몽상으로 헛된 꿈을 계속 꾸던가, 아니면 저승사자가 염라대왕 앞으로 하루 속히 데려가 이 천만 가지 헛된 생각으로부터 자유롭게 되기를 바랄 뿐이다. 말은 장황하게 했지만, 그가 정작 하고 싶었던 말은 이 생각 저 생각 할 것 없이 모든 것 훌훌 털고 빨리 죽고 싶을 뿐이라는 뜻이었을 게다.

글 중에 손오공의 근두운 이야기가 나온다. 그는 《서유기(西遊記)》를 즐겨 읽었던 모양이다. 그런데 이런 이야기는 당시에 함부로 쓸 수 있는 표현이 아니었다. 심지어 과거시험 답안지에 고동서화(古董書畵 : 고동은 골동骨董과 같다. 당시 골동품과 서화에 대한 취미가 성행했는데, 정조는 이런 풍조가 청나라의 경박한 유행을 흉내내는 것이라 하여 엄하게 나무랐다)란 표현을 썼다고 해서 합격이 취소될 정도로, 문체 검열이 심각하던 시절이었다. 이런 표현들은 요즘 식으로 말해 자본주의의 물을 먹은 중국의 도회지 것들이 즐겨 쓰던 것이었다.

성현(聖賢)의 바른 학문을 익혀 세상을 건지는 데 앞장서야 할 젊은이들이 이런 경박하고 감각적인 표현에 매료되어 흉내 내는 것을 임금 정조는 나라가 망할 징조로 보았다. 새로운 문체 속에 잠재된 불온한 변화의 조짐을 읽었기에, 문체반정(文體反正)이라는 사상 유래가 없는 검열 장치를 강력하게 시행했던 것이다. 고동서화와 같은 평범한 표현도 검열에 걸리는 판에, 그는 아예 금서(禁書)로 지목된 《서유기》에서 손오공이 타던 근두운 이야기를 꺼내고 있는 것이다.

막돌아! 내가 네게 부끄럽다

어찌 보면 노긍은 참 답답한 사람이다. 왜 그는 그 높은 식견과

근두운을 탄 손오공
〈상해(想解)〉에서 노긍은 근두운을 탄 손오공이 결국 부처님 손바닥을 벗어나지 못한 것처럼, 벗어날래야 벗어날 수 없는 현실의 굴레를 절망하고 있다. 《서유기》는 당연히 그 시대에 읽어서는 안 될 금서의 하나였다. 그림은 중국 청대 판본 속에 나오는 손오공 삽화.

포부를 품고서도 고작 남의 집 사랑채의 식객 노릇으로 절대 궁핍 속에 일생을 마치고 말았을까? 과거에 급제하고도 남을 실력을 지녔으면서도 왜 늘 남 좋은 일만 하고 다녔을까? 그럼에도 그와 가까이 지내던 사람들은 한결같이 그를 과거 답안이나 대필해주는 글쟁이일 뿐이라고 욕하지 않고, 그 문장과 식견을 그렇듯 높이고 아꼈을까?

노긍이 지은 〈죽은 종 막돌이의 제문[祭亡奴莫石文]〉을 보자. 노긍이 채막석, 아마도 채막돌이라고 불리었을 죽은 노비를 위해 지어준 제문이다.

아무 해 아무 달 아무 날에 주인은 글로써 죽은 종 막돌이의 장례에 고하노라. 아아! 너의 성은 채씨이고, 네 아비는 관동의 양인이었다. 너의 어미는 내 외가의 여종이었다. 네 아비가 내 말고삐를 잡은 지 20년 만에 마침내 길에서 죽어 내가 남원 만복사에 이를 장사 지냈다. 네 어미가 내 몸을 봉양한 것이 30년인데 마침내 집에서 죽으니, 내가 공수곡의 서산 아래에다 장사 지냈다. 네 형이 나를 수십 년 동안 부지런히 섬기다가 또 집에서 죽으니, 내가 또 이를 장사 지냈다. 이제 네가 또 자식 없이 죽으니, 너희 채씨는 마침내 씨가 없게 되었구나.

네가 태어나 세 살 때 네 아비가 죽었고, 여섯 살에는 네 어미가 죽었다. 너의 안주인이 거두어 길렀으나, 주리고 춥고 병들어 오래 살지 못할까 염려하였었다. 네 안주인의 상을 당했을 때 너는 고작 5척의 어린애였다. 머리털은 헝크러져 괴이하였고 다만 비쩍 마른 원숭이처럼 파리하였다. 내가 또 재앙을 만나 부자가 흩어져 있을 때, 너는 동해 바닷가까지 만 리 길을 울부짖었고(아들이 간성 땅에 귀양가 있었다), 또한 서쪽 변방 밖(아비는 위원 땅에 귀양가 있었다)까지 눈과 서리, 더위와 비를 맞으며 발바닥이 갈라지고 이마가 벗겨지도록 왕래하면서도 후회하는 빛이 없었다.

또 가난한 집에 종살이하면서 두 눈이 늘 피곤하여, 일찍이 단 하루도 일찍 자고 느지막이 일어나 등 긁고 머리를 흔들면서 맑게 노래하며 환하게 즐거워해본 적이 없었기에 내가 이를 부끄럽게 생각한다. 그러나 만약 그 배를 가른다면 반드시 붉은 것이 있어 마치 불처럼 땅 위로 솟구쳐 오를 것이니, 평생 주인을 향한 마음이 담긴 피인 줄을 알 것이다.

네가 이제 땅속에 들어가면 네 아비와 어미, 네 형과 너의 안주인과 작은 주인이 마땅히 네가 온 것을 보고 놀라 다투어 내가 어찌 지내는지를 물을 것이다. 그때 너는 근년 이래로 온몸이 좋지 않아 이빨과 턱은 시어져서 몹시 늙은이가 다 되었다고 말하여다오. 그러면 장차 서로 돌아보며 탄식하고 낯빛이 변하면서 나를 불쌍히 여길 것이다. 아아!

사대부가 죽은 노비를 위해 제문을 지어준 것 자체가 파격인데, 그 내용 또한 너무도 절절하다. 그 속내를 노긍의 입장으로 옮겨보면 이쯤 될 듯하다.

'막돌이의 아비는 지난 20년 간 언제나 내 말고삐를 잡고 따라나섰던 하인이었다. 길에서 죽은 그의 아비를 남원 만복사에 묻고, 그의 어미와 형이 다시 나를 섬기다 세상을 뜬 뒤 막돌이마저 자식 없이 죽으니, 이제 우리 집에서 채씨의 씨는 눈을 씻고 찾아봐도 볼 수가 없게 되었다. 여섯 살에 고아가 된 너를 내 아내가 거두어 길렀고, 아내가 세상을 떴을 때 너는 그 은공을 잊지 못해 비쩍 마른 원숭이처럼 끽끽 울며 괴로워했다. 또 우리 부자가 재앙을 만나 평안북도 위원 땅과 강원도 간성 땅에 각기 귀양가 있을 때에도 그 먼 길, 그 고통을 마다 않고 발바닥이 갈라지고 이마가 벗겨지도록 왕래하며 심부름을 해주었다. 내 집에서 지낸 그 어느 하루도 너에겐 편안한 날이 없었다. 언제 실컷 잠 한 번 자본 적이 있으며, 언제 콧노래 한 번 불러본 적이 있었더냐. 명색이 주인된 자로서 나는 이것을 깊이 부끄러워한다.

아아! 막돌아. 이제 편히 눈을 감으려무나. 이제 지하에 들어가 평생에 지친 몸을 누이면, 먼저 간 네 부모와 네 형, 내 아내와 내 동생이 널 보러 달려올 테지. 그리하여 다투어 내가 어찌 지내고 있더냐고, 그 사이에 다른 변고는 없었느냐고 물어볼 테지. 그러면 너는 이렇게 대답해다오. "네. 주인님은 요즘 온몸 어데고 안 아픈 데가 없습니다. 이빨은 흔들리고, 터럭 위엔 흰 눈이 내렸습지요. 이런 저런 세상 시름에 찌들어 벌써 늙은이가 다 되어버린 걸요." 그러면 서로의 얼굴을 돌아보며 얼굴빛이 변하여 눈물을 흘리면서 나를 불쌍히 여길 것이다. 아아! 막돌아. 이제 나 혼자만 이렇게 남았구나.'

말이 좋아 막돌이의 제문이지 결국은 자기 신세 타령이다. 중년 이후 영락에 영락을 거듭했던 집안과 스스로의 기막힌 처지에 대한 자기 연민을 표백했다. 한데 그 정황이 참으로 눈물겹고 슬프다. 요컨대 그는 한세상 건너가는 일이 너무도 힘들어 이쯤 해서 삶을 끝내고만 싶었던 것이다.

노궁을 알아줄 환담은 없네

이가환은 〈노한원묘지명〉에서 다시 이렇게 노궁을 회고한다.

노궁은 기억력이 뛰어나 고금의 서적을 한 번 보기만 하면 대략 외울 수가 있었다. 특히 시무에 밝아 당대 인재의 높고 낮음과 어느 자리에 누가 마땅한지 하는 판단과 국가 계획의 좋고 나쁜 까닭을 하나하나 분석하매 모두 핵심을 찔렀다. 만약 그를 써서 일을 맡겼다면 반드시 볼 만한 것이 있었을 것이다. 그는 근근이 문인으로 행세하는 사람은 아니었다. 요컨대 총명하고 명민함은 상민열(桑民悅 : 명나라 문인으로 책을 읽고 나면 바로 불태워 버리면서 "벌써 내 뱃속에 다 들어갔다"고 했다. 스스로를 맹자에 견주고 천하 제일의 문장으로 자부하였다) 같았고, 널리 경사(經史)에 해박하기는 진명경(陳明卿) 같았다. 기특한 재주와 높은 의리를 지녀, 오만하고 도도하며, 몸은 곤액을 당하였지만 이름이 널리 알려진 것은 서문장(徐文長)과 흡사하였다. 예전 원중랑(袁中郞)이 서문장을 평하여 이렇게 말한 적이 있다. "가슴속에는 마멸시킬 수 없는 한 가닥 기상이 있었으되, 영웅이 길을 잃어 발붙일 문조차 없는 슬픔을 지녔다. 그래서 그 시는 성난 듯 비웃는 듯하였다. 물이 계곡에서 울부짖는 것 같고, 쇠북이 땅속에서 나온 듯하였다. 과부가 한밤중에 곡을 하는 것 같았고, 떠도는 나그네가 추위 일어나는 것 같았다." 식자들은 원중랑이야말로 서문장을 알아준 환담(桓譚: 후한 때 학자, 양웅의 진가를 진작에 알아보고 그의 저작이 후세에 전해질 것을 의심치 않았다. 사람을 알아보는 안목을 지닌 사람을 뜻한다)이라고 말했다. 애석하도다. 노궁을 알아줄 환담은 어디에도 없구나.

시무를 논하면 문제의 본질을 꿰뚫었고, 총명하고 해박함은 어떤 인물에도 뒤질 것이 없었다. 세상 사람들은 누구나 그의 능력을 인정했고, 그 스스로도 자부했다. 높고 큰 뜻을 품었으되, 그에게 주어진 일은 나라를 위해 경륜을 펼치는 것이 아니라 부잣집 과외선생에다 과거시험 답안지 대필의 소임뿐이었다. 그나마 입에 풀

칠하자고 권문(權門)에 수십 년 식객 노릇을 하다가 돈 받고 시험 답안지 팔아먹은 놈이란 더러운 이름을 뒤집어쓰고 귀양살이를 했다.

한나라 때 양웅(揚雄)은 실의의 낙담 속에 아무도 알아주지 않는 《태현경(太玄經)》을 남기고 죽었다. 하지만 환담만은 그의 대단한 학문을 알아주고 인정했다. 불우하게 죽은 천재 문인 서문장은 또 사후이긴 해도 그를 알아준 원중랑을 만나 후세에 썩지 않을 이름을 남겼다. 이가환은 글 끝에서 노긍이 죽은 뒤에도 알아주는 사람이 아무도 없으므로 자신이 환담의 역할을 맡겠노라고 했다. 사실 이가환의 이 글이 아니었다면 노긍은 역사에 이름조차 남기지 못했을 것이다.

식은 재 속에서 불씨를 찾고

그때나 지금이나 세상은 결코 공평하지 않다. 죽은 동생을 묻을 땅뙈기조차 없어 제 집 귀퉁이에 묻었다가, 그나마 이웃의 송사로 파낼 수밖에 없었던 기막힌 심정을 적은 〈금장설(禁葬說)〉 같은 글을 보면, 선비의 글 하는 구실과 보람에 대해 씁쓸한 마음을 지울 수가 없다. 그의 시 한 수를 보며 글을 맺는다.

어린 손자 이제 겨우 걸음 떼는데
날 끌고 참외밭에 들어가누나.

참외를 가리키곤 입 가리키니
먹고 싶은 마음을 표현한 걸세.

穉孫纔解步　　引我入瓜田
指瓜引指口　　食意已油然

〈어린 손자[穉孫]〉란 제목의 시다. 이제 겨우 걸음마를 시작한 손주 녀석이 뒤뚱대는 걸음으로 자꾸 할애비 손을 잡고 어디론가 가쟨다. 가자는 대로 따라나서니, 참외밭으로 끌고 간다. 어버어버 아직 말도 못하는 녀석이 노란 참외를 손가락으로 가리킨다. 모른 체 가만 있자, 이번엔 참외 가리키던 손가락으로 제 입을 가리킨다. "할아부지. 저거 맛있겠다. 따줘라. 응!" 맹랑한 녀석, 아직 이빨도 나지 않은 놈이 참외를 따 달랜다. 할아버지는 손주와 노는 것이 영 꿈만 같다.

젊은 날의 꿈과 좌절과 절망을 다 접고 늘그막에 손주의 재롱을 받아주면서, 어쩌면 그는 하얗게 식은 재 속에서 자신은 이루지 못한 희망의 불씨를 새롭게 지피고 있었는지도 모르겠다.

2부 - 맛난 만남

만남은 맛남이다. 누구든 일생에 잊을 수 없는 몇 번의 맛난 만남을 갖는다. 이 몇 번의 만남이 인생을 바꾸고 사람을 변화시킨다. 그 만남 이후로 나는 더 이상 예전의 나일 수가 없다.

이런 집을 그려주게

허균과 화가 이정

　누구나 이루지 못한 꿈 몇 가지 지니고 산다. 이루어진다면 이미 꿈이 아니니, 꿈꾸는 자유야 굳이 허물할 일이 아니다. 꼭 가보고 싶은 곳, 살고 싶은 거처, 반드시 만나야 할 사람. 갈 수 없고 이룰 수 없고, 만날 수 없어 꿈은 더 간절하다.
　옛사람의 꿈을 살짝 들여다보는 일은 그의 내면을 훔쳐보는 것과 같다. 삶의 속도가 조금 달랐을 뿐, 바쁘고 쫓기기는 그때도 지금과 크게 다르지는 않았을 터이다. 바쁜 삶에 쫓겨 묻어둔 꿈들은 파편처럼 떠돌다 비수처럼 불쑥 박힌다.

자네 가고 나니 도무지 낙이 없네

허균(許筠, 1569~1618)이 1607년 정월 평양에 가 있던 화가 이정 (李楨, 1578~1607)에게 보낸 편지글을 읽어본다.

큰 비단 한 묶음과 갖가지 모양의 금빛과 푸른 빛의 채단을 집 종에게 함께 부쳐 서경으로 보내네. 모름지기 산을 뒤에 두르고 시내를 앞에 둔 집을 그려주시게. 온갖 꽃과 대나무 천 그루를 심어두고, 가운데로는 남쪽으로 마루를 터주게. 그 앞뜰을 넓게 하여 패랭이꽃과 금선화를 심어놓고, 괴석과 해묵은 화분을 늘어놓아 주시게. 동편의 안방에는 휘장을 걷고 도서 천 권을 진열하여야 하네. 구리병에는 공작새의 꼬리 깃털을 꽂아놓고, 비자나무 탁자 위에는 박산 향로를 얹어놓아 주게. 서쪽 방에는 창을 내어 애첩이 나물국을 끓여 손수 동동주를 걸러 신선로에 따르는 모습을 그려주게.

나는 방 가운데에서 보료에 기대어 누워 책을 읽고 있고, 자네와 다른 한 벗은 양 옆에서 즐겁게 웃는데, 두건과 비단신을 갖춰 신고 도복을 입고 있되 허리띠는 두르지 않은 모습으로 그려야 하네. 발 밖에서는 한 오리 향연이 일어나야겠지. 그리고 학 두 마리는 바위의 이끼를 쪼고 있고, 산동은 빗자루를 들고 떨어진 꽃잎을 쓸고 있어야겠네. 이러면 인생의 일이 다 갖추어진 것일세. 그림이 다 되면 이수준 공이 돌아오는 편에 부쳐주시

이인문(李寅文, 1745~1821)의 〈수로한거도(樹老閑居圖)〉
허리띠를 풀고 비스듬히 누운 주인이 마당의 학을 바라보고 있다. 주인 뒤로 책장과 거문고가 보인다. 허균이 이정에게 부탁한 것과 비슷한 구도로 된 선비의 거처이다. 한양대박물관 소장.

게. 간절히 바라고 또 바라네.

이정은 그의 어머니가 황금빛 눈부신 금신나한(金身羅漢)이 품으로 뛰어들면서 "너희 집 삼대의 네 사람이 모두 부처님을 잘 그려, 그 그림이 거의 수천 장이나 된다. 그래서 내가 부처님의 뜻을 받들어 너의 자식이 되어 보답하러 왔다"고 이야기하는 태몽을 꾸고 낳았다는 뛰어난 화가였다.

한 번은 세도가의 정승이 이정을 불러 그림을 그리게 한 일이 있었다. 좋은 비단을 주고 술을 마음껏 마시게 하였다. 이정은 취한 체 누웠다가 벌떡 일어나더니, 거침없이 붓을 놀려 그림을 그렸다. 솟을대문 사이로 소 두 마리가 물건을 바리바리 싣고 들어가는데 그 뒤로 두 사람이 소를 모는 형상이었다. '너 혼자 다 해 처먹어라. 이 자식아!' 뭐 이런 뜻이었겠다. 화가 머리끝까지 난 정승이 죽이려 들었으므로, 이정은 평양으로 도망쳐 해를 넘겨 머물고 있던 차였다.

부산스런 서울의 벼슬길에서 이따금 만나 술잔을 기울이며 위안이 되어주던 벗이 한바탕 소동 끝에 장안에 풍성한 이야깃거리를 던져놓고 사라져버리자, 허균은 그가 못내 그리웠다. 그래서 평양 가는 인편에 편지를 띄워 자신이 평소 꿈꾸던 상상 속의 공간을 그에게 그려달라고 요청했던 것이다. 속마음은 아마도 이랬을 것이다.

'여보게! 자네 그렇게 가고 나니 도무지 낙이 없네그려. 자네 홀로 평양의 어여쁜 꽃밭에 묻혀 재미 보는 벌로 내게도 작은 기쁨 하나 선사해야겠네. 더도 덜도 말고 내가 편지에 이른 대로 똑 그런 집을 하나 그려 보내주시게. 비록 자네가 곁에 없지만, 그림 속으로라도 들어와서 옷고름 풀어헤치고서 느긋이 누워 책 읽고 술 마시고 히히덕거리며 놀아보세나. 대숲에서 대바람 소리 들으며, 향로에서 모락모락 피어나는 훈향(薰香)에 취해, 마당에서 심심한 학이나 바라보세. 그래야 내 마음이 조금 풀리겠네.'

죽음이 몹시 즐겁습니다

세상 사는 일이 하도 팍팍하다 보니, 이런 뜬금없는 생각이라도 하면서 한 시절의 스산함을 걷어내려 했던 모양이다. 이정이 그림을 그려주면 그것을 방 벽에 걸어놓고, 생각만 해도 기분이 환해지고 웃음이 머금어지는 그런 놀이를 하고 싶었던 것이다.

하지만 허균은 이 그림을 받지 못했다. 평양에 가 있던 이정이 이 편지가 도착하고 나서 며칠 안 되어 갑자기 세상을 떴기 때문이다. 사망 원인은 술병이라고 했다. 그의 나이 겨우 서른이었다. 정작 허균이 이정의 사망 소식을 들은 것은 넉 달 뒤인 5월이었다. 이때 누군가에게 보낸 편지가 남아 있다.

서쪽에서 온 사람이 이정이 죽었다고 말하는데, 이 말이 참말

입니까? 통곡하고 피눈물을 흘립니다. 하늘이여 아! 애통하도다. 내 누구와 더불어 세상 밖에서 노닌단 말인가? 세상 사람들은 그 그림을 중히 여기지만 나는 그 사람을 중히 여겼다오. 그대 또한 이를 아시잖소? 풍류가 문득 다하고 말았으니, 어찌 슬퍼하지 않을 수 있겠소?

이정은 허균보다 아홉 살 아래에 보잘것없는 화공의 신분이었다. 나이를 잊고 신분을 떠나 사귐을 나누었던 그가, 네가 못 오면 내 옆에서 웃고 떠드는 그림이라도 그려서 보내라고 부탁할 만큼 각별히 아꼈던 그가, 잘먹고 잘살라며 정승의 귀한 비단을 다 버려놓고 달아났던 그가 이렇게 덧없이 훌쩍 가버리자 참 안타까웠던 모양이다. 세상 사람들은 그 그림을 중하게 여겼지만, 나는 그 사람을 중히 여겼다는 말, 그가 죽자 풍류가 문득 다 스러지고 말았다는 말이 긴 여운을 남긴다.

석 달 뒤 허균은 누군가에게 다시 한 통의 편지를 보냈다.

간밤 꿈에 이정을 만나보았소. 그가 하는 말이 죽음이 몹시 즐겁다고 하더군. 이것이야말로 삶을 달관한 말이었네그려. 깨어나 생각해보니, 이 몸뚱아리 또한 나의 소유가 아닐진대, 뜬 인생에 온갖 일을 어찌 족히 마음에 두겠는가. 끝내 마땅히 인끈을 던져버려 바다 위 흰 갈매기를 벗삼을 뿐이니, 애오라지 흰 강물을 가리켜본다네.

이정이 세상을 뜬 지 반년이 지나도록 허균은 자못 충격에서 헤어나지 못했다. 이번엔 꿈에 그가 나타나 이렇게 말했다.

"막상 죽고 나니 너무 홀가분하고 즐겁습니다. 개운해요. 걱정도 없고, 눈치 보며 그림 그리지 않아도 되고, 같잖은 꼴 보지 않아도 되고."

"여보게, 자네! 날 들으라고 하는 말인게군. 그 사이 나도 참 일이 많았었네. 자네 세상을 뜨고 얼마 안 되어 삼척 부사로 부임했다가, 두 달 만에 향을 피워놓고 예불을 올렸다는 비방을 받아 쫓겨나고 말았네. 이제 겨우 다시 복직되어 서울로 돌아왔네마는, 생각해보면 내 사는 것도 내 뜻대로 되는 게 하나도 없네그려. 벼슬이고 뭐고 다 집어치우고 동해 바닷가 옛집으로 돌아가 바다 위 흰 갈매기를 벗삼아 시름없이 늙다가 훌쩍 자네 있는 세상으로 건너가고 싶은 마음뿐일세."

이런 것은 참 불공평하다

이정은 죽기 얼마 전 평양에서 허균에게 편지를 보냈던 듯하다. 허균은 이때 이정에게 앞서 읽은 그림을 청한 편지와 함께 〈지사산(枳祖山)으로 돌아가는 이나옹을 보내며〉란 글을 지어주었다. 여기에는 또 이런 내용이 적혀 있다.

이정은 젊어 금강산에 들어가 신여(信如) 스님을 스승삼아 장차 머리를 깎고 중이 되려 하였으나, 난리로 인하여 뜻을 이루지 못했다. 어른이 되어서는 서쪽 변방을 떠돈 것이 여러 해가 되었는데, 금년 봄에 장차 금강산으로 돌아가 그 스승을 다시 찾겠다고 한다. 비록 승려가 되지는 않더라도 불경을 다 읽어 저 유마힐(維摩詰) 거사나 방거사(龐居士)처럼 마음을 닦아 성품을 보존코자 한다는 것이다. 와서 내게 가겠다고 고하기에 내가 말했다.
"자네가 이를 하려는 것은 또한 어리석은 배움으로 이익을 좇는 것보다 현명한 것일세그려."

이정이 와서 금강산에 가겠다고 고했다 했지만, 앞뒤 정황으로 보아서는 직접 온 것 같지는 않고 편지로 그렇게 적어 보냈던 듯하다. 정승 집 비단을 망쳐버린 뒤 평양으로 달아난 그는 거기에서 기생들과 어울려 풍류의 한 세월을 보냈고, 마침내 술병이 골수에 들자 그 옛날 차라리 머리 깎고 중이나 되자던 다짐을 떠올렸던 것이다. 설사 중이 되지 못한다 해도 산 높고 물 맑은 곳에서 불경을 읽으면서 마음 밭을 깨끗이 닦고 본래의 한 마음을 되찾으리라 다짐했던 모양이다. 그러던 그가 금강산으로 발길을 채 떼기도 전에 갑작스레 죽고 말았다.

일찍이 이정은 허균의 부탁으로 석가모니불과 아미타불, 미륵불과 관세음보살의 화상을 그려준 일이 있었다. 이때 달마와 혜능,

유마힐 거사와 방거사의 화상도 함께 그렸다. 허균은 이 그림 위에 다시 찬을 얹어 방에다 걸어놓고 선문법보(禪門法寶: 불가의 보배라는 의미)라 이름지어 아꼈다. 윗글에서 머리 깎지 않고도 불문에 큰 이름을 남긴 유마힐 거사와 방거사를 거론한 것은 이 일을 상기했던 까닭이다.

허균이 이정을 위해 지어준 애사에 보면 그는 평양성 칠성문 밖 선연동(嬋娟洞)에 묻혔다고 했다. 선연동은 평양 기생들의 공동묘지다. 이는 그가 평양에서 기생집에 얹혀 그림을 그려주며 살았음을 뜻한다. 부처님의 뜻으로 금신나한이 환생한 몸을 받아 이 세상에 나온 이정은 허균이 애사에서 말한 대로 "비록 가난하여 남에게 얻어먹고 지냈으나, 의리가 아니면 지푸라기 하나라도 취하지 않았고 마음에 맞지 않으면 아무리 권력이 세상을 뒤흔드는 자라도 깨끗이 여기지 않고 훌쩍 떠나기를 마치 자기 몸을 더럽힐 것 같이 하였"던 인물이었다. 그런 그가 평양 기생에게 얹혀 술에 절은 청춘을 탕진하다 마침내 그 치마폭에서 숨을 거두다니.

참 이런 것은 불공평하다. 그는 뒤늦게 술이 덜 깬 눈으로 어느 날 문득 자신을 돌아보았겠지. 그러다가 내가 지금 무슨 짓을 하고 있나 싶어 정신이 번쩍 들었겠다. 마음이 급해져서 얼른 몸을 추슬러 금강산으로 들어가 불경이나 읽다가 세상을 마칠 작정을 두었겠지. 아! 그러나 그는 그 작정을 실행에 옮기기도 전에 허망하게 이승을 떠나고 말았다. 허균 또한 공연히 메아리 없는 허망한 글만

이정의 〈산수도〉
이상하다. 그의 그림 속에는 사람이 잘 보이지 않는다. 절벽에 시든 풀, 강변엔 성근 대나무 몇 그루에 둘러싸인 집 한 채. 멀리 강물엔 물결도 없고, 번지는 먹빛으로 원경(遠景)이 지워진다. 쓸쓸한 광경이다. 절벽 위로 난 소롯길로 나무 하고 돌아오는 목동아이는 무엇을 보고 있는 걸까? 국립중앙박물관 소장.

두 편 남긴 꼴이 되고 만 셈이다. 그림을 청해 그 그림을 받지 못했으니 그 편지가 허망하고, 금강산에 들어가 마음을 깨끗이 씻으라고 축원해준 그 글이 또 허망하다.

하지만 세상에 허망한 일이 이뿐이겠는가. 뜻 높고 재능 있는 사람들은 언제나 진흙탕 속에 뒹굴고 있다. 더러운 탐욕으로 가득 찬 인간들은 남들보다 높은 지위에서 늘 떵떵거리고 으스댄다. 참으로 아까운 재능을 지닌 화가가 제 재주를 마음껏 피워보지도 못하고 술주정뱅이로 전전하다 세상을 하직하게 만드는 세상, 멀쩡한 선비를 차라리 머리 깎고 산에 들어가 중이 되는 게 낫겠다고 내모는 세상, 허균은 이런 세상에 대해 할 말이 아주 많았을 것이다.

나의 거처가 누추하다 말하지 말라

허균은 이정에게 그가 꿈꾸었던 집 그림을 결국 받지 못했다. 대신 〈누추한 나의 집〉이란 글을 남겨, 그 꿈을 달랬다.

방은 너비가 10홀쯤 되는데, 남쪽으로 문 두 개를 열어놓았다. 한낮 해가 와서 내리쬐면 환하고 또 따뜻하다. 집은 비록 덜렁 벽만 세워두었지만 책은 경사자집(經史子集)을 두루 갖추어두었다. 그 나머지 짧은 잠방이 입은 사내 하나가 다만 탁문군(卓文君 : 한나라 때 과부. 사마상여와 거문고로 인연을 맺어 문학과 예술로 이름났다)을 짝하고서, 차를 반 사발쯤 따르고, 향 하나를 피워놓았다. 천지고금을 굽어보고 우러르며 물러나 사노라니 사람들은 누추한 집이라고, 누추해 살 수가 없다고 말들 하지만, 내 보매는 신선 사는 땅이 따로 없다. 마음이 편안하고 몸도 편안하니 누가 이곳을 누추하다 말하리. 내가 정작 누추하게 여기는 것은 몸과 이름이 함께 썩는 것이다. 집이사 쑥대로 얽어두었다지만, 도연명도 겨우 담만 둘러치고 살았다. 군자가 여기에 산다면 무슨 누추함이 있겠는가?

넓지는 않지만, 방문을 열면 한낮 해가 제 마음대로 들어와 놀다 가는 방. 환한 햇살이 물밀듯 들어와 삶의 그늘을 지워주는 방. 별다른 장식은 없어도 내 읽고 싶은 책은 갖춰두고, 사랑하는 아내와 차를 마시며 독서에 열중할 수 있는 방. 향을 피워 정신을 맑게 하고, 세상에서 저만치 떨어져 있지만 천지고금을 굽어보고 우러르며 아득한 옛 선인들과 만나고, 천고를 벗삼아 마음껏 노닐 수 있는 방.

'사람들아, 나의 거처가 누추하다고 말하지 말라. 정말 누추한 것은 더러운 명예를 쫓아다니는 일, 이 한 몸 죽고 나자 이름도 함께 썩어 없어지고 마는 것이다. 하여 세상에 살다간 아무런 자취도 남지 않는 일, 평생을 아등바등하다가 결국 아무 것도 이루지 못한 채 손가락질만 받다가 죽는 것이다. 쑥대 지붕 아래에도 우주를 덮을 큰 자유가 있다. 도연명도 무릎을 겨우 들일 만한 좁은 집에서 비바람도 가리지 못할 구차한 살림을 살았다. 그러나 보라. 그의 이름은 백대의 세월에도 지워지지 않고 뭇 사람의 추앙을 한 몸에 받고 있다. 대저 나도 그런 삶을 살고 싶은 것이다.'

 소박하다면 소박하기 그지없고, 야무지다면 야무지기 짝이 없는 꿈이다. 하지만 그는 이런 소망을 종내 이루지 못했다. 이정이 그렇게 허망하게 세상을 뜬 뒤, 허균은 더러운 세상을 뿌리째 뒤엎어 보겠다고 반역을 꿈꾸다 쉰 살의 나이로 형장의 이슬로 사라졌다. 이정에게 편지를 보낸 지 11년 뒤의 일이다.

산자고새의 노래

허균과 기생 계랑의 우정

한 세상 건너가는 일이 예나 지금이나 쉽지가 않다. 벗이 있어 그 험난한 여정에 힘을 얻고 위로를 받는다. 옛 사람은 벗을 두고 '제이오(第二吾)' 즉 제2의 나라고 했다. 내가 품은 생각을 그가 홀로 알고, 그의 깊은 고민을 내가 먼저 안다. 지기(知己)니 지음(知音)이니 하는 말은 차고 쓴 세상을 견뎌내는 동지애적 연민을 수반한다. 남녀의 사이에도 우정은 있다. 그렇다면 그것은 어떤 모습이었을까? 더구나 상대가 기녀였다면?

욕이 내게 돌아오니 원통하오

아가씨께서 달 보고 거문고를 뜯으며 〈산자고사(山鷓鴣詞)〉를 불렀다지요? 어찌 한적하고 은밀한 곳에서 하지 아니하고, 윤공(尹公)의 비석 앞에서 하여 말 많은 자들의 엿보는 바가 되고, 석자 거사비(去思碑) 앞에서 시를 더럽혔더란 말이오. 이는 아가씨의 잘못인데 욕은 내게로 돌아오니 원통하오. 근자에도 참선은 하시는가요? 그리운 맘 간절하구료.

1609년 1월 허균이 부안 기생 계랑(桂娘, 1573~1610)에게 보낸 편지다. 계랑은 매창(梅窓)이란 호로 더 잘 알려진 당대의 이름난 기생이다. 그런데 편지의 내용이 범상치 않다. 뭔가 사연이 있다. 계랑이 전임 부사였던 윤공의 거사비 앞에서 달밤에 거문고를 연주하며 〈산자고사〉를 불렀는데, 그것을 본 사람들이 기생이 전임 군수의 공덕비 앞에서 그리움의 연정을 노래로 불렀다며 입방아를 찧었고, 그 소식이 서울까지 올라갔던 모양이다.

노래는 계랑이 불렀는데 욕은 정작 허균이 먹었다. 허균은 이 일이 있기 전인 1607년 4월, 아침마다 부처에게 향을 피워놓고 절을 올렸다 하여 삼척 부사에서 파직당했고, 그 해 12월 어렵사리 공주 목사에 임명되었으나 이듬해 4월 암행어사의 장계에 따라 다시 파직되었다. 서울 생활에 환멸을 느낀 그는 잠시 부안의 우반동에 정

매창의 무덤
전북 부안 매창공원 안에 있다. 공원 주변에는 그녀의 시를 새긴 돌들이 여기저기 서 있다. 이곳은 원래 이름없는 사람들이 묻힌 공동묘지였다. 그녀의 무덤도 이렇게 잊혀진 이름으로 오랜 세월을 건너왔다. 세월 속에서도 이런 풍경 하나 남아준 것이 참 고맙다.

사암(靜思庵)을 짓고 그곳에 얼마간 머물렀다. 이 편지를 보낼 1609년 1월 당시 허균은 다시 서울로 올라와 승문원 판교(判校)로 재직 중이었다. 어쨌거나 허균은 계랑의 노래 사건으로 공연한 구설수에 오르게 되었는데, 그 앞뒤 사정이 참 궁금하다.

모습은 비록 대단치 않았으나

허균과 계랑, 두 사람의 첫 만남은 8년 전으로 거슬러 올라간다. 1601년(선조 34) 7월, 허균은 조운(漕運)을 감독하는 전운판관(轉運判官)이 되어 전라도 땅으로 내려간다. 허균은 그때의 일을 〈조관기행(漕官紀行)〉이란 일기에서 상세히 적고 있다. 그 해 7월 23일의 일기다.

23일 부안에 당도하였다. 비가 심해 유숙하였다. 고홍달(高弘達)이 와서 만나보았다. 기생 계생(桂生)은 이옥여(李玉汝)의 정인이다. 거문고를 끼고 시를 읊조리는데, 모습은 비록 대단치 않았으나 재주와 정감이 있어 함께 이야기할 만하였다. 하루 종일 술 마시고 시 지으며 서로 창화하였다. 저녁에 침소에 그 조카를 들이니, 혐의를 멀리하기 위함이다.

기생 계랑을 처음 만난 날의 장면이다. 예쁘지는 않았지만 재주와 정이 넘쳐 하루 종일 술을 마시고 시를 지으며 놀았는데, 그녀는 이옥여의 정인이었으므로 혐의를 피하려 허균과 동침하지 않고 조카를 침소에 들게 하였다. 이옥여는 당시 김제 군수로 있던 이귀(李貴, 1557~1633)를 말한다. 이귀는 1599년 이곳 군수로 와서 계랑과 사랑을 나누었다. 이귀와 만나기 전 계랑은 천민 신분이었으되 시로 이름이 높았던 유희경(劉希慶)과 서른 살에 가까운 나이 차를 뛰어넘어 뜨거운 사랑을 나누고 있었다. 두 사람의 사랑은 당시 서울에까지 널리 알려질 만큼 유명하였다. 그러다가 김제 군수 이귀가 그녀에게 관심을 표시하면서 두 사람은 타의로 헤어지고 만다. 그녀의 유명한 시조 "이화우(梨花雨) 흩뿌릴 제 울며 잡고 이별한 님. 추풍낙엽에 저도 나를 생각는가. 천 리에 외로운 꿈만 오락가락 하노매"는 이러한 정황을 두고 읽으면 더 절절하게 읽힌다.

이귀는 얼마 후 제방축조 공사를 무리하게 시행하다 백성들의 원망을 사서, 암행어사의 장계에 따라 파직되고 만다. 그런데 앞서 허균의 편지에서 계랑이 그리움을 토로하였다는 대상은 허균도 아니고 이귀도 아닌 윤공(尹公)이었다. 그는 또 누구인가? 이귀 이후에 부안 군수로 부임했던 윤선(尹銑)이었다. 관기였던 계랑이 그 재주로 인해 부임하는 관장들에게 지속적인 관심의 대상이 되었음을 짐작할 수 있다.

앞서 달밤의 노래 사건 때 계랑은 37세였다. 이듬해 세상을 떠나는 것으로 보아, 당시 그녀는 건강을 놓쳐 시름시름 앓고 있었던 것으로 짐작된다. 그러니 그녀가 공덕비 앞에서 불렀다는 노래는 윤선을 향한 그리움이 아니라 원망의 노래였을지도 모르겠다. 그녀는 시시각각 다가오는 죽음의 그림자를 느끼며, 아무도 돌아보지 않는 쓸쓸한 삶을 곱씹고 있었던 것은 아닐까?

가고파도 못 가네, 오려 해도 못 오시리
그날 밤 그녀가 불렀다는 〈산자고사〉는 어떤 노래였던가? 〈산자고사〉는 예전 중국의 민간에서 불려지던 노래 형식인 악부시(樂府詩)의 한 곡조 이름이다. 여러 사람이 같은 제목의 작품을 남겼지만 당나라 때 이익(李益, 748~827)의 것이 널리 알려졌다.

상강에 얼룩무늬 대나무 가지
비단 날개 자고새가 날아가누나.
곳곳에 상강의 구름 가리니
우리 임 어느 곳에 돌아오려나.

湘江斑竹枝　　錦翼鷓鴣飛
處處湘雲合　　郎從何處歸

자고새는 뜸부기다. 중국 사람들은 뜸북뜸북 우는 이 새가, '행부득(行不得)' 즉 '갈 수가 없네' 하며 운다고 생각했다. 그래서 자고새는 그리움을 뜻하는 새다. 곽무천(郭茂倩)의 《악부시집(樂府詩

集)》에는 우조곡(羽調曲)이라고 적혀 있다. 떠난 임을 그리는 슬픈 가락의 노래다. 시를 보면 순임금을 따라 죽은 이비(二妃)의 피눈물이 배었다는 소상강의 얼룩무늬 대나무 가지 사이로 고운 날개빛의 자고새가 날아간다. 그런데 도처에 구름인지라, 한 번 허공으로 훨훨 날아간 새가 처음 떠나온 곳으로 돌아오려 해도 돌아올 수 있겠느냐는 내용이다. 그러니까 얼룩무늬 대나무〔斑竹〕는 떠난 임을 기다리는 자신이고, 고운 깃의 자고새는 멀리 떠나간 임이 된다. 하지만 소상강에는 언제나 구름이 자옥하니, 임이 이곳을 다시 찾으려 해도 찾을 길이 없을 것이라는 탄식이다. 〈산자고사〉는 이백(李白)을 비롯하여 역대 수많은 시인들이 즐겨 부른 노래이다.

기생이 전직 군수와의 사랑을 못 잊어, 그 공덕비 아래서 노래를 불렀다니, 어찌 보면 흐뭇한 미담이 아닌가? 그런데 왜 아무 관련도 없는 허균이 이 일로 욕을 먹게 되었을까? 그 까닭이 자못 궁금하다. 허균은 《성수시화(惺叟詩話)》에서 이 일에 얽힌 이야기를 다시 이렇게 적고 있다.

> 부안 창기 계생은 시에 능하고 노래를 잘 불렀다. 한 태수가 그녀를 가까이하였는데, 그가 떠난 뒤 고을 사람이 비석을 세워 그를 그리워하였다. 어느 날 저녁 고운 달이 떠오르자 비석 위에서 거문고를 연주하며 하소하며 길게 노래 불렀다. 이원형(李元

근대 채용신의 〈메추리〉 그림
자고새는 메추리과에 속한 새다. 국화꽃 아래 구절초가 피어 있다. 그 사이에 다정한 메추리 두 마리가 서 있다. 아마 그녀도 사랑하는 사람과 함께 이런 안온함 속에 만년을 맞고 싶었겠지. 순천대학교 박물관 소장.

亨)이란 사람이 지나다가 이를 보고 시를 지었다.

한 곡조 거문고로 자고새를 원망하니
거친 돌은 말이 없고 달빛만 외롭고나.
현산 땅 그때에 정남석 앞에서도
어여쁜 님 고운 눈물 떨군 적이 있었던가.

一曲瑤琴怨鷓鴣　　荒碑無語月輪孤
峴山當日征南石　　亦有佳人墮淚無

당시 사람들이 이를 절창이라고 했다. 이원형은 내 집의 손님이다. 젊어서부터 나와 이재영(李再榮)과 더불어 같이 지냈던 까닭에 능히 시를 지었다. 다른 작품 중에도 좋은 것이 있다. 석주 권필(權韠)은 그 사람을 좋아해서 칭찬하곤 했다.

이 글에서 허균은 짐짓 계랑과 전혀 모르는 사이인 것처럼 시치미를 뚝 뗐다. 그리고는 당시 사람들이 이원형의 시를 절창이라고 했다 하였는데, 이 말은 단순히 문면 그대로 읽고 말 일이 아니다. 시 속에 매서운 풍자의 뜻이 들어 있기 때문이다. 당시 사람들이 이 시를 절창이라 했다는 것은 곧 속이 후련하다고 여겼다는 뜻이다.

내게 해가 됨이 너무 심하다

한데 좀 이상하다. 계량이 공개적인 자리에서 노래를 부른 것도 아닌데, 서울 사람으로 그것도 허균과 잘 아는 사이인 이원형이 하필 그 밤중에 우연히 그곳을 지나다가 그 일을 직접 목격했다니. 우연으로 돌리기엔 뭔가 미심쩍다.

아마도 이원형은 이 이야기를 풍문으로 전해 듣고 시를 지었을 것이다. 그런데 이 일을 서술한 허균이 뻔히 이름을 아는 윤선을 그저 '일태수(一太守)'라 하여 말꼬리를 흐리고 있는 것으로 보아, 이 일을 남녀 정사의 흐뭇한 미담으로 본 것이 아니라 심히 비꼬는 뜻을 담고 있음을 느낄 수 있다.

이원형의 시도 그렇다. 시의 첫 구절로 보아 그녀가 부른 노래가 앞서 본 당나라 이익의 시였던 것은 분명하다. 자고새를 원망한다는 말은 떠난 뒤 소식조차 없는 임을 원망한다는 말이다. 걸리는 것은 3, 4구의 '현산(峴山)의 정남석(征南石)' 운운한 대목이다. 이와 관련한 고사기 있다. 진(晉)나라 때 양양 태수로서 선정을 베풀었던 양호(羊祜)라는 인물이 있는데, 그는 태수로 있으면서 시간이 나면 늘 현산을 노닐며 쉬곤 했다. 양호가 떠난 뒤 백성들이 그가 노닐던 현산에 비석을 세우고 사당을 건립하여 공적을 기렸다. 명절 때면 제사를 올렸는데 그 비석을 바라보던 사람이 모두 눈물을 흘리곤 하였으므로 두예(杜預)가 이 비석을 '타루비(墮淚碑)'라고 이름지었다고 한다. 그러니까 이원형의 시는 예전 양호는 선정을 베풀어 백성들이 눈물을 흘렸는데, 지금 부안에서는 백성은 안 울고 기생이 와서 눈물을 흘리고 있으니 해괴하다는 뜻이 된다. 목민관으로서의 책임은 외면한 채 일개 기생과 사랑 놀음만 하고 온 군수에 대한 비난의 뜻이 담겨 있다.

윤선이 정치적으로 허균과 어떤 미묘한 관계에 있었는지 가늠할 만한 자료는 남아 있지 않다. 당시 윤선은 사헌부 장령으로 있었다. 어쨌든 허균은 이원형이 지은 것으로 알려진 이 시의 진짜 작가로 지목되었고 이 일로 논란이 일게 된 모양이다. 이런 사정을 짐작할 만한, 같은 해 10월 허균이 이원형에게 보낸 편지가 한 통 남아 있다. 그 편지는 이렇다.

> 자네가 윤공의 비석을 노래한 시는 참으로 절창이었네. 하지만 내게 해가 됨이 너무 심하네그려. 자네가 지은 것인 줄은 권필말고는 한 사람도 믿는 이가 없으니 장차 어찌 스스로 해명하시려오? 내가 이 일 때문에 무릇 세 차례나 대관들의 의논을 거쳤다오. 여러 사람이 붙들어 잡아준 덕을 보았을 뿐이오. 내 비방을 도운 것이 가볍지 않으니, 이후로는 삼가서 하지 말도록 하오. 자네가 어잠부(魚潛夫)의 〈작매부(斫梅賦)〉와 관계된 일을 보지 않았던가? 아아! 두려워할 만한 일일세.

요컨대 이원형이 지은 위의 시 때문에 허균이 세 차례나 대관(臺

官)들의 성토를 받았다는 것이다. 권필을 제외하고는 가까운 사람마저도 위 시를 허균이 윤선을 해코지할 의도로 지어낸 것이라 생각했기 때문이었다. 허균은 연산군 때 어무적(魚無迹)의 〈작매부〉 이야기를 들어 이원형에게 경계로 삼으라고 하였다.

어무적 이야기는 이렇다. 김해의 관노인 어무적이, 고을 원님이 고을의 매화나무에까지 세금을 부과하자 견디다 못한 한 백성이 도끼로 매화나무를 찍어버린 일을 풍자한 〈작매부〉란 시를 지었다. 어무적은 격노한 원님이 잡으려 하자 도망가다 죽고 말았다. 그러니까 허균은 이원형이 지은 시가 어무적의 〈작매부〉처럼 서슬 푸른 풍자의 의미를 담고 있고, 자칫 큰 화를 입을 수도 있으니 조심하라고 충고한 것이다.

실제로《대동시선(大東詩選)》에는 이 시가 이원형의 이름 아래 '희제모사군거사비(戱題某使君去思碑)'란 제목으로 되어 있다. 아무개 사또의 거사비에 장난삼아 썼다는 것이니, 단순히 계량의 붉은 마음을 찬양한 노래가 아니라 노골적으로 윤선을 비난하려는 의도가 담긴 시임이 분명해진다.

문제는 허균과 권필 외에는 아무도 이 시의 원작자가 이원형이라는 사실을 믿지 않았다는 것이다.《대동시선》에는 이원형의 시로〈도절사기(悼節死妓)〉란 작품이 하나 더 있다. 그런데 정작 이 책에서 이원형의 인적사항은 '허균가(許筠家) 문객'으로만 나온다. 이원형의 이 시는 전혀 엉뚱하게 계량이 세상을 뜬 뒤 개암사(開巖

寺)에서 간행한 《매창집》에 〈윤공비(尹公碑)〉란 제목 아래 엄연한 계량의 작품으로 잘못 올라 있다.

그때 한 생각만 어긋났더라면

허균이 계량에게 보낸 편지는 부안 우반동의 생활을 접고 올라온 직후에 쓴 것이었다. 허균은 계량과의 첫 만남 이후 이미 기생으로서는 늙어버린 37세의 그녀와 풍류의 만남을 오랜만에 이었을 것이다. 하지만 그것도 잠시뿐, 승문원 판교 임명 소식에 허균은 해가 바뀌기도 전에 서둘러 서울로 돌아왔다.

계량, 그녀가 사랑을 나눈 사람은 유희경과 이귀, 그리고 윤선까지 여러 명이었다. 하지만 허균과의 만남은 사랑보다 우정에 가까웠다. 허균은 편지에서 근래에도 참선을 하는지 묻고, 그리운 마음이 간절하다고 했다. 허균은 버림받고 잊혀진 자신의 신세를 탄식하며 허물어져가던 그녀에게 참선 공부로 마음을 다스릴 것을 충고했던 모양이다.

허균은 이원형에게 위에서 본 편지를 보내기 한 달 전 계량에게 다시 한 통의 편지를 부친다.

봉래산의 가을빛이 한창 짙으리니, 돌아가고픈 흥을 가눌 길 없습니다. 낭은 내가 구학(丘壑)의 맹서를 저버렸다 응당 비웃겠지요. 그때 만약 한 생각만 어긋났더라면 나와 낭의 사귐이 어찌

십 년 간이나 끈끈하게 이어질 수 있었겠소? 이제서야 진회해(秦淮海)가 사내가 아님을 알겠소. 하지만 선관(禪觀)을 지님은 몸과 마음에 유익함도 있지요. 언제나 하고픈 말 마음껏 나눌지, 종이를 앞에 두고 안타까워합니다.

1609년 9월에 쓴 편지다. 이때 허균은 막 형조참의에 제수되어 눈코 뜰 새 없이 바빴다. 고향에 돌아가 편히 살겠다고 노래를 불렀는데, 몸은 갈수록 벼슬길에 얽매여 어찌 해볼 수 없는 처지를 이렇게 말한 것이다. 한 생각이 어긋났더라면 운운하며 처음 만난 날을 떠올렸다. 그때 억지로 동침을 요구했더라면 오늘날까지 서로 존중하는 우정이 끈끈하게 이어질 수 있었겠느냐는 것이다. 앞서의 편지에서 참선을 하느냐고 물은 것과, 두번째 편지에서 선관(禪觀)을 말한 것으로 보아, 만년의 계랑 또한 허균처럼 불교에 몹시 심취했던 듯하다.

진회해(秦淮海) 운운한 부분 역시 고사가 있다. 진회해는 송나라 때 문인 진관(秦觀)이다. 지은이를 알 수 없는 《동강시화(桐江詩話)》의 〈창도고(暢道姑)〉란 항목에 창씨 성을 가진 여도사와 진관의 이야기가 나온다. 그녀는 대대로 도교를 숭신했던 집안의 여인으로, 자색이 뛰어나게 아름다웠다. 그녀를 본 진관이 넋을 잃고 백방으로 유혹하였으나, 끝내 뜻을 이루지 못하였다. 진관은 마침내 그녀를 품에 안으려는 욕심을 버리고, 그녀의 고귀한 자태를 찬양하는 〈증여관창사(贈女冠暢師)〉란 작품을 지어주었다. 허균은 이 이야기를 슬쩍 끼워넣음으로써 자신도 그때 진회해가 창도고에게 그랬던 것처럼 그대에게 마음을 빼앗겼었노라고 짐짓 고백하고 있는 것이다.

오래 사귀었으나 몸을 나누지는 않았다
복잡한 전후 사정이 있었지만, 어쨌거나 허균과 기생 계랑이 나눈 오랜 우정은 특별한 느낌을 준다. 시문을 통한 공감과 거문고의 흥취, 불교에 대한 심취까지 두 사람 사이에는 공유할 수 있는 부분이 적지 않았다. 앞서의 소동이 채 가라앉기도 전인 1610년 계랑은 38세의 나이로 세상을 뜬다. 그러고 보면 그 소동은 병으로 시름시름 앓다가 사위어가는 청춘을 조상하는 서글픈 의식이었을 수도 있겠다는 생각이 든다.
그녀가 세상을 떴다는 소식을 듣고, 허균은 〈애계랑(哀桂娘)〉이란 시 두 수를 지어 그녀의 죽음을 애도했다.

> 절묘한 시구는 비단 펼친 듯
> 맑은 노래 가던 구름 길을 멈췄네.
> 복숭아 훔친 죄로 인간 내려와
> 불사약을 훔쳐서 인간 떠났네.
> 부용 휘장 등불은 어둑도 하고

비취빛 치마엔 향기가 남아.
내년에 복사꽃이 활짝 피면은
그 누가 설도(薛濤) 무덤 지나가리오.

妙句堪摛錦　　淸歌解駐雲
偸桃來下界　　竊藥去人群
燈暗芙蓉帳　　香殘翡翠裙
明年小桃發　　誰過薛濤墳

처량타 반희(班姬)가 부치던 부채
구슬퍼라 탁문군(卓文君)이 타던 거문고.
날리는 꽃 공연히 한만 쌓이고
시든 향초 다만 마음 상하네.
봉래도라 구름은 자취도 없고
푸른 바다 달빛은 하마 잠겼네.
훗날 소소(蘇小)의 집을 찾으면
시든 버들 그늘도 못 드리우리.

凄絶班姬扇　　悲凉卓女琴
飄花空積恨　　衰蕙只傷心

蓬島雲無迹　溟滄月已沈
他年蘇小宅　殘柳不成陰

'비단을 펼쳐놓은 듯 아름답던 시, 청아한 노랫소리는 구름도 가던 길을 멈추고 귀를 기울였다. 내 보기에 그대는 복숭아 훔친 죄로 인간 세상에 귀양 온 선녀였다. 그런데 이제 인간의 불사약을 훔쳐 달나라로 달아났던 항아(嫦娥)처럼 훌쩍 왔던 곳으로 되돌아갔구나. 그대의 거처엔 불이 꺼지고, 그대 입던 치마엔 향기만 남았으리. 봄날이 와, 그대가 훔쳐 와 심은 그 복숭아 나뭇가지에 꽃이 활짝 피어나면, 사람들은 저 옛날 중국의 시기(詩妓) 설도(薛濤 : 당나라 때 이름난 기생. 양가의 딸로 가난 때문에 기적妓籍에 몸을 올리고, 백거이 두목 등의 시인과 시를 주고받았다)의 무덤을 찾지 않고, 모두들 그대의 무덤을 찾아 스러져버린 꽃다운 기억들을 추억하게 될 게요.'

둘째 수에서는 버림받은 신세를 가을부채에 견주었던 한나라 반첩여(班婕妤)의 원가행(怨歌行)과 탁문군(卓文君)의 거문고 고사를 끌어와 이 둘을 합한 것이 바로 계랑이라고 추켰다. 그럼에도 불구하고 그녀의 삶은 흩날리는 꽃잎처럼 한만 답쌓이고, 거듭되는 이별에 가슴만 아픈 나날이었다. 그제 그녀는 봉래산으로 건너갔고, 달빛은 바다에 잠겨 세상은 어둠 속에 묻히고 말았다. 유명한 기생 소소(蘇小)의 명망도 이제 그녀의 꽃다운 이름 앞에는 무색해질 수

밖에 없을 터이다.

진정으로 그녀의 재주와 인간을 아꼈던 허균의 솔직한 마음이 잘 드러나 있다. 이 시에 붙인 부기에서 허균은 다시 이렇게 적고 있다.

> 계생은 부안 기생이다. 시를 잘 짓고 글을 이해했다. 또 노래와 거문고 연주에 뛰어났다. 성품이 고결하고 굳세어 음란함을 즐기지 않았다. 내가 그 재주를 아껴 막역의 사귐을 나누었다. 비록 담소하며 가까이 지낸 곳에서도 난잡함에 미치지는 않았기에 오래도록 시들지 않았다. 이제 죽음을 듣고 그를 위해 한 번 울고 율시 두 수를 지어 애도한다.

오래 사귀었으나 몸을 나누지는 않았다. 그녀는 음란함을 즐기지 않았고, 나는 난잡함에 미치지 않았다. 그래서 우리는 오래오래 우정을 지속할 수 있었다. 이제 그대가 나를 버리고 떠나니 나는 슬픈 눈물로 그대를 전송한다. 꽃다운 넋은 고이 잠들라. 상향(尙饗).

어떤 사제간

권필과 송희갑의 강화도 생활

선생은 있어도 스승은 없다. 학생은 있지만 제자가 없다. 스승과 제자의 자리가 땅에 떨어진 세상에 살고 있다. 스승의 값이 돈 주고 배우는 학원 선생만도 못하다. 이것이 어찌 젊은이만 탓할 일이랴. 어찌 제도만 원망할 일이랴. 가만히 있어도 삶의 안표가 되고, 마음에서 우러나 그 뒤를 따르고픈 사표(師表)를 생각할 때마다 떠오르는 풍경이 있다.

천리 길 멀다 않고 송생이 찾아왔네

권필(權韠, 1569~1612)은 허균과 절친했던 시인이다. 하지만 시의 명성만은 허균보다 훨씬 높았다. 우리나라 역대 시인 중에 다섯을 꼽으라 하면 나는 그 가운데 하나로 그를 꼽을 것이다. 10여 년 넘게 그에게 매달린 적이 있었다. 한참 그에 대한 논문을 쓸 때는 350년의 시간을 넘어 그가 내 꿈속을 찾기도 했다.

그는 서정 짙은 시심(詩心)으로 당대 독자들의 가슴 깊이 파고들었다. 불의를 보고는 참지 않았다. 광해군의 어지러운 정치를 신랄하게 풍자한 시를 썼다가, 그것이 빌미가 되어 동서 분당의 와중에 임금에게 맞아 죽었다. 그의 죽음은 훗날 인조반정(仁祖反正)의 한 구실이 되었다.

그런 그가 임진왜란 이후 세상에 뜻을 접고 강화도에 둥지를 튼 적이 있었다. 그의 살림집은 강화 송해면(松海面) 바닷가에 있었고, 학생들을 가르치던 초당(草堂)은 꽤 떨어진 고려산 기슭에 있었다. 어느 날 한 서생이 그 먼 곳까지 천리 길을 멀다 않고 그를 찾아왔다. 세상과 인연을 끊자고 강화로 들어온 권필의 명성을 사모하여 제자 되기를 자청한 서생의 이름은 송희갑(宋希甲)이었다. 무상한 감회에 겨웠던지 석주는 이때 일을 이렇게 노래했다.

> 부끄럽다 부족한 몸 헛된 이름 얻어서
> 천리 길 멀다 않고 송생이 찾아왔네.

강화 송해면 하도리 고려산 기슭에 있는 석주 초당 터
초당터에는 강화부사로 있던 후손 권체가 세운 유허비(遺墟碑)만 외롭게 남아 있다. 살림집은 10리쯤 떨어진 바닷가에 있었다. 지금은 염소를 매어두는 말목으로 쓰일 뿐, 찾는 사람 없이 방치되어 있다.

물 긷고 나무하며 부지런히 일을 하니
묻노라 힘들어서 무얼 이루자는 겐가.

多慙蹇劣得虛名　千里相從有宋生
汲水採薪勤服役　問渠辛苦欲何成

위 시는 〈병중에 밤 빗소리를 듣다가〉란 제목의 24수 연작 가운데 한 수다. 이 시를 지을 당시 석주는 장티푸스에 걸려 수십 일 간 사경을 헤매고 있었다. 병이 조금 차도를 보이던 어느 날 밤 주룩주룩 내리는 빗소리를 들으며 그는 지나온 생애를 뒤돌아보았다. 꿈꾸었으나 이루지 못한 일, 돌이킬 수 없어 후회스러운 일을 하나하나 펼쳐내던 중, 생각이 문득 송희갑에게 멎었던 모양이다.

시 아래 각주에는 "송희갑이란 사람이 있어 물으로부터 책 상자를 지고 찾아와 제자의 예를 갖추니 몹시 공손하였다. 천한 일을 맡아 하는 데 게으른 빛이 없고 지성스럽다. 바야흐로 초당을 지키며 산다. 10년을 계획하고 있다"고 적어놓았다.

이룬 것 하나 없이 강화 땅으로 들어와 세상에서 잊혀진 사람이 된 자신에게, 멀리 충청도 회덕 땅에서 송희갑이 찾아와 제자의 예를 갖추고 지성으로 노력하니, 석주의 마음에도 깊이 와닿는 느낌이 있었던 것이다. 그러나 한편으로 결국 시를 배워 일가를 이룬다 해도 종당에는 자신과 같이 되고야 말 터라면 시는 배워 무엇하겠느냐는 자조에 가까운 심경도 내비치고 있다.

다만 근심할 것은

정성으로 스승을 모신 송희갑의 이야기는 석주의 절친한 벗이었던 조찬한(趙纘韓, 1572~1631)이 지은 〈송생전(宋生傳)〉에 자세하다.

　　송희갑은 회덕 사람이다. 나이 15~16세가 되었는데도 배움이 없었으므로 마을에서는 여느 아이와 같이 보다가 점점 그를 가볍게 여기게 되었다. 갑자기 분발하여 말했다.
　　"선비가 세상에 나서 스승 없음을 근심할 일이지, 배움이 서지 못함은 근심할 것이 못 된다. 내 듣기로 석주 권필 선생은 배움이 넓고 행실이 높으며, 뜻이 깨끗하고 도가 높은데도 그 환하고 우뚝함을 가지고 혼탁한 세상에서 노닐지 아니하고 시와 술에 의탁하여 호해(湖海)에 노닐면서 스스로를 감춘 분이라 하니, 이야말로 내 스승으로 삼을 만하다."
하고는 그날로 신을 신고 책 상자를 지고 걸어서 강화로 들어가 그 문을 두드려 절하였다.
　　석주가 한 번 보고 문득 기특하게 여겨, 마침내 《한서(漢書)》를 가르쳤는데, 처음엔 몹시 막히고 틀려 마치 능히 이해하지 못할 것 같았으나, 다만 그 총명함은 무리 중에 뛰어났다. 아침이면 나아가고 저녁에는 더욱 성취가 있어 수십 일이 못 되어 수십 편을 외우는데 한 글자도 틀리거나 빠뜨림이 없었다. 그 생도 10여 명이 죽 늘어앉아 선후를 다투었는데, 사람마다 각각 배우는 것이 달랐다. 생은 늘 물러나 앉아 묵묵히 들으면서 적고 또 외워 조목조목 통달 관통하고는 홀로 수업한 바의 것을 익혀 날마다 이를 시험하니, 그렇게 하지 않는 날이 없었다.

일찍이 서재를 짓는데 몸소 일을 맡아 하면서도 게으름을 부리지 않았다. 단단한 것을 쪼개고 무거운 것을 날라 항상 몇 사람의 몫을 해냈다. 목공이 미처 다듬지 못한 것은 나서서 이를 베어 와 가르고 새기는 공교로움이 평소 전공으로 한 자와 다를 바 없었다. 수리하고 흙을 발라 며칠이 못 되어 일을 마치니, 목공이 혀를 내두르며 "힘과 재주가 모두 뛰어나 도저히 미칠 수가 없다"고 하였다. 여러 학생들과 생활함에는 해가 뜨기 전에 글을 읽고, 아침이면 물을 길어 와 불을 지펴 몸소 밥 지어 이들과 함께 먹었다. 밥을 먹고는 지게 지고 낫을 들고 산에 가 나무하여 섶을 지고 돌아왔다. 돌아와서는 또 책을 읽는데, 관솔불을 살라 해를 이어 이것으로 밤까지 읽었다. 생도 가운데 게으르고 태만하던 자들이 격동되어 삼가 부지런히 하지 않음이 없게 되었다.

얼마 후에 석주가 전염병에 걸려 거의 일어나지 못하게 되었다. 서로 왕래하던 여러 사람이 발길을 끊어 교통하지 않았다. 생은 항상 밤에는 앉아 잠들지 못하다가 닭이 울기도 전에 가서는 집 밖에 있으면서 집안 사람이 나오기를 기다렸다가 삼가 그 어떠한가를 물어보았고, 낮에 또 가서 약을 달였다. 저녁에 또 가서 잠자리 문안을 드리고는 밤이 되어서야 돌아왔다. 서재에서 집까지는 10리쯤 되었는데, 하루에 세 번 갔다가 세 번 돌아오곤 하였다. 이같이 한 것이 무릇 40여 일이었다. 잠깐씩 짬이 나면 새나 물고기를 잡아 날마다 그 먹을거리를 장만하곤 했다. 생도 결국은 그 병에 전염되어 거의 죽을 뻔하다가 소생하였다.

또 한 번은 양식이 떨어져 솔잎을 따다 눈과 섞어 이를 씹어 먹었다. 그 벗이 이를 듣고 밥을 싸가지고 가서 먹게 하며 "왜 알리지 않았는가?" 하니, 그는 "남을 번거롭게 하려 하지 않은 것뿐일세"라고 하였다. 무릇 두 번이나 형의 상(喪)을 만났는데, 그때마다 달려가서 이를 장사 지냈다. 그 병들었단 소식을 듣고는 울면서 음식도 먹지 않다가, 그 부고를 듣자 위패를 베풀어 호곡하니 슬퍼하는 모습이 이웃 마을 사람들의 마음을 움직였다. 이웃 마을 사람들이 눈물을 흘리고 탄식하며 말하기를, "송생의 효성과 우애는 천성에서 나온 것이다" 하고는 아끼고 공경하지 않음이 없었다.

송생은 총명했지만 배움을 놓쳤다. 마을 사람이 업신여기자 발분하여 스승을 찾았다. 그는 성실하고 꾸준한 노력으로 빠른 성취를 보였다. 스승의 병환 앞에 보여준 그의 헌신적인 태도는 참 감동적이다. 모두 다 제 목숨이 아까워 등돌렸을 때 그만 홀로 의리를 지켜 병구완을 게을리하지 않았다.

끼니를 거르는 일이 적지 않을 만큼 궁하였지만, 그는 남에게 구차함을 보이지 않았다. 강화에 와 있는 동안 두 형님의 죽음이 있었고, 그때마다 달려가 장사 지내고, 지극한 우애의 정으로 호곡하며 애통해하니 마을 사람들이 그 정성에 감동하여 함께 울었다.

아름다운 꾸밈에 마음 두지 않았다

이런 어려움 속에서도 그가 배움을 포기하지 않았던 것을 보면, 권필과의 만남이 그의 내면에 가져다 준 기쁨을 헤아릴 수 있을 것 같다. 처음 권필의 의기를 사모하고 문학을 사모했던 그는 점차 학문의 길로 빠져들면서 날마다 새로운 세상을 경험하는 기쁨을 맛보았던 듯하다. 다음은 〈송생전〉의 뒷부분이다.

글을 지음은 굳센 깃에 힘을 쏟아 속된 무리와 같이 되지 않으려 힘썼다. 지은 시는 왕왕 옛것에 가까웠고, 기력이 있는 곳은 석주 또한 미치지 못하겠다고 칭찬하였다. 주돈이(周敦頤)의 《태극도설(太極圖說)》과 장재(張載)의 《서명(西銘)》 등의 책을 읽고 나서는 개연히 구도(求道)에 뜻이 있어 다시는 시문의 아름다운 꾸밈에 마음을 두지 않았다. 힘을 쏟아 각고의 노력을 더하여 더더욱 성취하기를 기약하였다.

하루는 마치 즐겁지 않은 일이 있는 듯하더니만 그날 저녁 자다가 꿈을 꾸었는데 스스로 빈 네모 안에 '형(形)' 자를 쓴 것이 거의 수백 개나 되었다. 깨고 보니 꿈이었다. 문득 이와 같은 꿈이 여러 날 계속되자 이것으로 스스로 죽을 것을 알았다. 그러나 죽고 사는 것을 가지고 그 마음이 흔들리지 않았다. 그 뒤 병이 조금 낫자 하직하고 집으로 돌아왔는데 돌아와서는 병이 위중해졌다. 그 스승 석주에게 편지를 보내니, 대개 그 말이 자기의 병들어 아픈 것은 마음에 두지 않고 오히려 그 스승의 곤궁하여 괴로운 것만 염려하였다. 마침내는 그 병으로 죽었다. 도를 믿고 섬김을 독실히 함을 한결같이 한 자가 아니라면 이를 능히 할 수 있겠는가?

아아! 선비가 뜻을 깨끗이 하고도 이름이 묻히어 없어진 사람을 고금에 어찌 헤일 수 있으리요? 그러나 그 세운 바의 도탑고도 확고함이 또한 송생만한 사람이 있겠는가? 더 오래 살게 하여 그 사업을 충실하게 하였더라면 성현에 도달하는 것도 어렵지 않았을 것이로되, 하늘은 송생을 이미 태어나게 하고 또 요절하게 하였으니 하늘이 뜻이 있는 것인가, 없는 것인가? 아! 슬프도다.

혹시 이른바 장차 올 후생이 과연 두려워할 만하다면, 뒤에 송생과 같은 자가 또한 적지 않을 것인데 내가 또 무엇을 슬퍼하겠는가? 비록 그러나 설령 송생으로 하여금 더 오래 살게 하여 그 사업을 채우게 하였더라도 세상은 송생의 어짊을 오늘날처럼 알아줌이 없을 것이다. 그럴진대 비록 송생으로 하여금 오히려 살아 있게 하였더라도 한낱 궁한 선비가 되는 데 지나지 않았을 따름일 터이니, 내가 비록 슬퍼하지 않고자 해도 그럴 수 있겠는가? 그렇다면 그 삶도 죽음도 모두 슬퍼할 만하여, 한결같이 슬프지 않음이 없으니, 내가 어찌 송생을 위하여 슬퍼하지 않겠는가? 그러나 내가 송생을 슬퍼하는 것이 그 홀로 송생만을 슬퍼함이겠는가?

처음에 시문으로 향하던 관심은 점차 성리학 경전 쪽으로 선회했다. 구도(求道)에 뜻을 두어, 깨달음을 이루려는 의욕을 품게 된 그는 이때쯤 과로와 영양 결핍으로 시름시름 큰 병을 앓게 되었던 것 같다.

빈 네모 안에 '형(形)' 자를 수백 번 쓰는 이상한 꿈은 꼭 관 속에 사람이 누운 형국이어서, 이 꿈이 자신의 죽음을 예고한 것으로 짐작했다. 이미 그는 자신의 육체를 침식해오던 병마(病魔)의 존재를 명확하게 인식하고 있었던 것이다. 이에 스승을 하직하고 집으로 돌아와 마침내 병이 위중해져 세상을 떴다.

목숨이 경각에 달려 있는 중에도 스승에게 편지를 올려 그 궁하여 괴로운 것을 안타까이 여겼을 뿐, 자신의 생사는 조금도 마음에 두지 않았다. 그의 이런 행동에서 스승에게 공연한 심려를 끼치지 않으려는 단정한 몸가짐을 보게 된다. 마음에서 우러난 존경 없이는 이런 행동이 나올 수 없다.

나는 이미 할 수 없지만

나는 뒷날 우연히 우암 송시열(宋時烈, 1607~1689)의 문집을 읽다가 〈남운경(南雲卿)에게〉란 편지 끝에 붙은 별지에 송희갑에 관한 이야기가 실려 있는 것을 보았다. 다른 글을 읽다가 우연히 이 글이 눈에 들어왔을 때, 나는 약간의 전율을 느꼈다.

그 편지는 송시열이 무진년(1688) 정월 2일에 보낸 편지의 별지 중 일부로, 《송자대전(宋子大全)》 권 76에 수록되어 있다. 남운경이란 이가 송희갑의 시를 물어오자 송시열이 그 시를 적어 보내면서 함께 붙인 사연이다.

이 편지를 받은 남운경은 바로 《호곡시화(壺谷詩話)》를 남긴 남용익(南龍翼, 1628~1692)이다. 당시 우리나라 역대 제가의 시를 모은 시선집 《기아(箕雅)》의 완성을 앞두고 출판을 준비하고 있던 남용익은, 송희갑의 이야기를 듣고 자신의 시선집에 그의 시를 한 수 넣고 싶어, 송희갑과 한집안인 송시열에게 그가 남긴 시가 있는지 문의했던 듯하다. 그래서 《기아》 권4에 송시열이 이때 알려준 송희갑의 작품 〈봄날 사람을 기다리며〉가 수록될 수 있었다. 그런데 이 편지 내용이 앞서 본 조찬한의 〈송생전〉과 적잖이 달라 잠시 어리둥절하였다. 송시열이 쓴 편지의 내용은 이러하다.

구하신 송희갑(宋希甲)의 시를 적어드리지요.

산에는 꽃이 피고 언덕엔 수양버들
이별의 정 안타까워 홀로 한숨 내쉰다.
지팡이 굳이 짚고 문 나서봐도
그대는 오지 않고 봄날 저문다.

岸有垂楊山有花   離懷無處不堪嗟
强扶衰病出門望   之子莫來春日斜

송희갑은 또한 쌍청공(雙淸公) 송유(宋愉, 세종조)의 후예로 측실에서 난 사람이다. 어려서 신동이라 일컬어졌는데, 선풍도골로도 일컬어졌다. 용력(勇力)도 무리에서 뛰어났다. 나이 일곱 살 때 쌍청당 주인옹인 송담(松潭) 송남수(宋枏壽, 1537~1626) 공이 집 뒤 눈 속의 대나무를 가리키며, "네가 능히 시를 지을 수 있겠느냐?"라고 하자, 그 자리에서 대답하여 말하기를

대나무 오늘 아침 부모를 여읬던가
수많은 자손들이 함께 소복 입었네.
늦게 온 참새들이 서로 조문하더니
볕 바람에 난간에선 맑은 눈물 떨어지네.

    竹也今朝喪父母　　子孫千百素衣同
    晩來鳥雀來相弔　　淸淚欄干日下風

라 하였다.

　얼마 뒤 권필이 쌍청당에 왔다가 이를 보고 크게 칭찬함을 더하고, "나의 의발을 전하기에 충분하다" 하고는, 드디어 데리고 가서 이를 가르쳤다. 희갑이 늘 강화도에 있으면서, 물을 긷고 땔감을 나르며 마치 하인처럼 부지런히 섬겼다. 하루는 석주가 그에게 말하였다.

　"사람이 천하를 널리 보지 못하면, 시가 또한 국한되는 바가 된다. 유감스럽게도 나는 이미 능히 할 수 없지만, 너의 근골로는 능히 이 일을 감당할 만하다. 다만 압록강 북쪽은 관문의 방비가 매우 엄하니, 반드시 모름지기 어두운 길에 숨어 엎드려 있다가 물 있는 곳을 만나거든 수영을 하여 몰래 건넌 뒤라야 도달할 수가 있을 것이다. 너는 모름지기 중국말을 배우고 또 수영을 익히도록 해라."

　희갑이 이 말을 듣고 뛸 듯이 기뻐하며, 날마다 앞 바다에 들어가 뜨락 잠기락 하니 마치 오리와 같았다. 그러나 대저 강하의 물도 또한 능히 사람을 상케 하거늘, 하물며 바다의 짠 기운이 기혈을 삭히매 그만 병이 들어 마침내는 요절하기에 이르니, 아는 이들이 아프게 애석해하지 않는 이가 없었다.

희갑은 산에서 노님을 즐겨, 좋은 곳이 있다는 말을 들으면 반드시 걸어서 가서는 끝까지 구석구석 다녀보곤 하였다. 일찍이 속리산에서 노니는데 작은 암자가 깎아지른 벼랑가에 있었다. 희갑이 몸을 번드쳐 용마루를 타고 올라가, 한 손으로 서까래를 잡고 한 손으로는 붓을 잡아 이름을 쓰고 내려왔는데, 그 올라가고 내려오는 것이 한결같이 나는 신선과도 같아 지금껏 늙은 중들이 능히 이 이야기를 하곤 한다. 희갑은 장가 들지 않았으므로 자식이 없다. 우리 집안에서 바야흐로 그 묘에 작은 비석 새기기를 도모하고 있을 뿐이다.

편지글 속에 실려 있는 송희갑의 이야기는 앞서 본 〈송생전〉의 그것과 상당히 차이가 난다. 우선 〈송생전〉에서는 15~16세가 되도록 배움이 없어 마을 사람의 업신여김을 받았다고 했는데, 여기서는 일곱 살에 능히 시를 지을 만큼 어려서부터 신동으로 일컬어졌다고 했다. 또 제 빌로 강화노까지 석주를 찾아간 것이 아니라 석주가 쌍청당에 들렀다가 그 재주를 보고 데려가 제자로 삼았다고 했다. 이는 《석주집(石洲集)》에 실린 석주의 언급으로 보아 사실이 아니다. 또 이 글에서 송희갑이 정실 소생이 아니라 측실에게서 난 서자였다는 사실을 새롭게 확인할 수 있다.

소나무 아래서 시를 짓는 권필의 모습을 그린 〈송하구시도(松下構詩圖)〉
소나무 아래 건을 쓴 석주가 붓을 들고 시를 구상하고 있다. 중간에 쓴 글은 장유(張維)가 권필의 문집인 《석주집(石洲集)》에 써준 서문의 일부다. 뒷부분의 내용은 이렇다. "성품이 술을 몹시 좋아했다. 술을 마신 뒤에는 말이 더욱 호방해져서 거만하게 시를 읊조렸다. 정신이 상쾌하여, 종이 잡기를 기다리지 않고 붓을 휘둘렀다. 무릇 입술에 나타나고 눈썹 사이에서 움직이는 것이 시 아닌 것이 없었다." 개인 소장. 작가 미상.

짠물에 기혈이 삭아 병들어 죽다

그의 죽음에 대해서도 두 글이 전하고 있는 내용은 서로 다르다. 〈송생전〉에서는 어느 날 몸이 좋지 않더니 네모 안에 '형(形)' 자를 수백 번 쓰는 꿈을 꾸고는 그것이 죽을 꿈인 줄 알았노라고만 했지, 정작 병명이나 병을 앓게 된 경위에 대해서는 한 마디도 언급하지 않았다. 그런데 송시열의 편지에서는 그가 바다에 뛰어들어 밤낮으로 수영을 하다가 바다의 짠 기운에 기혈이 삭아 마침내 병이 들어 죽게 되었다고 했다. 아마도 이것은 사실일 것이다.

스승은 시를 배우겠다는 제자에게 불법으로 월경을 해서라도 중국 땅을 널리 밟아보아야만 시가 좋아질 것이라 하고, 그 말을 들은 제자는 뛸 듯이 기뻐하며 중국어를 배우는 한편 압록강을 헤엄쳐 건너기 위해 밤낮으로 강화 앞바다에 뛰어들어 수영을 익히다가 짠물에 기혈이 삭아 마침내 병들어 죽고 말았다는 것이다. 시키는 스승이나 하란다고 하는 제자나 안쓰럽기는 매일반이지만, 그 사이에는 쉽게 말하기 어려운 끈끈한 그 무엇이 있다.

〈송생전〉을 지은 조찬한은 전에서 이러한 사정까지 밝히기에 민망한 점이 없지 않았을 것이다. 그래서 이렇다 할 언급 없이 스치듯 적고 말았다. 송시열은 한집안으로 그 경과를 익히 들어 알고 있었을 터이므로 편지에 자세한 내용을 적었다. 끝에는 송희갑이 용력이 뛰어나고 산수 유람을 즐기는 등 호방한 풍모를 지닌 인물임을 밝혀놓았다.

그렇듯 심지도 굳고 호탕했던 그가 큰뜻을 채 펼쳐보지도 못한 채 일찍 세상을 뜨고 말았다. 이는 그 자신에게는 말할 것도 없고 석주에게도 큰 슬픔이었을 것이다. 더욱이 송희갑이 중국으로 불법 월경이라도 하라는 스승의 말에 그토록 좋아했던 것은, 그 자신 측실의 소생이었기에 이 사회에서 온전히 뜻을 펼칠 수 없음을 스스로 먼저 알았기 때문은 아니었을까? 그는 결혼을 하지 않았기에 제사를 올려줄 자식도 없다고 했다.

송희갑과의 인연은 이 두 편의 글로 끝나지 않았다. 내가 처음 이 글을 발표하고 몇 해 뒤였다. 은진 송씨 문중의 송기섭 선생이 내가 쓴 글을 읽고 새로운 자료를 보내왔다. 송남수의 문집인 《송담집(松潭集)》이었는데, 놀랍게도 거기에는 《석주집》에도 실려 있지 않은 권필의 편지 두 통이 실려 있었다. 그 편지 속에 송희갑에 관한 언급이 있었다.

편지의 전후 내용으로 보아 송남수가 권필에게 자신의 거처 16경을 시로 지어줄 것을 요청했던 듯하다. 이에 권필은 가보지 못한 곳이라 다 지을 수가 없고 다만 7언절구 4수만을 보낸다는 사정을 적고 나서 이렇게 말을 이었다.

내년 봄에 혹 남쪽 여행의 계획을 이루게 되면 마땅히 곁에서 모시고 소나무 길과 단풍나무 언덕 사이로 소요하면서 칠급대(七級臺) 위에서 술을 마신 뒤, 시험삼아 공을 위해 다시 지어보겠습니다. 송생은 뜻을 세움이 평범치가 않고, 배움에 향학에 매우 힘을 쏟으니, 후배 중에 얻기가 쉽지 않습니다. 다만 제가 남의 스승 노릇하기에 부족한 것이 부끄러울 따름이지요. 하나 하나 다 갖추어 적지 못합니다.

그리고 그 편지 끝에는 "송생은 이름이 희갑이다. 송담공의 서종질(庶從姪)이다. 시 짓는 재주가 몹시 뛰어나 송담공이 돈을 대어 석주의 문하에서 수업하도록 보냈다"는 부기가 적혀 있다.

이렇게 보면 대개 앞뒤 정황이 명백해진다. 처음 시에 재능이 있던 송희갑이 시인 권필의 우레 같은 명성을 사모하여 그에게 나아가 공부할 뜻을 밝혔고, 이에 송남수가 적극 추천하여 노자를 보태어 멀리 강화도까지 권필을 찾아가게 했던 것이다. 그리고 위의 편지는 송남수의 소개장을 들고 찾아간 송희갑이 형의 상을 만나 잠시 고향에 다니러 갈 때 권필이 써준 답장이 틀림없다.

이렇게 해서 나는 몇 단계를 거쳐 송희갑과 만날 수 있었다. 이런 일을 겪을 때마다 새삼 기록의 무서움을 실감하게 된다. 정작 권필의 문집에는 단편으로만 남은 기록이 조찬한과 송시열, 그리고 송남수의 기록과 만나 잊혀진 한 사람의 삶이 퍼즐 맞추듯 조각조각 맞춰진 것이다.

샘물은 그를 기억할 것이다

한편 송희갑이 남겼다는 두 편의 시에서 나는 그의 기상이 장대하지 못하여 일찍 요절할 기미가 있음을 보았다. 봄날의 하염없는 기다림을 노래하고 있는 〈봄날 사람을 기다리며〉에서 수양버들 능청대고 꽃들이 다투어 피는 아지랑이 봄날에, 그는 홀로 가슴 아픈 이별 정에 겨워 한숨만 내쉬고 있다. 그리하여 아픈 몸에 지팡이 짚고 문을 나서보지만 그리운 사람은 영영 오지 않더라고 노래하고 있다. 그 시의 정서가 가녀리고 애틋하니 이 시는 필시 병중에 누군가를 기다리며 지은 것이다. 혹 그가 애타게 기다린 것은 자신이 스승에게 보낸 편지의 답장이 아니었을까? 그 말이 꼭 죽음을 눈앞에 둔 사람의 그것처럼 구슬프다. 또 일곱 살에 지었다는 시 〈눈 속의 대나무〉에서는 눈에 덮인 대숲을 보고 어버이의 죽음과 자식들의 상복을 떠올리고 있으니 일곱 살 어린아이의 시선으로 보기에는 지나치게 조숙할 뿐더러, 불행한 운명을 예견한 시참(詩讖)의 뜻마저 담겨 있음을 본다.

송희갑이 석주를 모시며 공부했다는 초당(草堂)은 강화도 송해면 하도리 고려산 기슭에 그 터가 남아 있다. 이제 그 터에는 유허비(遺墟碑) 하나가 덩그러니 서 있어 이따금 염소를 매어두는 말목으로 쓰이고 있을 뿐이다. 이따금 사는 일이 신산(辛酸)스럽고, 사람과의 관계에 치여 답답할 때면, 경기도 고양시에 있는 권필의 산소보다 이곳 강화도의 초당 터로 달려오곤 했다. 간난의 한 시절을

권필이 판 우물
처음 초당을 찾아갔을 때 권필의 문집인 《석주집》에 기록된 대로 유허비에서 마을을 끼고 백 보쯤 올라가자, 초당 생활 당시 석주가 파서 날마다 길어와 차를 끓여 마셨다고 했던 샘물이 나왔다. 우물 뒤편으로 예전에는 앵도나무가 우거진 숲이 있었다.

견디려 한 시대를 대표하던 시인이 서당을 열었던 자리, 가난한 서생이 배곯아가면서 스승의 한 마디에 지적 갈증을 적시던 그 옛터를 서성이고 있노라면, 떠오르는 감회가 한두 가지가 아니다.

유허비에서 서쪽으로 마을을 끼고 백 보쯤 올라가면 초당 생활 당시 석주가 파서 날마다 길어와 차를 끓여 마셨다고 《석주집》에 기록되어 있는 샘이 거짓말처럼 그대로 남아 있다. 아마 이 묵은 샘은 송희갑의 손길을 기억하고 있을 것이다.

삶을 바꾼 만남

정약용과 강진 시절 제자 황상

 만남은 맛남이다. 누구든 일생에 잊을 수 없는 몇 번의 맛난 만남을 갖는다. 이 몇 번의 만남이 인생을 바꾸고 사람을 변화시킨다. 그 만남 이후로 나는 더 이상 예전의 나일 수가 없는 것이다. 어떤 사람은 그런 만남 앞에서도 길 가던 사람과 소매를 스치듯 그냥 지나쳐버리고는 자꾸 딴 데만 기웃거린다. 물론 모든 만남이 맛난 것은 아니다. 만남이 맛있으려면 그에 걸맞는 마음가짐이 있어야 한다. 고장난명(孤掌難鳴)이라고, 외손바닥으로는 소리를 짝짝 낼 수가 없다.

꿈에 만난 선생님

한 번의 만남으로 삶 자체가 업그레이드되는 맛난 만남, 그런 만남을 생각할 때면 떠오르는 얼굴이 있다. 다산 정약용과 그의 강진 유배 시절 제자인 황상(黃裳, 1788~1863?)이다. 시골의 학구(學究)에 불과했던 그의 문집 《치원유고(梔園遺稿)》를 뒤적일 때마다 나는 시도 때도 없이 가슴이 뭉클해진다. 정약용과 황상의 만남에 얽힌 글 몇 편을 소개한다.

황상은 63세 때인 1851년 3월 30일 밤, 이미 15년 전에 돌아가신 스승 다산을 꿈에서 만난다. 잠에서 깬 뒤 그는 그 일을 시로 적었다. 제목은 〈몽곡(夢哭)〉이다.

> 간밤에 선생님 꿈꾸었는데
> 나비 되어 예전 모습 모시었다네.
> 마음이 기쁜 줄은 알지 못했고
> 보통 때 모시던 것 다름없었지.
> 수염 터럭 어느새 하얗게 쇠고
> 얼굴도 꽃다운 모습 시들어.
> 아미산 눈 덮힌 산마루 아래
> 천 길 높은 소나무가 기울어진 듯.
> 천행으로 이런 날 은혜롭구나
> 백 년에 다시 만날 기약 어렵다.

예전에도 꿈에서 뵌 적 있지만
이처럼 모시긴 처음이었네.
술과 국 차가운 제사상에는
제사 음식 이리저리 놓여 있었네.
나는 실로 찬찬히 보지도 않고
두 기둥 사이에서 절을 올렸지.
무릎 꿇고 조아려 애도하는데
곡성이 먹은 귀를 놀라게 하네.
마음에 품고만 있던 생각이
그제야 겉으로 드러났어라.
때마침 옆 사람 흔들어 깨워
품은 정 다하지 못하였어라.
애도함 이보다 더는 못하리
아마도 세상이 끝난 듯했지.
목이 메어 말소자 떼지 못하고
헛된 눈물 주룩주룩 흘러내렸네.
꿈에 곡함 아침에 누가 알리요
모습은 내 눈에 여태 선한데.
시 지어도 누구에게 평을 청하며
의심 나도 여쭙던 일 생각만 나리.
추모함에 한가한 날 적기만 하니

영령께선 내 충성됨 환히 아시리.
지난날 향 사르던 자리에서는
백 척의 오동처럼 우러렀다네.
못나고 둔한지라 얻은 게 없어
못 이룸이 삼대밭의 쑥대 같았지.
선생의 문도라기 이름 부끄러
소와 양에 뿔조차 없는 격일세.
한 마음 순수하긴 처음과 같아
잠자리서 전날 공부 펼쳐본 것을.

昔夜夢夫子　蝴蝶侍舊容
不知心怡悅　惟如平日從
鬚髮暮已衰　容顔度芙蓉
峨眉雪嶺上　偃蹇千尺松
天幸惠此日　百年難再逢
曾匪夢不拜　未有如此供
酒醬寒羞奠　俎豆橫復縱
我實不視具　兩楹致其恭
稽顙方擧哀　哭聲可驚聾
念念存在懷　到此已露胸
際被傍人攪　未能盡其衷

問哀無過此　無乃天地終
歔欷不成道　虛淚猶浺濛
夢哭朝誰獵　儀形方眼中
得詩從何評　當疑憶撞鍾
追慕少暇日　尊靈明予忠
昔於燒香席　望如百尺桐
暗鈍無所得　未成麻中蓬
名惜丁門徒　牛羊乃犝犝
一心純如初　枕上發前功

스승은 늙고 쇠하신 모습으로 쓰러질 듯 앉아 계신데, 이상스레 그 앞에는 제사상이 차려져 있었다. 선생님을 다시 뵌 것만 무한히 기뻐 무릎 꿇고 절을 올리는데 갑자기 곡성이 진동하였다. 그제서야 스승이 이미 돌아가셨다는 사실을 새삼 깨닫고 발을 구르며 애도했다. 옆 사람이 흔들어 깨우는 통에 겨우 잠에서 깨어났다. 눈물이 얼굴을 온통 적시고 있었다. 스승을 그리워하는 제자의 붉은 마음이 생생히 느껴지는 글이다.

제가 세 가지 병통이 있습니다

황상은 열다섯 살 나던 1802년 10월 정약용을 처음 만났다. 당시 그는 천주학쟁이로 몰려 강진으로 귀양 와 있었다. 처음 강진에

도착했을 때 사람들이 모두 겁이 나 문을 꽁꽁 닫아걸고 받아주려 하지 않아, 그는 하는 수 없이 동네 주막집 방 한 칸을 빌려 기식하고 있었다.

황상은 서울에서 온 훌륭한 선생님이 아전의 아이들 몇을 가르친다는 말을 듣고 용기를 내어 주막집을 찾았다. 그렇게 며칠을 내쳐 찾아가 쭈뼛쭈뼛 엉거주춤 글을 배웠다. 7일째 되던 날 다산은 황상에게 글 한 편을 써주었다. 이 글은 다산의 문집에는 없고, 황상의 문집에만 실려 있다.

내가 황상에게 문사(文史) 공부할 것을 권했다. 그는 쭈뼛쭈뼛하더니 부끄러운 빛으로 사양하며 이렇게 말했다.

"선생님! 제가 세 가지 병통이 있습니다. 첫째는 너무 둔하고, 둘째는 앞뒤가 꼭 막혔으며, 셋째는 답답한 것입니다."

내가 말했다.

"배우는 사람에게 큰 병통이 세 가지가 있다. 네게는 그것이 없구나. 첫째 외우는 데 민첩한 사람은 소홀한 것이 문제다. 둘째로 글 짓는 것이 날래면 글이 들떠 날리는 게 병통이지. 셋째 깨달음이 재빠르면 거친 것이 폐단이다. 대저 둔한데도 계속 천착하는 사람은 구멍이 넓게 되고, 막혔다가 뚫리면 그 흐름이 성대해진단다. 답답한데도 꾸준히 연마하는 사람은 그 빛이 반짝반짝하게 된다. 천착은 어떻게 해야 할까? 부지런히 해야 한다.

뚫는 것은 어찌하나? 부지런히 해야 한다. 연마하는 것은 어떻게 할까? 부지런히 해야 한다. 네가 어떤 자세로 부지런히 해야 할까? 마음을 확고하게 다잡아야 한다."

당시 나는 동천여사(東泉旅舍)에 머물고 있었다.

"공부를 열심히 해서 훌륭한 사람이 되어야지."
"하지만 선생님! 저는 머리도 나쁘고, 앞뒤가 꼭 막혔고, 분별력도 모자랍니다. 저도 공부를 할 수 있을까요?"

잔뜩 주눅 든 소년에게 선생은 기를 북돋워준다.
"그럼 할 수 있고말고. 항상 문제는 제가 민첩하다고 생각하고, 총명하다고 생각하는 데서 생긴단다. 한 번만 보면 척척 외우는 아이들은 그 뜻을 깊이 음미할 줄 모르니 금세 잊고 말지. 제목만 주면 글을 지어내는 사람들은 똑똑하다고는 할 수 있지만, 저도 모르게 경박하고 들뜨게 되는 것이 문제다. 한 마디만 던져주면 금세 말귀를 알아듣는 사람들은 곱씹지 않으므로 깊이가 없지. 너처럼 둔한 아이가 꾸준히 노력한다면 얼마나 대단하겠니? 둔한 끝으로 구멍을 뚫기는 힘들어도 일단 뚫고 나면 웬만해서는 막히지 않는 큰 구멍이 뚫릴 게다. 꼭 막혔다가 뻥 뚫리면 거칠 것이 없겠지. 미욱한 것을 닦고 또 닦으면 마침내 그 광채가 눈부시게 될 것이야. 그러자면 어떻게 해야 되겠니? 첫째도 부지런함이요, 둘째도 부지런함이며, 셋째도 부지런함이 있을 뿐이다. 너는 평생 '부지런함'

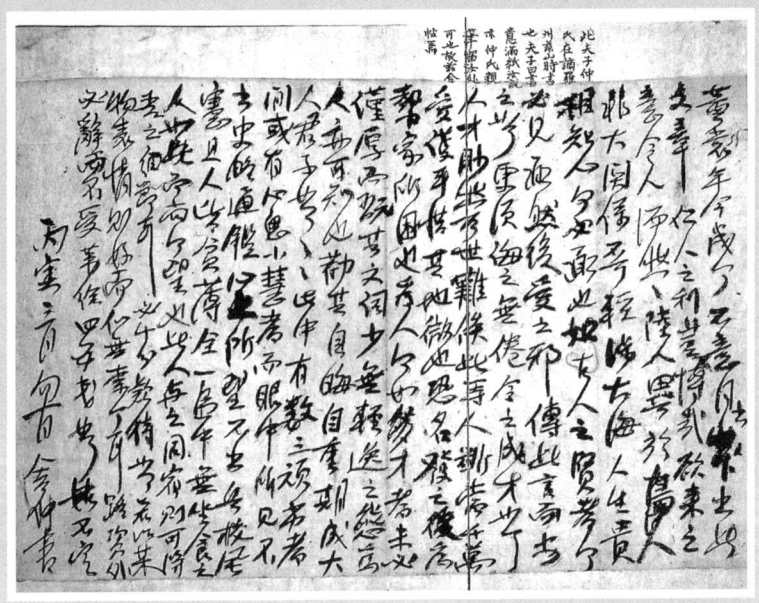

다산의 형님 정약전(丁若銓)이 다산에게 보낸 친필 편지
다산의 제자인 황상에 관한 내용이다. "황상은 나이가 이제 스물이 못 되었는데, 월출산 아래서 이 같은 문장이 나올 줄은 생각지 못했네. 어진 사람의 이로움이 어찌 이다지 넓단 말인가?"로 시작된다.

이란 글자를 결코 잊지 말도록 해라. 어떻게 하면 부지런할 수 있을까? 네 마음을 다잡아서 딴 데로 달아나지 않도록 꼭 붙들어 매야지. 그렇게 할 수 있겠니?"

황상은 스승의 이 가르침을 평생을 두고 잊지 않았다. 스승이 시키는 대로만 했다. 그리고 스승을 처음 만난 지 61년이 지난 임술년에 그 떨리던 첫 만남을 기억하며 〈임술기(壬戌記)〉란 글을 한 편 지었다. 정약용의 윗글도 이 글 속에 들어 있다. 윗글에 이어지는 황상의 술회를 보자.

내가 이때 나이가 열다섯이었다. 당시는 어려서 관례도 치르지 않았었다. 스승의 이 말씀을 마음에 새기고 뼈에 새겨 감히 잃을까 염려하였다. 그때부터 지금까지 61년 동안 독서를 폐하고 쟁기를 잡고 있을 때에도 마음에 늘 품고 있었다. 지금은 손에서 책을 놓지 않고 글 속에서 노닐고 있다. 비록 이룩한 것은 없다 하나, 구멍을 뚫고 막힌 것을 툭 터지게 함을 삼가 지켰다고 말할 만하니 또한 능히 마음을 확고히 다잡으라는 세 글자를 받들어 따랐을 뿐이다. 하지만 지금 나이가 일흔다섯이 넘었으니 주어진 날이 많지 않다. 어찌 제멋대로 내달려 도를 어지럽힐 수 있으랴. 지금 이후로도 스승께서 주신 가르침을 잃지 않을 것을 분명히 하고, 자식들에게도 저버림 없이 행하게 할 것이다. 이에 임술기를 적는다.

스승의 가르침을 들은 소년은 그로부터 61년의 세월이 지나 일흔여섯이 되도록 스승이 남겨주신 그 말씀을 마음에 새기고 뼈에 새겨 자나 깨나 잊지 않으려 노력하는 삶을 살아왔노라고 눈물겹게 고백하고 있다. 따뜻한 가르침은 이렇듯 깊고 깊은 울림을 남긴다.

좁쌀 한 톨만한 작은 집

한 번은 황상이 스승에게 숨어 사는 이의 거처는 어떠해야 하는지 물었다. 이때도 다산은 제자를 위해 긴 글을 써서 자신이 생각하는 이상적인 은자(隱者)의 공간을 그려 보여주었다. 〈제황상유인첩(題黃裳幽人帖)〉이 그 글이다. 워낙 길어 부분만 옮긴다.

땅을 고를 때는 산수가 아름다운 곳을 얻어야 한다. 하지만 강과 산이 어우러진 곳은 시내와 산이 어우러진 곳만은 못하다. 골짜기 입구에는 깎아지른 절벽에 기우뚱한 바위가 있어야겠지. 조금 들어가면 시계가 환하게 열리면서 눈을 즐겁게 해주어야 한다. 이런 곳이라야 복지(福地)다. 중앙에 지세가 맺힌 곳에 띳집 서너 칸을 나침반이 정남향을 가리키도록 해서 짓는다.

치장은 지극히 정교하게 해야 한다. 순창에서 나는 설화지로 벽을 바르고, 문설주 위에는 엷은 먹으로 옆으로 길게 뻗은 산수화를 붙이도록 해라. 문설주에는 고목이나 대나무 또는 바위를 그리고, 중간에 짧은 시를 써넣기도 해야지. 방안에는 서가

두 개를 설치하고, 서가에는 천 삼사백 권의 책을 꽂도록 한다. (중략)

　책상 아래에는 오동(烏銅) 향로를 하나 놓아두고, 아침 저녁으로 옥유향(玉蕤香)을 하나씩 피운다. 뜰 앞엔 울림벽을 한 줄 두르는데, 높이는 몇 자 남짓이면 된다. 담장 안에는 석류와 치자, 목련 등 갖가지 화분을 각기 품격을 갖추어 놓아둔다. 국화는 가장 많이 갖추어서 48종 정도는 되어야 잘 갖추었다 할 만하다. 마당 오른편엔 작은 연못을 파야겠지. 사방 수십 걸음 정도면 된다. 연못 속에는 연꽃 수십 포기를 심고, 붕어를 길러야지. 대나무를 따로 쪼개 물받이 홈통을 만들어 산의 샘물을 끌어다가 못에 댄다. 물이 넘치면 담장 틈새를 따라 채마밭으로 흐르게 한다.(중략)

　소나무 북쪽으로 작은 사립문이 나 있는데, 이리로 들어가면 누에 치는 잠실 세 칸이 나온다. 잠박(누에를 치는 데 쓰는, 싸리나 대오리 등으로 결은 채반)을 7층으로 앉혀놓고 매일 낮 차를 마시고 난 뒤 잠실 속으로 들어간다. 아내에게 송엽주 몇 잔을 내오게 해서 마신 뒤, 양잠에 관한 책을 가지고 가서 누에를 목욕시키고 실 잣는 법을 아내에게 가르쳐주며 상긋이 마주 보며 웃는다. 문 밖에 임금이 부른다는 글이 이르더라도 씩 웃으며 나아가지 않는다.

다산의 친필
1823년 강진 시절의 제자 윤종삼(尹鍾參)과 윤종진(尹鍾軫)이 경기도 능내의 초천(苕川)으로 찾아왔을 때, 그들과의 문답을 기념으로 적어준 것이다. 다산은 이 글에서 초당의 풍경을 하나 하나 차례로 떠올린 후, 제자들에게 초당을 잘 가꿔 보존할 것을 이렇게 당부한다. "내가 다시 다산으로 돌아갈 수 없는 것은 또한 죽은 사람이 다시 살아날 수 없는 것과 같다. 설령 돌아간다고 해도 모름지기 부끄러운 빛이 없어야만 될 것이니라." 다산에게 이 초당은 그의 삶을 지탱케 해준 모태와도 같은 공간이었다.

다산 강진초당
원래는 초가집이었다. 지금 건물은 1976년 다산유적보존회에서 새로 지으면서 기와집으로 올린 것이다. 현판에 새겨진 '다산초당(茶山艸堂)'이란 추사의 글씨도 이때 집자(集字)하여 새겨 걸었다.

이것은 아마도 귀양지에서 다산이 매일 밤 꿈꾸었던 이상적인 삶의 모습일 것이다. 황상은 스승이 내려주신 이 말씀을 역시 잊지 않고 간직했다가 강진 대구면의 천개산(天蓋山) 아래 백적동(白積洞)에 은자의 거처를 마련한다. 만년에 스승의 말씀을 따라 일속산방(一粟山房)을 지은 뒤에 또 스승 생각이 나서 시를 지었다.

몇 해 전 두릉(斗陵)에서 밤비 오던 때
집 짓겠단 내 생각 알고 놀라셨었지.
구름 노을 가려도 즐거움 그지없고
여린 대와 짙은 꽃들 기이함을 잊게 하네.
그 옛날 〈장취원기(將就園記)〉 받자옵고는
일속산방 제목으로 시 지었었네.
아아! 도의 싹이 난만하게 터 나왔건만
거두어서 전해드릴 길이 없구나.

曾歲斗陵夜雨時　先生驚我已心期
霞封雲開能云樂　竹細花濃轉忘奇
昔奉田園將就記　便題粟屋已成詩
所嗟爛熳道芽發　未得收持傳送爲

〈장취원기〉는 명말의 황주성(黃周星)이란 이가 지은 글로 자신이 꿈꾸던 상상 속의 정원을 그려 보인 유명한 문장이다. 옛날 다산이 황주성의 〈장취원기〉를 읽어주자, 황상은 자신도 이렇게 살고 싶다고 스승께 아뢰었고, 그 꿈을 시로 지어 올리자 다산은 앞서 본 〈제황상유인첩〉을 지어주며 숨어 사는 선비의 바른 마음가짐을 말해주었던 것이다.

일속산방(一粟山房)이란 말 그대로 좁쌀 한 톨만한 작은 집이란 뜻이다. 시에서는 두릉, 즉 양수리 초천으로 스승을 찾아뵙던 일을 먼저 말했다. 시의 둘째 구절 아래 황상은 "내가 일속산방을 짓겠다는 뜻을 아뢰자, 선생은 놀라시며 '자네가 어찌 내 마음을 말하는가?' 라고 하셨다"고 작은 글씨로 주를 달아놓았다. 구름과 안개 노을이 포근히 덮어 가려주고, 가는 대나무 숲과 향기 짙은 꽃들이 푸르름과 향기를 실어주는 곳. 그 옛날 스승께서 일깨워주신 그 가르침에 따라 이곳에 은자의 거처를 마련하였다. 그 속에서 책 읽고 글 쓰며 얻은 깨달음을 여쭙고 싶지만 들어주실 스승은 이미 이 세상에 안 계시니 그것을 안타까워했다.

정황계丁黃契를 맺은 뜻

다산은 강진에서 19년에 걸친 긴 귀양살이를 마치고 서울로 올라갔다. 1818년 8월 그믐날, 다산은 강진을 떠나면서 제자들과의 작별이 못내 아쉬워 다신계(茶信契)를 결성했다. 그 후로도 제자들은 해마다 힘을 합쳐 차를 따서 서울에 계신 스승에게 부쳐드리곤 했다. 하지만 스승을 잃은 다산초당은 점차 황폐해져갔던 듯하다. 황상은 스승의 체취가 못 견디게 그리우면 문득 다산초당을 찾아 한참을 머물다 가곤했다. 이미 황폐해질 대로 황폐해진 초당의 옛터를 서성이며 쓴 시를 보면 스승이 손수 파서 새긴 정석(丁石)이란 두 글자를 어루만지다가, 스승이 일군 대숲과 연못을 보며 지난날의 맑은 풍정을 그리워했다. 그러면서 스승이 계시던 옛터를 백 년도 지키지 못하는 자신의 무능을 서글퍼했다.

그러던 그가 다산이 강진을 떠난 18년 후 1836년 2월, 무슨 느낌이 있었던지 스승이 계시던 두릉 땅으로 다산을 찾아뵈었다. 스승 내외의 회혼례(回婚禮)를 축하드리고, 살아 계실 때 한 번만이라도 얼굴을 뵙자는 생각이었다.

이때 다산은 병세가 위중해 잔치를 치를 수도 없는 상황이었다. 처음 만났을 때 열다섯 소년이었던 제자는 쉰을 눈앞에 둔 중늙은이가 되어 죽음을 앞에 둔 스승께 절을 올렸다. 곁에서 며칠 머물며 옛날 이야기를 나누다 고향으로 돌아갈 것을 아뢰었을 때, 다산은 정신이 혼미한 중에도 그의 마디 굵은 손을 붙들고 작별을 아쉬워했다. 그냥 보내기 안타깝다며 접부채와 운서(韻書), 피리와 먹을 선물로 주었다. 스승과 제자가 헤어지는 장면은 생각만 해도 그저 가슴이 먹먹해져온다.

그렇게 헤어진 뒤 며칠이 안 되어 다산은 세상을 떴다. 황상은 도중에 스승의 부고를 듣고, 그 길로 되돌아와 스승의 영전에 곡을 하고 상복을 입은 채로 고향으로 돌아갔다. 그로부터 10년 뒤인 1845년 3월 15일 황상은 스승의 10주기를 맞아 다시 두릉을 찾았다. 다산의 아들 정학연(丁學淵)은 10년 만에 기별도 없이 불쑥 나타난 황상을 보고 신을 거꾸로 신고 마당으로 뛰어내려왔다. 황상은 이제 예순을 눈앞에 둔 늙은이였다. 꼬박 18일을 걸어와 스승의 묘 앞에 섰다. 검게 그을린 얼굴에 부르튼 발을 보고 학연은 아버지 제자의 손을 붙들고 감격해 울었다. 그의 손에는 그 옛날 스승이 주었던 부채가 들려 있었다.

아들은 아버지가 그립고 제자의 두터운 뜻이 고마워, 늙어 떨리는 손으로 아버지의 부채 위에 시를 써주었다. 그리고는 정씨와 황씨 두 집안간에 계를 맺어, 이제로부터 자손 대대로 오늘의 이 아름다운 만남을 기억할 것을 다짐했다. 그 〈정황계안(丁黃契案)〉은 황상의 문집에 실려 있다. 황상과 정학연, 정학유 형제의 아들과 손자의 이름과 자, 생년월일을 차례로 적은 뒤 끝에다 이렇게 썼다.

> 이것은 우리 두 집안 노인의 성명과 자손의 이름을 적은 것이다. 정학연은 침침한 눈으로 천리 먼 길에 써서 보낸다. 두 집안의 후손들은 대대로 신의를 맺고 우의를 다져갈진저. 계를 맺은 문서를 제군들에게 돌리노니 삼가 잃어버리지 말라.

이 해가 1848년이니 이때 정학연은 예순여섯, 황상은 예순하나였다. 그 옛날 더벅머리 소년에게 던져준, 오로지 부지런하면 된다던 스승의 따스한 가르침은 이렇게 한 사람의 인생을 근본적으로 뒤바꾸어놓았다.

실내악이 있는 풍경

홍대용과 그의 벗들

마음 맞는 벗들이 한자리에 모여 허물없이 흉금을 털어놓는 광경은 참 아름답다. 아무 속셈도 없다. 굳이 말이 오갈 것도 없다. 바라보기만 해도 삶은 기쁨으로 빛나고 오가는 눈빛만으로도 즐거움이 넘친다. 이익을 따지고 출세만 꿈꾸는 사람들 사이에서는 무한 경쟁의 피비린내만 끼쳐온다. 컴퓨터 자판과 씨름하다가 똘똘 뭉쳐버린 내 어깨 근육처럼 긴장만 있고 이완을 모르는 사회는 금세 경직되고 만다.

한여름밤의 실내 음악회

마음 맞는 벗들이 모여 저마다의 악기를 들고, 악보도 없이 가락을 맞춘다. 표정을 살피지 않고도 서로의 마음을 읽는다. 하나가 올라가면 다른 하나는 내려가고, 팽팽하면 늦추고, 늘어지면 당긴다. 말이 필요 없는 자리, 마음이 간격 없이 넘나드는 현장을 옛글 속에서 우연히 만나게 되는 것은 뜻밖의 기쁨이다.

이 글에서는 홍대용(洪大容, 1731~1783)과 그의 벗들이 연출하는 아름다운 광경을 살짝 들여다보기로 한다. 홍대용은 특별히 신통한 벼슬은 하지 못했지만 중국 사신 행차에 동행했다가 만난 중국 선비 엄성(嚴成) 등과 평생을 두고 아름다운 우정을 나누었다. 엄성은 홍대용의 초상화를 자기 문집 속에 남기고, 죽을 때는 홍대용이 준 먹을 품에 안고 그를 그리며 죽었다. 조선에서는 아무도 알아주지 않던 재야의 선비가 정작 중국 선비들에게 그토록 추앙을 받았다.

홍대용은 음악에 탁월한 재능을 지녔던 인물이다. 중국 사신길에 북경 성당에서 처음 파이프 오르간을 보고는 그 자리에서 한 곡을 연주해낼 만큼 음악에 조예가 깊었다. 서양악기인 양금(洋琴) 즉 철현금(鐵絃琴)을 우리나라에서 처음 연주한 사람도 바로 그였다. 그의 주변에는 늘 음악이 있었다. 그리고 음악을 위해서라면 신분도 상관 않고, 나이도 뛰어넘어 기꺼이 교유를 나누었다.

그가 주동이 된 실내 음악회의 광경은 여러 글에 남아 있다. 먼

중국 사람 임싱(嚴成)이 자신의 문집 속에 그려둔 홍대용의 초상화
북경에서 우연히 만난 엄성과 홍대용은 단 몇 차례의 만남 이후, 평생을 서로 그리워하며 한 번 보내면 답장을 받는데 1년이 넘게 걸리는 편지를 죽을 때까지 주고받았다. 엄성은 뒤에 홍대용이 준 먹을 가슴에 안고 그의 향기를 그리워하며 세상을 떴다. 연암은 중국 선비들이 이토록 사모했던 그를 정작 조선에서는 아무도 알아주지 않는 것을 두고두고 가슴 아파했다.

저 박지원(朴趾源, 1737~1805)이 지은 〈한여름밤의 음악회〔夏夜讌記〕〉의 전문이다.

  22일, 국옹(麯翁)과 함께 걸어서 담헌 홍대용에게 갔다. 풍무(風舞) 김억(金檍)은 밤에야 도착하였다. 담헌이 슬(瑟)을 타자, 풍무는 금(琴)으로 화답하고, 국옹은 갓을 벗고 노래한다. 밤 깊어 구름이 사방에서 몰려들자 더운 기운이 잠시 가시고, 현의 소리는 더욱 맑아진다. 좌우에 있는 사람은 모두 고요히 묵묵하다. 마치 내단수련하는 이가 내관장신(內觀臟神)하는 것 같고, 입정에 든 스님이 전생을 문득 깨치는 듯하다. 대저 스스로 돌아보아 곧으매 삼군이 막아선다 해도 반드시 나아갈 기세다. 국옹이 노래할 때를 보면 해의방박(解衣磅礴), 즉 옷을 죄 벗어던지고 곁에 사람이 없는 듯 방약무인하다.
  매탕(梅宕) 이덕무(李德懋)가 한 번은 처마 사이에서 늙은 거미가 거미줄 치는 것을 보다가 기뻐하며 내게 말하였다.
  "묘하구나! 때로 머뭇머뭇할 때는 생각에 잠긴 것만 같고, 잽싸게 빨리 움직일 때는 득의함이 있는 듯하다. 발뒤꿈치로 질끈 밟아 보리 모종하는 것도 같고, 거문고 줄을 고르는 손가락 같기도 하구나."
  이제 담헌과 풍무가 서로 화답함을 보며 나도 거미가 거미줄 치던 느낌을 얻게 되었다.

지난해 여름, 내가 담헌에게 갔더니 담헌은 마침 악사 연익성(延益成)과 더불어 거문고를 논하고 있었다. 그때 하늘은 비를 잔뜩 머금어, 동녘 하늘가엔 구름장이 먹빛이었다. 우레가 한 번 치기만 하면 비가 쏟아질 것 같았다. 잠시 후 긴 우레가 하늘로 지나갔다. 담헌이 연에게 말하였다.

"이 우렛소리는 무슨 소리에 속할까?"

그리고는 마침내 거문고를 당겨 소리를 맞춰보는 것이었다. 나도 마침내 〈천뢰조(天雷操)〉를 지었다.

그의 연주에 바람도 덩실덩실 춤을 춘대서 풍무(風舞)란 호를 지닌 악사 김억이 금을 타고, 홍대용은 슬로 화답한다. 누구인지 이름을 알 수 없는 국옹은 갓을 벗고 나중엔 웃통까지 벗어던진 채 곁의 사람은 안중에도 없다는 듯 노래에 온통 몰두한다. 푹푹 찌던 여름밤은 밤 깊어 몰려든 구름 때문에 시원해지고, 웃통을 벗어부친 청아한 복청으로 인해 상쾌해진다. 현(絃)의 소리도 밤이 깊어감에 따라 맑아져만 간다.

자리를 함께한 사람들은 숨도 못 쉬고 고요히 앉아 있다. 소리만 없다면 수련 삼매에 든 내단가(內丹家) 같고, 면벽 수행하는 스님네 같다. 한여름밤의 희한한 실내 음악회는 이렇게 깊어만 갔다.

연암은 거미줄을 딩동대며 내려오는 날렵한 거미의 걸음걸이에서 거문고 줄을 잡아채는 채끗과 손가락의 경쾌한 놀림을 연상해

내던 이덕무의 기민한 상상력을 떠올렸다. 또 마른하늘로 지나가던 우렛소리를 거문고 음으로 맞춰보던 홍대용의 이야기를 덧붙였다. 음악은 이들에게 밥 먹고 숨쉬는 것과 같은 일상이었던 것이다.

자네들 내 절 받게

홍대용은 가야금을 앞에 놓고, 홍경성(洪景性)은 거문고를 잡았다. 이한진(李漢鎭)은 퉁소를 소매에서 꺼내고, 김억은 서양금을 당긴다. 장악원의 악공인 보안(普安) 또한 국수(國手)로 생황을 연주하는데, 홍대용의 유춘오(留春塢)에 모였다. 유학중(兪學中)은 노래를 불렀다. 교교재(嘐嘐齋) 김용겸(敎蕎金用謙) 공은 연장자로 윗자리에 앉았다. 좋은 술이 조금 얼큰해지자 여러 악기가 한데 어우러진다. 뜨락은 깊고 대낮은 고요한데, 지는 꽃잎은 섬돌에 가득하다. 궁성(宮聲)과 우성(羽聲)이 번갈아 갈마드니 곡조는 그윽하고 절묘한 경지로 접어든다. 김공이 갑자기 자리에서 내려와 큰절을 했다. 여러 사람들이 모두 놀라 일어나며 피하였다. 공이 말했다.

"자네들 괴이하게 여기지 말게. 우임금은 선한 말을 들으면 절을 했다네. 이것은 하늘나라의 음악이니 늙은이가 어찌 한 번 큰절하는 것을 아끼겠는가?"

홍원섭(洪元燮) 또한 그 모임에 참여했었는데, 날 위해 이처럼 이야기해주었다. 홍대용이 세상을 떠난 이듬해에 적는다.

성대중(成大中, 1732~1809)의 〈유춘오에서의 음악회를 적다[記留春塢樂會]〉란 글의 전문이다. 유춘오(留春塢), 즉 '봄이 머무는 언덕'이란 아름다운 이름의 이 집은 남산 아래 있던 홍대용의 거처였다. 이번 음악회에는 더 다양한 악기가 한자리에 모였다. 가야금과 거문고, 퉁소와 양금(洋琴)이 어우러지고, 생황 반주에 노래가 곁들여진 실내 음악회의 광경이다. 맨 윗자리에 연장자인 김용겸(金用謙, 1702~1789)이 자리를 잡았다. 다른 사람들은 각자 자신의 악기를 앞에 놓고 술잔을 나눈다. 신분 낮은 악공에서 학문 높은 선비까지 신분의 간격도 까맣게 잊고 한자리에 앉았다. 술이 두어 순배 돌아 취기가 감돌 때쯤 해서 누가 먼저랄 것도 없이 주섬주섬 악기들을 집어든다.

사랑채 깊은 뜰에 사방은 고요하다. 환한 대낮 눈부신 햇살 속에서 꽃잎이 섬돌 위로 조용히 내려앉는다. 경쾌하게 시작된 합주는 어느덧 처연한 가락으로 바뀐다. 서글픈 감정을 가눌 길 없는가 싶더니, 다시 감정을 추슬러 아련한 곡조로 넘어간다. 골똘히 생각에 잠긴 듯 각자 삼매경에 빠져든 표정들이다. 쥐었다 놓았다, 당겼다 풀었다 하는 긴장과 이완의 호흡이 척척 맞아떨어진다. 어느 한 악기도 튀는 법이 없다. 가야금이 나서면 다른 악기들은 슬그머니 뒤로 물러앉는다. 거문고가 차고 들어오자, 이번엔 가야금이 배경으로 잦아든다. 퉁소가 신나게 한바탕 기량을 뽐낸다. 양금이 다시 쟁글쟁글한 선율로 좌중을 압도한다. 가만히 견디던 목소리도 이쯤 해선 도저히 참을 수 없다는 듯 선율 사이를 파고든다. 치받아 올라가는 소리에선 퉁소가 화답하고, 탁하게 내려 깔리는 대목에서는 거문고가 가로챘다. 소나기가 몰아치듯 하다가 잔잔한 시냇물이 되고, 솔바람 소리가 되었다간 산들바람으로 흩날린다. 여러 악기들은 서로 양보하고 밀어주고 하면서 목소리와 절묘한 조화를 이루었다.

마침내 한바탕의 합주가 꿈결처럼 마무리되고, 대들보 위에는 남은 소리가 잔잔한 메아리로 떠돈다. 상석에 앉아 눈 감고 음악에 빠져 있던 김용겸이 느닷없이 벌떡 일어나 자리 아래로 내려서더니, 다짜고짜 그들에게 큰절을 올린다. 깜짝 놀란 그들은 몸을 돌려 절을 피하며 허둥지둥 "아니 왜 이러십니까?" 한다. "자네들이 내게 천상의 음악을 선물하는데, 늙은이의 이깟 절 한 번이 무에 아깝단 말인가? 자네들 내 절 받으시게. 오늘 내가 큰 복을 누렸네그려."

하지만 이 아름다운 광경은 홍대용이 세상을 뜨면서 다시 볼 수 없게 되었다. 그 자리에 있었던 홍원섭(洪元燮, 1744~1807)이 눈물겹게 아름답던 그 날의 풍경을 성대중에게 들려주었고, 성대중은 마치 자신이 그 자리에 있기라도 했던 것처럼 그 광경을 글로 옮겨놓았다.

눈 온 밤 수표교 위의 거리 음악회

김용겸은 홍대용, 박지원 등이 어울려 마련한 음악과 시문이 어우러진 만남의 자리에 선배로서 늘 자리를 함께하곤 했다. 그는 문곡(文谷) 김수항(金壽恒)의 손자요, 김창집(金昌集)의 아들로 문벌 높은 집안의 후손이었다. 학문이 높고 인품이 맑았으며, 대범하면서도 예로서 자신을 지켜 후배들의 존경을 한몸에 받았다. 연암 박지원의 아들 박종채(朴宗采)가 돌아가신 아버지를 추억하며 지은 《과정록(過庭錄)》에도 그와 함께하는 실내 음악회 광경이 보인다.

돌아가신 아버님은 음률을 살피는 데 뛰어나셨다. 담헌 홍대용 공은 특히나 악률에 밝았다. 하루는 선군께서 담헌의 집에 계시다가, 들보 위에 구라철현금(歐羅鐵絃琴) 몇 개가 걸린 것을 보셨다. 대개 북경 가는 사신 편에 해마다 우리나라로 가져온 것인데, 당시 사람 중에 탈 줄 아는 사람이 없었다. 선군께서 시자를 불러 끌러 내려오라고 하셨다. 담헌이 웃으며 말했다.
"가락도 모르는데 어디다 쓰겠는가?"
선군께서 작은 판으로 시험삼아 줄을 누르면서 말씀하셨다.
"그대는 다만 가야금을 가지고 오시게. 줄마다 마주 눌러가며 맞는지 안 맞는지 시험해보세."

몇 차례 타보니 가락이 과연 꼭 맞아 차이가 없었다. 이로부터 양금이 세상에 비로소 성행하게 되었다.

이때 금사(琴師) 김억이란 이가 있었다. 풍무자(風舞子)라는 호는 교교재 김용겸이 붙여준 것이다. 새로 연주하게 된 양금을 좋아해서 담헌의 집에 모였다. 밤은 고요한데 음악 소리가 일어났다. 교교재께서 달빛을 따라 약속도 없이 왔다가, 생황과 양금이 번갈아 연주되는 것을 듣고 너무도 즐거워, 책상 위에 놓인 구리쟁반을 두드리면서 장단을 맞추셨다.《시경》〈벌목(伐木)〉 장을 외우니 흥취가 도도하였다.

이윽고 교교공이 일어나 방문을 나가시더니, 한참 지나도 들어오지 않았다. 나가 살펴봐도 공은 보이지 않았다. 담헌이 선군께 말씀하셨다.

"우리가 예의를 잃어 어른을 돌아가시게 했을까 염려되네."

마침내 함께 달빛 아래로 걸어서 교교공의 댁으로 향하였다. 수표교에 이르니, 그때 마침 큰 눈이 갓 개어 달빛이 더욱 환했다. 공은 무릎에 금(琴)을 비껴 얹고, 두건을 벗은 채 다리 위에 앉아 달빛을 바라보고 계셨다. 모두들 놀라 기뻐하며, 술상과 악기를 옮겨와 펼쳐놓고 공을 모시고서 노닐며 즐거움을 다한 뒤에야 파하였다. 선군께서는 일찍이 이 말을 하시면서 말씀하셨다.

"교교공이 돌아가시고 나서는 다시 이처럼 운치 있는 일은 있을 수가 없었다."

앞서 유춘오의 음악회에서 악사 김억이 양금을 연주한 것을 보면, 담헌과 연암이 양금 연주법을 익힌 후 이들의 음악회는 더욱 활성화되었던 모양이다. 이날 역시 김용겸과 홍대용, 김억이 있었고, 여기에 연암 등이 가세한 자리였다.

흰 눈이 펑펑 내리는 밤이었다. 갑자기 여러 악기가 한데 어우러진 합주가 마을의 적막을 깨뜨린다. 소담스레 내리는 눈에 마음이 설레었던지 약속 없이 수표교를 건너 남산 아래 홍대용의 집을 찾은 김용겸은, 멀리서 들려오는 음악 소리에 절로 신명이 나서 만면에 미소를 머금고 자리에 합류한다. 한 차례 연주가 끝나자 스스로도 흥을 못 이겨 구리쟁반을 두드리며 《시경》〈벌목〉장을 노래한다.

벌목정정(伐木丁丁)이어늘 소명앵앵(鳥鳴嚶嚶)하나니
출자유곡(出自幽谷)하야 천우교목(遷于喬木)하도다.
앵기명의(嚶其鳴矣)여 구기우성(求其友聲)이로다.
상피조의(相彼鳥矣)도 유구우성(猶求友聲)이어늘
신이인의(矧伊人矣)면 불구우생(不求友生)가?
신지청지(神之聽之)면 종화차평(終和且平)이니라.

노래를 풀면 다음과 같다.

나무 찍는 소리는 쩡쩡 울리고
새들은 짹짹 울음을 우네.
그윽한 골짜기서 날아와서는
높은 나무 꼭대기로 옮기어 간다.
짹짹대며 우짖는 노랫소리는
제 벗을 찾는 소리로구나.
보잘것없는 새를 보아도
오히려 벗 찾는 소릴 내거늘,
하물며 사람으로 생겨났으니
벗을 찾지 않고 어이할 건가?
삼가서 지키어 말을 따르면
마침내 화평하게 지내게 되리.

빈 숲에 쩡쩡 울리는 나무 찍는 소리, 새들은 즐겁게 노래 부른다. 〈모시서(毛詩序)〉에는 이 노래가 오래 사귄 벗들이 잔치할 때 부르는 노래라고 되어 있다. 음식을 차려놓고 형제 같은 벗들이 한자리에 모였다. 주거니 받거니 술잔을 따르고, 둥둥 북을 치고 덩실덩실 춤추며 즐거운 화합의 자리를 마련했다.

당시 김용겸은 일흔에 가까운 나이로, 그 자리의 좌장격인 홍대용보다 무려 스물아홉 살이나 많았다. 한때 장악원(掌樂院)의 책임자를 지낸 바 있고 공조판서까지 지낸 대선배가, 흥겨운 음악이 무르익을 때쯤 불쑥 찾아와 벗을 찾는 새 노래에 빗대어 더불어 잔치하는 즐거움을 노래한 시로 화답하니, 홍대용을 비롯하여 그 자리에 있던 이들의 기쁨은 절정에 달했다.

뜻밖의 생각지 않은 연출에 다들 들떠 어쩔 줄 몰라하고 있을 때, 김용겸은 슬그머니 자리를 뜬다. 무릇 절정의 순간은 오래 끌면 안 되는 법이다. 처음엔 잠깐 바람 쐬러 나가셨나 하다가 종내 돌아오지 않자, 자리에 남았던 젊은 축들은 슬그머니 불안해지기 시작한다. 우리끼리 너무 기분을 내서 저 어른이 심기가 상하신 것은 아닐까? 주섬주섬 자리를 걷고, 이번엔 반대로 남산 쪽에서 수표교를 건너 도성 쪽 선생의 집을 찾아간다.

이들이 눈길에 입김 불고 미끄러지며 수표교에 이르렀을 때, 아! 선생은 다리 난간에 앉아 거문고를 비껴 얹고 가만히 밤하늘의 달빛을 올려다보고 계셨다. 또 한 차례 환호성이 밤 공기를 갈랐다. 부산을 떨며 다리 위에 자리를 깔고, 술병을 나수어 왔다. 곧이어 유쾌한 음악 소리와 해맑은 웃음소리가 한밤 종로 거리 구석구석으로 낭자하게 울려퍼졌다. 이렇게 청계천 수표교 위의 거리 음악회는 깊어만 갔던 것이다.

꿈결 같던 풍경들

앞서 유춘오에서 열린 음악회에 참석했던 홍원섭은 그날의 광경을 잊지 않으려고, 화가 김홍도(金弘道, 1745~1805)에게 그림을 그리게 했다. 그리고 나서 그 뒤에 다시 글 한편을 남겼다. 〈김생의 그림 뒤에 쓰다(題金生畵後)〉란 글이다.

옆의 한 폭 그림에서 상을 펴놓고 슬을 타는 사람은 홍대용이고, 슬과 마주보며 금을 타는 자는 김억이다. 슬과 나란히 걸터앉아 술병 곁에서 귀를 기울이고 있는 것은 나 홍원섭이다. 슬의 소리는 맑고, 금의 소리는 그윽하다. 따로 들으면 맑은 것은 맑고, 그윽한 것은 그윽할 뿐이다. 하지만 합주를 하면 맑은 것은 깊어지고, 그윽한 것은 시원스럽게 된다. 깊으면 아득하고, 시원스러우면 화합한다. 대저 뜻이 너무 맑으면 절도가 있고, 소리가 너무 맑으면 처량하다. 절도가 있으면 외롭기 마련이고, 처량한 것은 오래가지 못한다. 뜻이 너무 깊으면 생각에 잠기게 되고, 소리가 너무 그윽하면 희미해진다. 생각에 잠기면 근심스럽고, 희미하면 잦아든다. 맑은 것에 맑은 것을 보태면 소리가 격해지고, 그윽한 것에 그윽한 것을 합하면 소리가 펴지지 않는다. 둘 다 잘못이다. 절도 있는 것이 깊어야, 짧던 것이 멀어진다. 생각에 잠긴 것이 시원스러워질 때 급촉한 것이 화합하게 된다. 듣는 사람만이 능히 이를 구별할 수가 있다. 슬을 타는 사람은 슬에만

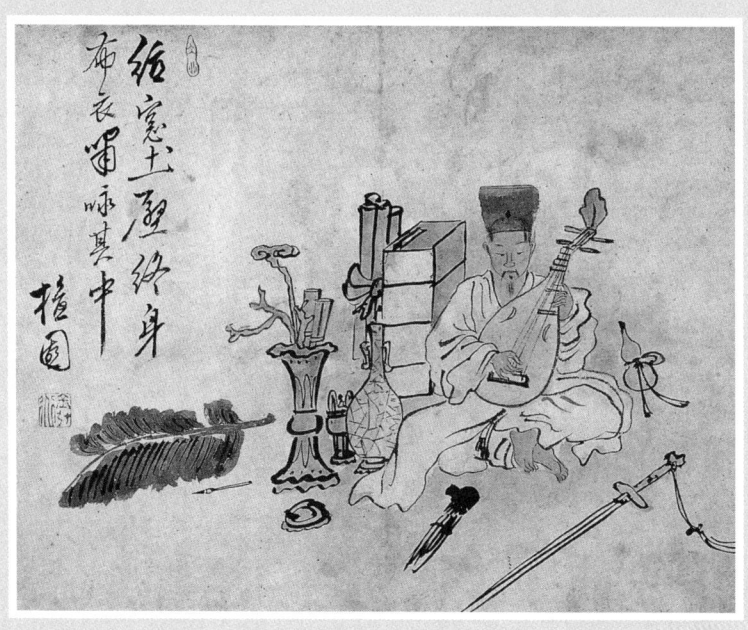

김홍도가 그린 〈포의풍류도(布衣風流圖)〉
선비가 맨발로 비파를 연주하고 있다. 그 앞에는 생황과 검이 놓여 있다. 파초 잎 하나, 영지와 산호가 꽂힌 꽃병. 벼루와 도자기도 보인다. "종이로 바른 창, 흙벽 속에 종신토록 포의(布衣)로 그 속에서 노래하리(紙窓土壁, 終身布衣, 嘯咏其中)"라고 써 있다. 홍대용의 맑고 담백했던 삶과 겹쳐진다. 개인 소장.

뜻을 모으되 금과 더불어 어우러짐을 즐거워하고, 금을 타는 자는 금에만 뜻을 두면서 슬과 합주를 이룸을 기뻐한다. 한 가지에만 마음을 쏟으면 얽매이게 되어 즐거움 또한 크지가 않다. 뜻에 얽매임이 없으면 즐거움은 한없이 커진다. 들을 줄 아는 자가 아니고서는 누가 능히 알겠는가? 홍대용은 슬을 타고, 김억은 금을 탄다. 홍원섭은 앉아서 이를 듣는다. 홍원섭은 한가하다. 그가 한가해야만 슬과 금이 어우러져 즐거움을 이룸이 커지게 된다. 여기에 뜻을 둔 사람은 진실로 스스로 얽매이지 않는다. 그렇지 않다면 악기를 잡고서 솜씨를 다툰다고 하는 자들과 비슷하지 않겠는가? 그는 한가하므로 슬과 함께하며 금을 취한다.

음악 감상의 묘리를 참 절묘하게 표현해낸 글이다. 홍대용과 김억이 슬과 금으로 합주를 하고, 홍원섭은 그 사이에 앉아 두 악기가 만들어내는 화음을 감상한다. 슬의 맑은 소리와 금의 그윽한 소리가 제각기 나다가 한데 어우러져, 깊어졌다간 어느새 툭 트이고, 슬픈 듯 생각에 잠긴 듯 잦아들다간 다시 격해진다. 끊어질 듯 길게 이어지는 절묘한 가락의 변화를 그는 찬찬히 음미하고 있다.

두 연주자는 각자의 악기에 몰두하면서 조화를 즐거워한다. 어느 한 악기가 제 고집만 내세우면 합주의 조화는 깨지고 만다. 훌륭한 연주자는 나와 남의 경계를 허문다. 나는 어떤 악기도 연주하지 않고 두 사람 사이에 앉아서 그 팽팽한 긴장과 미묘한 조화를 즐기고 있다. 내 손이 한가롭고, 내 마음이 한가로운지라 나는 가만히 앉아서 금슬의 가락을 내 한 몸으로 오롯이 받아들인다.

무더운 여름 웃통을 벗어부치고 음악에 취해 노래하던 국옹, 우르릉 꽝 마른번개 소리를 거문고 음으로 잡아내던 홍대용, 연주자의 손가락을 보면서 거미줄을 미끄러져 내려오는 거미의 경쾌한 스텝을 떠올리던 이덕무, 그 아름다운 장면을 영원히 기억하고자 김홍도를 불러 그림으로 그리게 했던 홍원섭, 후배들의 음악에 큰절로 경의를 표하던 김용겸, 큰 눈이 막 개어 온 천지는 순백색인데, 흰 옷 입은 선비들이 제 흥을 못 이겨 아닌 밤중에 수표교 다리 위에서 덩실덩실 춤추고 노래하고 연주하던 장면들. 참 꿈결같이 아련하고 그리운 풍경들이다. 그들은 모두 어디로 갔을까?

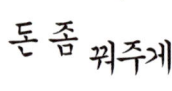

돈 좀 꿔주게
박지원의 짧은 편지

  누구나 인터넷을 쓰고 핸드폰을 지닌 세상에서 편지의 의미는 날로 빛이 바래간다. 주고받는 연하장의 수도 해마다 줄어든다. 하루에도 수십 번씩 습관처럼 메일 함을 열어보고, 문자를 날린다. 그런데도 속은 차지 않고 허전하기만 하다. 사람과의 만남은 겉돌기만 하고, 저마다 꿍꿍이속을 내보이지 않아 좀체 속내를 알 수가 없다.
  옛사람들의 편지글을 볼 때마다, 과연 물질 환경의 발전이 삶의 질까지 향상시킬 수 있을까 하는 회의를 지울 수 없다. 물질의 삶은 궁핍했으되, 정신의 삶은 보석처럼 빛났던 선인들의 자취를 그들이 남긴 짧은 편지를 통해 들여다보는 것은 어떨까?

많으면 많을수록 좋네

척독(尺牘)은 지금으로 치면 엽서쯤에 해당하는 짤막한 편지를 가리키는 말이다. 박지원의 문집에는 수십 통의 척독이 긴 편지글인 서(書)와 구분하여 따로 실려 있다. 18세기에는 이 척독소품이 성행했다. 짧은 글 속에 두 사람만이 아는 암호를 감춰 마음을 주고받는 널찍한 통로를 만들었던 셈이다.

척독은 결코 시간이 없어 짧게 쓴 것이 아니다. 긴 편지를 쓰는 것 이상으로 애를 써서 작품성을 의식하고 제작된 글이다. 척독을 읽고 나면 정경이 떠오르고, 그림이 그려진다. 절제된 비유와 간결한 표현, 말할 듯 하지 않고 머금는 여백의 미를 추구한다. 척독은 산문보다 오히려 시에 가깝다.

진채(陳蔡) 땅에서 곤액이 심하니, 도를 행하느라 그런 것은 아닐세. 망령되이 누추한 골목에서 무슨 일로 즐거워하느냐고 묻던 일에 견주어본다네. 이 무릎을 굽히지 않은 지 오래되고 보니, 어떤 좋은 벼슬도 나만은 못할 것일세. 내 급히 절하네. 많으면 많을수록 좋으이. 여기 또 호리병을 보내니 가득 담아 보내줌이 어떠하실까?

〈기초정(寄楚亭)〉, 즉 박제가에게 보낸 박지원의 짧은 편지다. 언뜻 보아 무슨 말인지 알 수가 없다. 예전 공자가 제자들과 함께 진

채 땅에서 7일 동안 밥을 지어 먹지 못하고 고생한 일이 있다. 그러니 진채 땅의 곤액이란 자기가 벌써 여러 날을 굶었다는 말이다. 그럼에도 안회(顔回)처럼 가난한 삶을 즐기겠노라고 다짐하면서, 벼슬하지 않아 무릎 굽힐 일 없음을 다행스럽게 여겼다.

하지만 목구멍이 포도청이고 보니, 이대로 굶어 죽을 수는 없고 돈 좀 꿔달란 소리다. 궁한 소리를 꺼낸 김에 염치도 없이 빈 술병까지 딸려 보냈다. 이왕이면 술까지 가득 담아 보내달란 뜻이다. 그런데 막상 돈 꿔달라는 편지에 돈이란 말은 보이지 않는다. 원문으로는 고작 48자에 지나지 않는 짧은 글이다. 위 편지를 받고 박제가가 보낸 답장은 이렇다.

열흘 장맛비에 밥 싸들고 찾아가는 벗이 못 됨을 부끄러워합니다. 공방(孔方) 2백을 편지 전하는 하인 편에 보냅니다. 호리병 속의 일은 없습니다. 세상에 양주(楊州)의 학은 없는 법이지요.

그 역시 돈이라고 말하지 않고 공방(孔方)이라고 했다. 공방은 구멍(孔)이 네모나다(方)는 뜻이다. 동전 속에 네모난 구멍이 있기에 이렇게 말했다. 직접 먹을 것을 싸들고 가서 뵈어야 하는데 그저 동전 2백 냥을 인편에 부쳐 미안하다고 했다. 호리병 속의 일이 없다 한 것은 술은 못 부친다는 말이다. 술이 아까워서가 아니라 여러 날 빈속에 술을 마셔 좋은 것이 없겠기에 한 말이다.

끝에 붙인 양주학(楊州鶴)은 고사가 있다. 여러 사람이 모여 각자의 소원을 이야기했다. 어떤 사람은 양주자사(楊州刺史)가 되고 싶다고 하고, 돈을 많이 벌고 싶다는 자도 있었다. 학을 타고 하늘을 훨훨 날고 싶다고도 했다. 맨 마지막 사람이 말했다. "나는 말일세. 허리에 10만 관의 돈을 두르고 학을 타고 양주로 가서 자사가 되고 싶네." 그러니까 양주학이란 말은 이것 저것 좋은 것을 한꺼번에 다 누린다는 뜻이다. 세상에는 양주학이 없다고 한 것은 밥과 술을 다는 못 보내니 그리 알라는 이야기다.

꿔달라는 사람이나 꿔주는 사람이나 피차 구김살이 없다. 평소 깊은 정을 나누지 않고 주고받을 수 있는 편지가 아니다. 평소의 깊은 정과 든든한 신뢰가 깔려 있다.

달라는 것과 주는 것 중 어느 것이 싫겠습니까? 그야 달라는 것이 싫지요. 주는 사람의 마음으로 하여금 진실로 달라는 사람이 남이 주지 않는 것을 싫어하듯 하게 하여, 이제 내가 구하지 않았는데도 넉넉하게 내려주심을 입게 되니 그대가 주는 것을 즐거워함을 믿겠구려.

〈답대호(答大瓠)〉, 곧 대호란 사람에게 박지원이 보낸 답장이다. 남에게 아쉬운 소리 하는 걸 좋아하는 사람이 어디 있겠는가? 또

기껏 어렵사리 부탁했는데 들어주지 않으면 상대가 얼마나 밉겠는 가? 이제 내가 청하기도 전에 그대가 넉넉하게 먹을 것을 보내주 니 참으로 고맙기 그지없다. 이로 보건대 그대가 베풀기를 좋아하 는 사람임을 알고도 남음이 있다. 뭐 이런 이야기다.

궁함을 못 견뎌 도움을 청하려던 참에, 딱한 사정을 미리 알아 꼭 필요한 도움을 주어 고맙다는 말을 이렇게 했다. 개선될 기미가 전혀 없는 절대 궁핍이 보는 이를 민망하게 한다. 박지원의 편지에 는 유난히 돈 꿔달라는 편지가 많다.

"문전에는 빚쟁이가 기러기 떼처럼 섰는데, 집안에는 취한 사 람 고기 꿰미처럼 자고 있네." 이는 당나라 때의 대호걸이요 사 내라 하겠습니다. 이제 저는 추운 집에서 홀로 지내니 담담하기 입정에 든 중과 같군요. 다만 문앞에 기러기처럼 서 있는 자들은 두 눈빛이 가증스럽습니다. 매번 말을 비굴하게 할 때마다 도리 어 등설(滕薛)의 대부를 떠올리곤 합니다.

〈여성백(與成伯)〉이다. 성백은 연암의 셋째 자형인 서중수(徐重 修, 1734~1812)다. 중국 유진체(劉津逮)의 시를 슬쩍 끌어다가 빚독 촉에 몹시 시달리고 있는 자신의 처지를 하소연했다. 금방 갚겠노 라고, 한 번만 형편을 봐달라고 굽신거릴 때마다 등설(滕薛)의 대 부를 떠올리곤 했다고 하여 말꼬리를 흐렸다. 역시 《논어》에서 따

손자 박주수(朴珠壽)가 그린 박지원의 초상화
범 눈에 장대한 기골을 타고났다. 문헌에 기록된 체질로 보아 그는 필시 태양인이었던 듯하다. 그런 그가 쓴 곰살궂고 해학 넘치는 편지글들을 보면 슬며시 웃음이 난다. 개인 소장.

온 말이다.

무슨 뜻인가? 자신은 문밖에 빚쟁이들이 늘어서 있어도 아랑곳 않고 술 취해 코를 드르렁드르렁 골던 곽랑아처럼 호걸스럽지 못해, 대문 밖 빚쟁이들의 등쌀에 초연할 수가 없다는 말이다. 미안하다고 연신 군색한 변명을 늘어놓으면서 조그만 등설 땅의 대부를 생각한다는 말은, 그래도 몸을 굽혀 남의 밑에 들어가기보다는 부족하나마 스스로 자부하며 처음 뜻을 지켜가겠다는 다짐이기도 하다. 요컨대 몹시 궁하니 돈 좀 빌려달라는 편지다.

차라리 천고를 벗삼을 망정
세 통 모두 돈 좀 빌려달라거나, 빌려주어 고맙다는 내용인데, 어느 것 하나 직접 돈을 입에 올리지 않았다. 고도의 비유를 끌어와 궁상스런 뜻은 행간에 숨겼다. 그래도 이런 절대 궁핍이 그의 뜻을 굽히게 하지는 못했다. 옳지 않은 일은 거들떠보지도 않았다. 같잖은 인간과는 상종도 하지 않았다.

교묘하기도 하구나! 이 인연이 하나로 모임은. 누가 그 기미를 알겠는가? 그대는 나보다 먼저 나지 않고, 나 또한 그대보다 뒤에 나지 않아 나란히 한 세상에 살고 있고, 그대는 흉노처럼 얼굴 껍질을 벗기지 않고 나도 남쪽 오랑캐같이 이마에 문신하지 않으며 함께 한 나라에 살고 있소. 그대는 남쪽에 살지 않고 나는 북쪽에 살지 않아 더불어 한 마을에 집이 있고, 그대는 무(武)에 종사치 않고 나는 농사일을 배우지 않으며 같이 유학에 힘을 쏟으니, 이것이야말로 큰 인연이요 큰 기회라 하겠소. 비록 그러나 말이 진실로 같고 일이 진실로 합당하다면, 차라리 천고를 벗삼고 백세의 뒤를 의혹하지 않음이 나을 것 같구려.

〈여경보(與敬甫)〉란 편지다. 경보가 누구인지는 확인되지 않는다. 알쏭달쏭한 편지다. 글을 따라 읽으면 이렇다. 그대와 나는 한 시대에 나서 한 나라에 태어나 같은 마을에 살고 있고, 같은 학문에 종사하고 있다. 이런 인연과 기회는 정말로 쉽게 만날 수 없는 기막힌 우연이 아닌가?

정작 박지원이 하고 싶은 말은 끝의 두 줄에 담겨 있다. 일껏 말해 놓고서, 품은 생각이 같고 사리에 맞는다면 그래도 차라리 천고(千古)의 위를 벗으로 삼고, 백세(百世)의 뒤에 올 사람을 믿는 것이 낫겠다고 했다. 다시 말해 그대와 나는 이렇듯 가까운 인연을 공유하고 있지만, 너하고는 생각도 다르고 마음도 안 맞아 안 놀겠다는 내용이다.

아마도 경보란 이가 친하게 지내고 싶다는 편지를 보내왔던 모양이다. 이 편지를 받고 나서 에둘러 거절한 내용이다. 성동격서(聲東擊西)의 반어가 참으로 절묘하다. 통렬하게 비꼬는 어조가 앞의 장황한 너스레에 눌려 의미가 표면화되지 않고 완곡해졌다. 하지만 받는 사람의 입장에서는 모욕감으로 치를 떨었을 법한 편지다. 하지만 마음 맞는 벗에게 보낸 편지는 영 딴판이다.

웃고 받아주시게

꽃병에 11송이 꽃을 꽂아 팔아 동전 스무 닢을 얻었소. 형수님께 열 닢을 드리고, 아내에게 세 닢, 작은 딸에게 한 닢, 형님 방에 땔나무 값으로 두 닢, 내 방에도 두 닢, 담배 사느라 한 닢을 쓰고 나니, 공교롭게 한 닢이 남았소. 이에 올려보내니 웃고 받아주면 참 좋겠소.

〈여무관(與懋官)〉, 즉 이덕무에게 보낸 편지다. 박지원은 이덕무에게 밀랍을 녹여 가짜 매화 만드는 법을 배웠다. 오랜 연습 끝에 매화 11송이를 만들어 화병에 꽂아 비단 가게에 팔고, 받은 돈 가운데 한 냥을 이덕무에게 보내면서 자랑삼아 쓴 편지다. 물론 둘 사이에만 통할 장난이다. 선비가 매화를 만드는 것만 해도 해괴한데, 그걸 팔아 돈을 벌었다니 큰 허물이 될 소리다. 이제 자신이 만든 매화를 비단 가게에서 돈 주고 살 정도로 실력이 늘었다는 자랑을 이렇게 했다. 읽으면 웃음이 나온다.

이 글을 받은 이덕무는 또 이렇게 답장했다.

내가 마침 구멍난 창을 바르려 했지만 종이만 있고 풀이 없었는데, 무릉씨(武陵氏)가 내게 돈 한 닢을 나누어주는 바람에 풀을 사서 바르는 일을 마쳤다. 올해 귀에 이명(耳鳴)이 나지 않고 손이 부르트지 않는 것은 모두 무릉씨의 덕분이다.

정으로 보낸 편지에 정으로 화답했던 것이다. 박지원의 척독을 읽는 가장 큰 즐거움과 괴로움은 바로 박지원 특유의 톡 쏘는 풍자와 촌철살인(寸鐵殺人)의 해학에 있다. 쉽게 말할 수 있는 것을 돌려서 말하고, 길게 말해야 할 것을 한두 마디로 찔러서 이야기한다. 무슨 말인지 모르게 말꼬리를 흐리고, 비유 속에 할 말을 감춰두기도 한다. 따라서 이들 글은 언뜻 보아서는 분명한 의미를 알 수 없다. 여러 번 곱씹어야 본 뜻이 드러난다.

옛사람이 술을 경계한 것이 아주 심했다 할 만하네. 술에 부림당하는 것을 주정한다[酲]고 하니 그 흉덕(凶德)을 경계한 것이요, 술 그릇 중에 주(舟)가 있으니 뒤집어져 빠지는 것을 경계한 것일세. 술독[罍]이란 글자는 괴롭다[纍]는 글자와 관계되고, 술잔[嚴]이란 글자는 혹독하다[嚴]는 글자에서 빌려온 것이네. 잔[盂]이란 글자는 그릇이 아니라[不皿]는 뜻이고, 잔[卮]이란 글자는 위험하다[危]는 글자와 비슷하지 않은가. 뿔잔[觥]이란 글자는 부딪침[觸]을 경계한 것이고, 잔[盞]이란 글자는 창[戈]

두 개를 그릇(皿) 위에 얹은 것이니 서로 다툼을 경계한 것이지. 술통(樽)이란 글자는 절제하라(撙節)는 뜻을 나타내고, 술 따르는 그릇(禁)은 금하고 억제하라(禁制)는 말이라네. 죽음을 따르는 것(從卒)이 취함(醉)이 되고, 삶에 속하는 것(屬生)이 술깸(醒)인 것이지. 주관(周官)은 평씨(萍氏)가 술을 맡았는데,《본초강목(本草綱目)》을 살펴보니, 부평초(萍)가 능히 술을 깨게 한다고 했더군. 우리들이 술을 즐김은 옛사람보다 더하나 옛사람이 경계를 드리운 뜻에는 어두우니, 어찌 크게 두려워하지 않겠는가? 원컨대 이후로 우리가 술을 앞에 두면 문득 옛사람이 글자를 만들었던 뜻을 생각하고, 여기에 더하여 옛사람이 만든 그릇의 이름을 살피기로 하세. 어떠한가?

〈답영재(答泠齋)〉, 즉 유득공에게 보낸 답장이다. 통음(痛飮)의 술자리를 마친 이튿날 앞으로는 너무 지나친 음주를 서로 삼가자는 반성을 담았다. 술과 관련된 글자를 있는 대로 끌어와서 그야말로 특유의 기발한 상상력을 동원하여 이 모두를 '계(戒)'한 글자와 관련지었다. 거의 파자(破字) 놀이에 가까운 기상(奇想)을 마음껏 펼쳤는데 그 연상력이 자못 놀랍다. 그러면서도 담은 내용은 희떠운 농담 수준을 벗어났다. 이런 글은 앉은자리에서 일필휘지로 지을 수 있는 것이 아니다. 오랜 동안 축적해온 생각을 어떤 계기를 만나 펼쳐본 것이다.

박지원의 친필편지(위)와 《연암선생서간첩(燕巖先生書簡帖)》 일부(아래)
위 편지는 박지원이 1781년 형 박희원(朴喜源)에게 보낸 것이고, 서간첩은 박지원이 안의 현감 재직 시절에 쓴 편지를 모은 것이다. 이 편지들은 그의 문집에는 상당수가 빠져 있다. 서간첩은 박지원의 친필이 아니고 누군가 정리하여 베껴 쓴 것이다. 서울대박물관 소장.

온전히 둥근 것은 하루 저녁뿐일세
다시 한 편을 더 읽어보자.

　어제는 우리가 달을 저버린 것이 아니라 달이 우리를 저버린 것일세. 세간 모든 일이 모두 저 달과 같은 것이 아니겠는가? 한 달은 서른 날, 큰 달도 있고 작은 달도 있지. 1일이나 2일은 테두리만 보일 뿐이라네. 3일에는 겨우 손톱자국만 해지지만 그래도 저녁볕에 비치기는 하지. 4일에는 갈고리만 해지고, 5일에는 미인의 눈썹 같아진다네. 6일에는 활과 같지만, 광휘가 활시위처럼 퍼지지는 못한다네. 10일이 되면 비록 빗 같다고 말할 만은 해도, 빈 테두리는 여전히 보기가 싫네. 11, 12, 13일에는 마치 남송(南宋)의 산하와 같아 오촉강남(吳蜀江南)이 차례대로 점차 평정되어 모두 판도 속으로 들어오지만, 운연(雲燕)은 요(遼)에게 함락되어 금사발이 마침내 이지러진 것과 같지. 14일은 곽분양(郭汾陽)의 운수가 오복을 두루 갖추었으나, 다만 한구석에 환관 어조은(魚朝恩)이 찰싹 붙어 있어 염려하고 경계함과 같으니 이것이 결함이 될 뿐이라네. 그렇다면 거울처럼 온전히 둥근 것은 15일 하루 저녁에 지나지 않는군. 혹 보름이 옮겨가 16일에 있기도 하고, 엷은 월식이 둥글게 무리지기도 하지. 그렇지 않으면 짙은 구름에 덮이거나, 세찬 바람과 소낙비로 마치 어제처럼 사람의 뜻을 어그러뜨리기도 한다네. 우리는 이제부터 마땅히 송나라 조정의 인물을 본받거나, 곽분양이 복을 아낀 것을 바라는 것이 옳을 것이네.

〈답중옥(答仲玉)〉이다. 보름 밤 모처럼 달 보며 놀자던 약속이 날씨 때문에 어긋난 뒤 보낸 편지다. 1일부터 15일까지 조금씩 변화하는 달의 모양을 절묘하게 묘사했다. 손톱만 하던 것이 갈고리만 해지고, 미인의 눈썹 같다가 활처럼 된다. 얼레빗인가 싶다가는 어느새 보름달에 가까워진다.

끝에 가서 갑자기 남송의 산하와 당 현종 때 곽자의(郭子儀)의 이야기를 끌어와 온전하지 않은 달의 형상을 기막히게 비유했다. 곽자의는 안록산의 난을 평정했던 인물로 후대 팔자 좋은 인물의 상징으로 대변된 인물이다. 하지만 환관 어조은(魚朝恩)이 늘 그를 황제에게 참소하였으므로 항상 조심스레 행동했다.

송나라 조정의 인물을 본받거나, 곽분양이 복을 아낀 것을 본받자고 한 것은, 다음번엔 15일로 붙박지 말고, 그 전이라도 날씨만 좋으면 만나 부족하면 부족한 대로 즐기는 것이 어떻겠느냐고 슬쩍 놓친 것이다.

귀에 대고 하는 말은 듣지를 말고, 절대 남에게 말하지 말라고 하며 할 얘기라면 하지를 말 일이오. 남이 알까 염려하면서 어찌 말을 하고 어찌 듣는단 말이오. 이미 말을 해놓고 다시금

돈 좀 꿔주게

경계한다면 이는 사람을 의심하는 것인데, 사람을 의심하면서 말하는 것은 어리석은 일이라 하겠소.

다른 사람에게는 절대로 말하지 말라고 당부하는 벗의 글을 받고 보낸 답장인 듯하다. '이건 비밀인데' 하면서 하는 말은 대개 그 말까지 같이 전해진다. 말해놓고 당부하는 것은 믿지 못한다는 뜻이다. 못 믿는 사람에게 말하는 것은 바보 같은 일이다. 그런 말을 하려거든 아예 하지를 말라고 충고했다. 어떤 경우 이런 충고는 약간은 심사가 뒤틀린 비아냥거림의 어조를 보이기도 한다.

박지원의 문집 속에는 50여 통의 이런 짤막한 편지가 실려 있다. 한통 한통 들춰볼 때마다 그네들의 삶의 속살이 훤히 들여다뵌다. 이런 편지들은 어떻게 남을 수 있었을까? 이덕무가 죽었을 때 이서구(李書九)는 평생 모아둔 친구의 편지를 차곡차곡 정리해서 배접하여 작은 책자로 만들었다. 그래서 슬픔에 잠긴 이덕무의 아들에게 보내면서 "네 아버지가 평생 내게 보낸 편지들이다. 잘 간수해서 문집 속에 넣도록 해라"는 메모를 남겼다. 그 뭉클한 정이 마음을 울린다. 이런 쪼가리 글들이 모두 이런 과정을 거쳐 지금까지 전해졌다. 정작 기록할 줄 모르고 조금도 정리할 줄 모르는 우리를 되돌아보게 한다.

노을치마에 써준 글

가족을 그린 정약용의 편지

 가족은 삶의 가장 안온한 울타리다. 으리으리하고 화려한 집도 내 손때가 묻지 않고는 남의 집일 뿐이다. 물건 하나 하나에 가족의 기억이 묻어 있는 집, 함께 보낸 시간들의 추억이 먼지처럼 떠다니는 곳, 그곳만이 내 집이다. 내 집에서 내 가족과 함께 있을 때 비로소 나는 다리를 쭉 뻗고 꿈도 꾸지 않고 잠을 잔다. 타의로 집과 가족을 떠나, 그것도 한 20년 가량 떨어져 있게 된다면 어떨까? 간혹 절해고도(絶海孤島)로 귀양갔던 귀양객의 심정을 헤아려보곤 한다.

시집올 때 입었던 빛바랜 치마

흑산도(黑山島)의 검고 음침한 느낌조차 싫어 아예 현산(玆山)이라 써놓고, 날마다 푸른 바다의 절망을 가누지 못해 물고기 연구로 시간을 죽이던 정약전(丁若銓)은 결국 다시 육지를 밟아보지 못했다.

진도(珍島)로 귀양가 19년을 살았던 노수신(盧守愼, 1515~1590)은 뭍에서 누군가 찾아온다는 기별에 몇 날 밤을 잠 못 이루다가 새벽부터 벽파진(碧波津) 정자에 올라 기둥을 붙들고 맴돌던 안타까운 마음을 시로 노래했다. 제주에서 아내의 부고를 받아든 김정희(金正喜, 1786~1856)는 내세에는 바꿔 태어나 내가 먼저 죽고 당신이 살아 지금의 이 고통을 알게 하고 싶다며 절규했다.

이런 글들을 읽으면 무작정 가슴부터 아려온다. 정약용이 강진 유배 시절 가족과 주고받은 사연들을 읽을 때도 그렇다. 앞서 본 몇 편의 글들이 젊은 시절의 발랄하고 약동하는 정신이 살아 있다면, 유배 시절의 글에는 부모 노릇도 제대로 못하는 못난 아버지의 자의식이 뚝뚝 묻어난다. 그리고 그 느낌이 참 인간적이다. 세상 부모는 하나도 다를 것이 없구나 싶은 생각도 절로 든다.

내가 강진 귀양지에 있을 때, 병든 아내가 낡은 치마 다섯 폭을 부쳐왔다. 시집올 때 입었던 붉은 색 활옷이었다. 붉은 빛은 이미 씻겨나갔고, 노란 빛도 엷어져서 글씨를 쓰기에 맞춤이었다. 마침내 가위로 잘라 작은 첩을 만들어, 붓 가는 대로 경계하는 말을 지어 두 아들에게 보냈다. 바라기는 훗날 이 글을 보면 감회가 일 것이고, 두 어버이의 아름다운 은택이 느껴워 뭉클한 느낌이 일지 않을 수 없을 것이다. '하피첩(霞帔帖)'이라고 이름 붙였는데, 붉은 치마를 돌려 말한 것이다. 가경 경오년(1810) 초가을 다산의 동암에서 쓴다.

강진 유배 시절 다산 정약용의 글이다. 그는 이곳에서 19년 동안 귀양살이를 했다. 어느 날 정약용은 인편에 서울 집에서 부친 편지와 함께 옷가지 몇 점을 받아든다. 끌러보니 아내가 시집올 때 입었던 빛 바랜 치마 다섯 폭이었다. 초로의 병든 아내는 무슨 마음으로 낡아 못 입게 된 치마를 천리 먼 길 남편에게 보냈던 걸까?

남편은 그 속을 헤아려, 자를 대고 치마를 자르기 시작한다. 조각조각 치마를 잘라 공책을 만드는 동안, 다산의 머릿속에는 어떤 상념들이 휘놀아 나갔을까? 다산은 치마 조각 위에 아들에게 보내는 아버지의 당부를 적었다. 벌써 여러 해째 가족과 떨어져 산 아버지가 아비 노릇하는 슬픈 광경이다.

배접을 해서 책으로 묶고, 표지에는 '하피첩'이라고 썼다. 하피는 '노을치마'다. 그 붉고 선명하던 치마는 이제 노을빛만 남았다. 두 사람의 사랑도 이제는 저녁노을 같다. 그리움에 애가 타기는 해도 조바심은 차분히 가라앉았다. 젊은 날의 열정도 빛이 다 바랬다. 사각사각 가위질은 차라리 무념무상에 가깝다.

꽃이 활짝 폈으니 열매가 많이 달리겠네
아들에게 주는 글을 쓰고도 치마 한 폭이 더 남았던 모양이다. 시집 간 딸 생각이 났다. 이번엔 좀 크게 자른다. 그림을 그려줘야지. 매화 가지에 꽃이 피었다. 봄이 왔다. 둥치는 그리지 않고, 비껴 나온 가지만 그렸다. 멧새 두 마리가 앉아 있다. 두 마리 멧새는 몸을 포개고 한 가지에 앉았다. 한 녀석은 먼 데를 보고 있고, 딴 짓 하던 한 녀석도 무슨 일인가 싶어 문득 고개를 돌려 제 짝과 눈길을 맞춘다. 그림 아래 여백에 시를 한 수 짓고, 곁에다 이렇게 썼다.

가경 18년 계유(1813) 7월 14일, 열수(洌水) 늙은이는 다산의 동암에서 쓴다. 내가 강진서 귀양산 지 여러 해가 지났다. 홍부인이 낡은 치마 여섯 폭을 부쳐왔다. 세월이 오래어, 붉은 빛이 바랬길래 이를 잘라 네 첩으로 만들어 두 아들에게 주었다. 그 나머지를 이용해서 작은 가리개로 만들어 딸에게 보낸다.

아내가 보낸 치마를 받고 〈하피첩서〉를 쓴 것이 1810년이고 딸에게 그림을 그려준 것은 1813년이니 둘 사이에는 3년 이상의 거리가 있다. 아들을 위해 네 개의 첩을 만들어 훈계하는 말을 적어 보내고 치마 생각은 까맣게 잊었겠지. 몇 해의 세월이 흐른 뒤, 집안을 정리하다가 그때 자르고 남은 치마가 나온 모양이다. 앞에서는 아내가 다섯 폭을 부쳤다 했는데 여기서는 여섯 폭으로 적은 걸 보면, 생각지 않았던 치마 한 폭을 뒤늦게 찾아낸 것일까? 하여튼 마지막 남은 치마 한 폭은 시집간 외동딸에게 주기로 작정했다. 매화 가지 아래 적은 시는 이렇다.

> 펄펄 나는 저 새가
> 우리 집 매화 가지에서 쉬는구나.
> 꽃다운 그 향기 짙기도 하여
> 즐거이 놀려고 찾아왔도다.
> 여기에 올라 깃들어 지내며
> 네 집안을 즐겁게 해주어라.
> 꽃이 이제 다 피었으니
> 열매도 많이 달리겠네.

> 翩翩飛鳥　息我庭梅
> 有烈其芳　惠然其來
> 爰止爰棲　樂爾家室
> 華之旣榮　有蕡其實

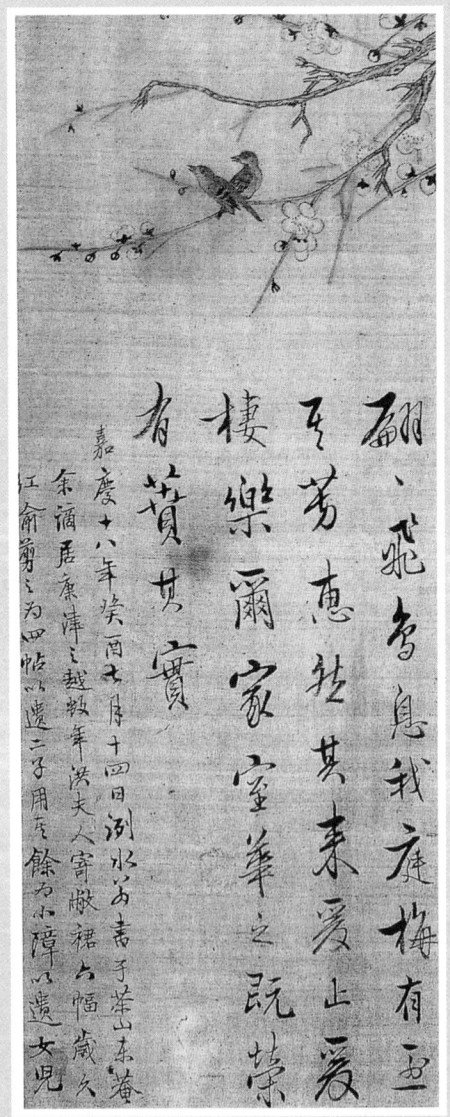

정약용이 아내가 보내온 빛 바랜 치마폭을 잘라 딸을 위해 그린 〈매조도(梅鳥圖)〉 본문에 인용된 시와 사연이 아래에 적혀 있다. 고려대박물관 소장.

너와 함께 지낼 수 없어 미안하구나

한 쌍의 멧새가 매화 향기를 따라 내 집 마당으로 날아들었다. 추운 겨울이 다 끝난 것이다. 새들은 향기에 취해 나뭇가지를 떠날 줄 모른다. 즐거운 노래가 그치지 않는다. 쓸쓸하던 마당이 갑자기 환하다. 그는 새들에게 말을 건넨다.

"여기가 그렇게 좋으냐? 나도 너희들이 좋구나. 다른 곳에 가지 말고 우리 집에서 함께 살자꾸나. 네 짝과 더불어 이곳에서 즐겁게 지내보렴. 매화꽃이 이렇게 활짝 피었으니, 조금 있으면 매실(梅實)이 주렁주렁 매달리겠지. 그때는 함께 매실을 따 먹으며 재미있게 놀아보자꾸나."

하지만 새들은 들은 척도 하지 않고, 멀리서 달려오는 봄빛만 바라보고 있다. 네 글자로 된 《시경(詩經)》풍의 고체시다. 그래서 《시경》에 나오는 시와 비슷한 구절들이 많다. 그 중에서도 〈아가위꽃 〔棠棣〕〉이란 시는 분위기가 서로 비슷하다. 〈아가위꽃〉은 옛날에 형제들이 한사리에 모여 잔치하면서 부르던 노래였다. 그 가운데 한 대목은 다음과 같다.

> 아내와 자식이 정답게 지내는 것이
> 마치 금슬을 연주하는 것 같아도,
> 형님과 아우가 화목해야만
> 즐겁고 기쁘다고 할 수가 있다.

네 집안을 화목하게 하고
그대의 처자식을 즐겁게 해주어라.
이렇게 하려고 애를 쓴다면
정말로 그렇게 될 수 있을 것이다.

妻子好合　如鼓琴瑟
兄弟其翕　和樂且湛
宜爾室家　樂爾妻帑
是究是圖　亶其然乎

가족과 형제가 화목하게 지낸다면 그것보다 기쁜 일이 없겠다. 그러니 집안을 화목하게 하고 아내와 자식을 기쁘게 하려고 노력한다면 그 소망이 정말로 이루어질 수 있다는 내용이다. 다섯째 구절에 '네 집안을 화목하게 하고〔宜爾室家〕'란 말이 나온다. 정약용의 시 여섯번째 구절 '네 집안을 즐겁게 해주어라〔樂爾家室〕'란 말과 비슷하다. 그가 일부러 《시경》의 표현을 빌려와서 담으려 했던 뜻도 여기에 있다.

'네가 보고 싶지만, 아비는 너와 함께 지낼 수가 없구나. 미안하다. 하지만 매화 가지를 찾아온 저 멧새처럼 함께 지내고 싶은 소망을 마음속에 간직하고 있다면 언젠가는 꼭 그렇게 될 수 있지 않겠니. 너도 지금은 한 사람의 아내요, 자식을 기르는 어머니가 되었다. 형제간에 우애롭고 가족간에 화목하게 지낼 수 있도록 네가 더 노력하렴. 그러면 저 예쁜 꽃이 진 자리에 알찬 열매가 주렁주렁 매달리듯 네 집안에 기쁘고 즐거운 일이 언제나 가득할 게다.'

딸에게 그림을 그려주며 정약용이 정말 하고 싶었던 말은 이런 것이었다. 딸은 아버지가 치마에 그려 보내준 그림을 보고, 멀리 계신 아버지가 너무 보고 싶어 눈물을 떨구었을 것이다. 어머니가 시집오시던 날 입었던 빛 바랜 치마 위에 아버지가 훈계의 말씀을 써서 보내주시다니, 그것을 받아든 자식들의 가슴은 얼마나 뭉클하였을까? 정약용이 딸을 위해 그려준 그림과 시는 지금도 고려대학교 박물관에 그대로 남아 있다. 다 떨어져 입을 수 없게 된 치마가 이렇게 해서 훌륭한 예술작품이 되었다. 이 그림과 시가 참으로 아름다운 까닭은 그 안에 가족을 사랑하는 아버지의 따뜻한 마음이 담겨 있기 때문이다.

더러운 뒷간 위해 충성을 바칠 것 없다

유배지에서 정약용은 끊임없이 자식들에게 훈계하는 편지를 보냈다. 행여 그릇될세라, 학문을 게을리할세라 안쓰러울 만치 늘 노심초사하였다.

네가 양계를 한다고 들었다. 닭을 치는 것은 참 좋은 일이다. 하지만 닭을 기르는 데도 우아한 것과 속된 것, 맑은 것과 탁한 것의 차이가 있다. 진실로 농서를 숙독해서, 좋은 방법을 골라 시험해보렴. 빛깔에 따라 구분해보기도 하고, 횟대를 달리 해보기도 해서 닭이 살지고 번드르르하며 다른 집보다 번식도 더 낫게 해야지. 또 간혹 시를 지어 닭의 정경을 묘사해보도록 해라. 사물로 사물에 얹는 것, 이것은 글 읽는 사람의 양계니라. 만약 이익만 따지고 의리는 거들떠보지 않는다거나, 기를 줄만 알고 운치는 몰라, 부지런히 애써 이웃 채마밭의 늙은이와 더불어 밤낮 다투는 자는 바로 셋집 사는 마을의 못난 사내의 양계인 게다. 너는 어떤 식으로 하려는지 모르겠구나. 기왕 닭을 기른다면 모름지기 백가의 책 속에서 닭에 관한 글들을 베껴 모아 차례를 매겨 《계경(鷄經)》을 만들어보는 것도 좋겠구나. 육우의 《다경(茶經)》이나 유득공의 《연경(烟經)》처럼 말이다. 속된 일을 하더라도 맑은 운치를 얻는 것은 모름지기 언제나 이것을 예로 삼도록 해라.

1805년 유배 4년 만에 맏아들 학연(學淵)이 강진으로 아버지를 뵈러 왔다. 그 편에 작은아들 학유(學游)에게 보낸 당부의 편지다. '공부하는 사람의 양계는 보통 사람의 양계와 달라야 한다. 옛 전적에서 닭에 관한 기록을 모아 목차를 세워 정리하고, 닭을 관찰하여 시로 짓도록 해라. 이것을 한 권의 책으로 엮는다면, 얼마나 훌륭하겠니?' 정약용은 지금 아들에게 양계를 통해 학문하는 방법을 가르치고 있는 것이다.

　사람이 살아가는 동안 귀한 것은 성실함이다. 어떤 것도 속여서는 안 된다. 하늘을 속이는 것이 가장 나쁘다. 임금을 속이고 어버이를 속이거나, 농사꾼이 이웃을 속이거나, 장사꾼이 동료를 속이는 것 모두 죄에 빠지는 것이다. 한 가지만은 속여도 괜찮으니, 바로 자기 입이다. 모름지기 거친 음식으로 잠시 지나가는 것, 이것이 좋은 방법이다.
　올 여름에 내가 다산에 있을 때 일이다. 상추에 밥을 싸서 움켜쥐고 이를 삼켰다. 손님이 내게 물었지.
　"쌈 싸 먹는 것이 절여 먹는 것과 다를까요?"
　내가 말했다.
　"이는 내가 입을 속이는 방법일세그려."
　매번 밥 한 끼를 먹을 때마다 이런 생각을 갖도록 해라. 정력과 지혜를 쥐어짜 더러운 뒷간을 위해 충성을 바칠 것 없다. 이런 생각은 당장 눈앞에서 가난함에 대처하는 방편만은 아니다. 비록 부귀가 하늘에 닿을 정도라 해도 사군자가 집안을 거느리고 몸을 다스리는 방법에 근면과 검소를 버리고는 손댈 만한 곳이 없을 것이니라. 너희들은 꼭 명심하도록 해라. 경오년(1810) 9월 다산 동암에서 쓰노라.

상추쌈을 왜 먹는가? 장을 찍어 주먹만하게 밥을 싼 상추쌈은, 겉모습은 푸짐해 보여 좋지만 속엔 밥뿐이다. 이것으로 식욕을 돋워 입을 속인다는 것이다. '입에 들어가기만 하면 더러운 똥이 되고 말 음식을 위해 정력과 지혜를 소모하지 말아라. 그것은 화장실에 충성을 바치는 일이다. 근면과 검소, 그리고 성실 이것은 선비가 어떤 처지에 있더라도 결코 잊어서는 안 될 것이니라.' 글 제목이 〈두 아들에게 주는 훈계〔又示二子家誡〕〉이고, 쓴 시점으로 보아 아내의 치마에 써준 글의 한 부분이었던 듯하다.

사람이 올 때마다 소라껍질을 찾더니

그 사이에는 가슴 아픈 사연도 있었다. 다산이 강진에 유배온 1801년 겨울 세 살 어린아이였던 막내 농아(農兒)가, 이듬해인 1802년 말 사망한 것이다. 농아 이전에도 그는 이미 자식 다섯을 땅에 묻었었다. 농아는 홍역을 앓다가 마마로 번져 죽었다. 아버지는 이미 캄캄한 언 땅 속에 무서운 줄도 모르고 차갑게 누워 있을 어린 아들을 위해 글을 지었다.

농아는 곡산에서 잉태하였다. 기미년(1799) 12월 2일에 태어나 임술년(1802) 10월 30일에 죽었다. 발진이 나서 마마로 번지더니, 마마가 악창이 되었던 까닭이다. 내가 강진에서 귀양살고 있었으므로, 글을 지어 그 형에게 보내 곡하게 하고, 그 무덤에 읽어주게 하였다. 농아를 곡하는 글은 이러하다.

 네가 세상에 왔다가 세상을 떠난 것이 겨우 세 해였는데, 나와 헤어져 지낸 것이 두 해가 된다. 사람이 60년을 산다 치면 40년을 아비와 헤어져 지낸 셈이니, 슬퍼할 만하다.

 네가 태어났을 때 내 근심이 깊었기에 네 이름을 '농(農)'으로 지었다만, 뒤에 집 형편이 나아지면 어찌 너를 농사나 지으며 살게야 했겠느냐? 그래도 죽는 것보단 나았겠지. 내가 죽었더라면 장차 기쁘게 황령을 넘어 열수를 건넜을 테니, 나는 죽는 것이 사는 것보다 낫다. 그런데도 나는 멀쩡히 살아 있고, 사는 것이 죽는 것보다 나은 너는 죽었으니, 내 마음대로 할 수 있는 것이 아니로구나. 내가 네 곁에 있었다 해도 꼭 살지는 못했을 것이다. 하지만 네 어머니의 편지에, 네가 "아버지가 내 곁에 돌아오셔도 발진이 나고, 마마에 걸릴까?"라고 했다더구나. 네가 무슨 헤아림이 있었던 것은 아닐텐 데도 이런 말을 했다니, 아비가 돌아오면 의지힐 수 있으리라 여겼던 게로구나. 네 소원이 이뤄지지 않았으니 가슴 아프다.

 신유년(1801) 겨울, 과천의 객점에서 네 어머니가 너를 안고 나를 전송했었다. 네 어머니가 나를 가리키며, "저 분이 네 아버지시다" 했더니, 너도 따라서 나를 가리키며 "저 분이 내 아버지"라고 했었지. 아버지라 했지만 너는 아직 아버지의 의미를 몰랐을 테니 슬프기만 하다.

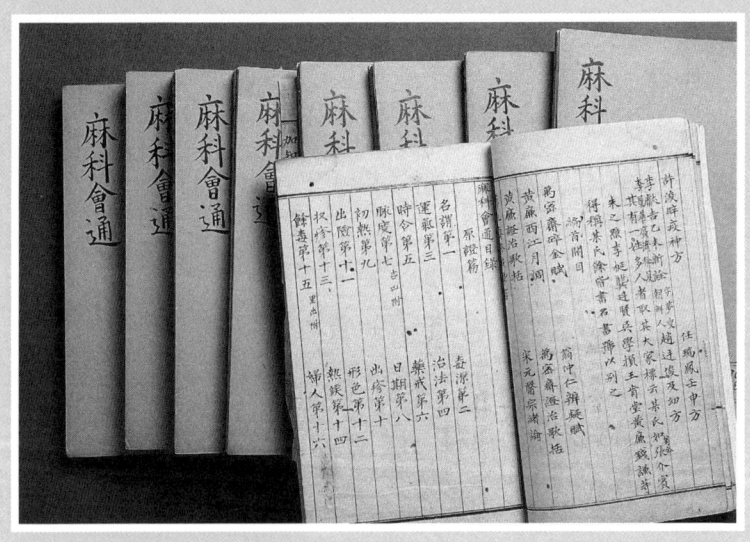

천연두의 치료법을 자세히 기록한 《마과회통(麻科會通)》
다산은 6남 3녀 중 4남 2녀를 마마 등의 병으로 잃었다. 이 책에서 다산은 예방접종을 통해 마마를 치료하는 종두법의 도입을 주장하였다. 이 책 속에는 조선 학자의 의서 5종을 비롯하여 모두 63종의 의서를 인용하고 있다.

이웃 사람이 가는 길에 소라껍질 두 개를 부쳐 네게 주도록 했었다. 네 어머니의 편지에 네가 강진에서 사람이 올 때마다 소라 껍질을 찾다가 얻지 못하면 풀이 죽곤 하더니, 죽을 때가 되어서야 소라껍질이 왔더라고 썼더구나. 아! 마음 아프다.
　네 모습은 깎아놓은 듯 예뻤다. 코 왼편에 작은 점이 있었지. 웃을 때면 양 어금니가 뾰족했었다. 아아! 나는 오직 네 모습만 생각하며 거짓없이 네게 알린다. 집에서 온 편지를 보니, 생일날 묻었다 한다.

　농아는 다산이 곡산 부사로 있을 때 그곳에서 잉태하여 서울서 낳았다. 당시 다산은 천주교 신봉 문제로 극심한 곤경에 처해 있었다. 다산은 농아가 태어난 뒤 바로 자신을 참소하고 시기하는 사람이 많은 것을 알고 칼날을 피하기 위해 처자식을 이끌고 초천으로 돌아오고 만다. 아들 이름을 '농(農)'이라 지은 것은 어지러운 세상에서 큰 벼슬 우환을 만들지 말고 그저 농투성이 농사꾼으로 사는 것이 좋겠다 싶어서였다.
　자식이 아비를 찾다 죽어도 가볼 수조차 없는 아비의 처지가 참담했던지, 죽었어야 할 사람은 정작 자신이라고 했다. 헤어질 당시 뜻도 모른 채 아버지라고 말하던 어린 것은 인편에 부친 소라껍질 두 개로 못난 애비를 기억했을 것이다. 농아는 고작 세 해를 살고 제 생일날 흙에 묻혔다.

마마로 죽은 아들이 못내 가슴 아팠던 아버지는, 뒤에 천연두를 치료하는 방법을 정리한 《마과회통(麻科會通)》이란 책을 지어 안타까움을 달랬다. 절망을 극복하는 다산다운 방법이었다.

3부 _ 일상 속의 깨달음

고수(高手)들은 뭔가 달라도 다르다. 그들의 눈은 남들이 다 보면서도 보지 못하는 것들을 단번에 읽어낸다. 핵심을 찌른다. 사물의 본질을 투시하는 맑고 깊은 눈, 평범한 곳에서 비범한 일깨움을 이끌어내는 통찰력이 담겨 있다.

연기 속의 깨달음

이옥과 박지원의 소품산문

    매일 매일은 생활의 연속이다. 낯선 것을 보고, 새로운 사람과 만나면서, 머리가 크고 가슴이 넓어진다. 느닷없는 일에 웃기도 하고, 어처구니없어 화도 내며 그렇게 부대끼면서 누구나 한 세상을 건너간다. 이런 자잘한 일상들이 다 훌륭한 글감들이다. 무슨 말인지 알아들을 수도 없는 고담준론(高談峻論)만이 능사가 아니다.

    18세기로 접어들면서 산문에는 작지만 큰 변화가 일어난다. 소품화(小品化) 경향이 그것이다. 소품은 길이만 짧다고 붙인 이름이 아니다. 짧은 글 속에 삶의 반짝이는 순간을 포착하고 있어야 소품이다. 읽고 나면 가슴이 시원해지거나, 반대로 답답해져야 소품이다. 생활의 묘사가 있고, 삶의 단면이 드러나는 글, 사람 사는 냄새가 풀풀 나는 그런 글을 이 시기 문인들은 즐겨 썼다.

담배 연기 속에서

이번에는 연기를 두고 쓴 짤막한 두 편의 소품을 함께 엮어 읽어 본다. 이옥(李鈺, 1760~1813)의 〈연경(烟經)〉과 박지원의 〈관재기(觀齋記)〉란 글이다. 두 글 모두 절집에서 연기를 화두삼아 스님들과의 문답을 적은 공통점이 있다.

지난해 이옥이 지은 《연경(烟經)》이란 책이 발견되었다. 골초였던 그는 담배를 사랑한 나머지 담배의 역사를 기록으로 정리할 생각까지 하게 된 모양이다. 이 책에는 우리나라에 담배가 들어온 이래 담배와 관계된 이야기들이 빠짐없이 다 기록되어 있다. 담배인 삼공사에서 크게 반색할 만한 책이다. 이 책을 보면 이옥의 정리벽도 가히 병적인 수준이었다고 말할 수 있다. 그는 글 한 편을 써도 절대로 남들 따라 쓰지 않고 저대로 썼다. 그의 글은 하도 개성적이어서, 정조는 그의 과거 답안지를 보고 화를 내며 합격을 취소하고 멀리 기장 땅까지 군역을 보내는 벌을 내리기도 했다.

여기서 읽을 글의 제목도 〈연경(烟經)〉이다. 담배를 소재로 법문 아닌 법문을 펼쳤기에, 장난삼아 이렇게 제목을 붙였다. 장난처럼 쓴 글이지만 담긴 뜻은 깊다. 불교의 연기설(緣起說)에 대한 비판을 행간에 담은 일장 논설이다. 글이 길어 몇 부분으로 나누어 읽기로 한다.

한때 내가 송광사 향로전에 머물며 부처님 전에서 가부좌를

새로 발견된 이옥 친필의 《연경(烟經)》 서문
서문 중에 우리나라에 담배가 들어온 지 200년이 지났는데 담배에 관한 저술이 없어 자신이 짓게 되었다고 했다. 그러면서 자신은 담배에 벽이 심해, 담배를 너무도 사랑하고 아끼므로 남들의 비웃음을 마다 않고 이 책을 지었다고 했다. 18세기 지식인의 새로운 지적 경향을 잘 보여주는 상징적인 저작이다. 영남대도서관 소장.

틀고 《원각경(圓覺經)》을 강의한 일이 있었다. 이때 내가 담배 한 모금이 먹고 싶어 코끼리 코 모양으로 생긴 담뱃대를 꺼내 불을 붙이려고 향로를 당겨오니, 행문 사미가 바로 자리에서 일어나 두 손을 합장하고 내게 말했다.

"우리 부처님께서 연화대좌에 앉아 전각 안에 두루 임해 계시니 하나의 작은 세계라 하겠습니다. 전각 안에서는 일체의 연기 나는 것을 허락지 않습니다."

내가 크게 웃으며 행문에게 말했다.

"부처님에게는 향로가 있어 아침 저녁으로 향을 사른다. 향로에 향을 사르고 나면 향은 반드시 연기가 된다. 일체 세간의 불땔 수 있는 모든 사물이 아직 연기가 되지 않았을 때는 향은 그대로 향이고, 담배는 그대로 담배로 각각 서로 다르다. 화로에 태워 연기가 되고 나면 향 연기도 연기이고, 담배 연기도 또한 연기이니, 담배 연기나 향 연기나 똑같은 연기여서, 똑같은 연기 가운데 이 연기와 저 연기일 뿐이다. 나는 연기를 사랑하여 담배 연기를 좋아하고 향 연기도 좋아한다. 부처님이라 해서 어찌 다만 향 연기만 좋아하고 담배 연기는 좋아하지 않겠는가? 또 나는 나그네지 부처님 앞에 향 사르고 도를 닦는 불제자가 아니거늘 어찌 석가세존여래께서 찾아온 손님을 대접하면서 손님인 내가 담배 한 대 피우는 것을 권하지 않으시겠는가?"

송광사 향로전에서 사미승 행문과 주고받은 첫번째 문답이다. 이옥이 향로의 불을 당겨 담배를 피우려 하자, 사미는 부처님 앞에서 담배 피우는 것은 허락할 수 없다며 제지한다. 향로에선 향 연기가 피어오른다. 불씨를 향에 붙이면 향 연기가 오르고, 담배에 붙이면 담배 연기가 오른다. 인연생기(因緣生起)니, 불씨가 어디에 가 닿느냐에 따라 달라진 것일 뿐이다. 향 연기나 담배 연기나 연기이긴 마찬가지다. 그렇다면 향연(香烟)은 선연(善緣)이요 초연(艸烟)은 악연(惡緣)인가? 금세 무(無)로 돌아가고 말 연기를 두고 이 연기는 좋고 저 연기는 나쁘달 수 있는가? 사물이 불씨를 만나 연기(烟氣)가 되는 연기(緣起)에서 일체현상 생멸변화의 가치를 따진다는 것이 도대체 무슨 의미냐는 것이다.

향은 향이고 담배는 담배다
이렇게 기선을 제압한 이옥은 다시 2차전으로 돌입한다.

행문이 슬몃 웃더니 공손히 향로를 옮겨왔다. 내가 앉아 담배를 피우다가 행문에게 말했다.
"한 가지 화롯불인데, 방금 전 네가 향을 사를 때 연기는 향 연기가 되고, 이제 내가 담배를 피울 때 연기는 담배 연기가 되는구나. 앞의 연기와 뒤의 연기가 같은 연기는 아니니, 네가 말한 담배 연기와 너의 향 연기가 서로 인연이 있겠느냐 없겠느냐?"

행문이 합장하고 대답했다.

"손님께서 앞 연기는 앞 연기고, 뒷 연기는 뒷 연기라 하셨으니, 뒷 연기와 앞 연기가 무슨 인연이 있겠습니까?"

내가 말했다.

"훌륭하도다. 앞 인연과 뒤 인연이 아무 인연이 없다면 저 뒷 연기는 이 앞 연기의 생김새도 모르고 성명도 모르고 서로 아는 사람도 아닐 터인데, 어찌 반드시 앞의 연기가 뒷 연기의 처지를 위해줄 것인가? 앞 연기가 향 연기요 뒷 연기가 담배 연기든, 앞 연기가 담배 연기요 뒷 연기가 향 연기든, 향 연기와 담배 연기는 각각 제 연기를 피울 뿐이니 어찌 반드시 뒷 연기가 앞 연기의 복을 아껴주겠는가?"

행문이 합장하며 가만히 탄식해 마지않았다.

"자! 한 가지 불에서 두 가지 연기가 나왔다. 인(因)은 하나인데 연(緣)에 따라 달라졌다. 그렇다면 앞서의 향 연기와 지금의 담배 연기 사이에는 어떤 인연이 있느냐? 대답하라. 사미여!"

연기설은 이렇게 말한다. 모든 사상(事象)은 얽히고 설킨 관계 속에 놓여 있다. 모든 것은 다른 것들과의 인연 속에서 우리 앞에 현상(現象), 즉 모습을 드러낸다. 그러니 기실은 일체개공(一切皆空)일 뿐이다. 이것이 있어야만 저것이 있다. 이것이 일어나야 저것이 일어난다. 이것이 없으면 저것도 없고, 이것이 멸하매 저것도 멸한다. 변치 않는 절대의 실체는 없다. 항상된 것은 없다. 어리석은 중생들은 헛것일 뿐인 현상에 미혹되어 마음을 빼앗긴다. 문제는 마음이다. 마음을 잡아라.

그러나 그런가? 향 연기는 담배 연기를 모르고, 담배 연기는 향 연기를 염두에 두지 않는다. 불씨를 인연하여 연기를 피워올려도, 향 연기는 언제나 향 연기를 피워올릴 뿐 담배 연기를 피워올리는 법이 없고, 그 역도 마찬가지다. 향은 향이고 담배는 담배다. 너는 너고 나는 나다. 여기에 무슨 필연적 인연이 있느냐? 너는 향과 담배 사이에 필연적인 인연이 있다고 말할 텐가? 향 연기 없이는 담배 연기도 없다고 말할 작정인가? 그도 아니면 담배도 없고 향도 없고, 다만 마음이 있을 뿐이라고 말하려는가?

세상은 하나의 큰 향로

행문 사미는 공연히 불전에서 담배를 피우면 안 된다고 했다가 좌우 공격을 받고 정신을 차리지 못한다. 다시 3차전.

내가 담배를 다 피우고 나서 행문에게 말했다.
"향을 태우든 담배를 태우든 반드시 연기가 나게 마련이다. 너는 이 연기가 화롯불에서 나온다고 하겠느냐, 향이나 담배에서 나온다고 하겠느냐? 만약 이 연기가 화롯불에서 나온다고 한다면 향을 던지기 전에는 어째서 연기가 나오지 않느냐? 만약

이 연기가 향이나 담배에서 나온다고 한다면 불에 들어가기 전에는 어찌하여 연기가 나오지 않느냐?"

행문이 합장을 하더니 내게 말한다.

"불이 없이는 연기가 없고, 향이 없이는 연기가 없습니다. 불과 향, 담배가 만날 때 연기가 비로소 나오게 되지요."

내가 말했다.

"훌륭하구나. 자네가 비록 불씨를 화로 가운데 간직해두고 향을 합 속에 담아두더라도, 죽을 때까지 향이 불을 쫓아 화로로 가지 않거나 불이 향을 찾아 합으로 오지 않는다면, 향은 그대로 향이고, 불은 그대로 불일 뿐일 걸세. 어디에서 자네의 향 연기가 나와서 부처님께 바칠 수 있을지 모르겠구나. 대천세계에 한 점 연기도 없다면 부처님 또한 향 연기를 마실 수는 없을 것이야."

행문이 일어나 사례하고 콧물 눈물을 줄줄 흘리며 오체투지(五體投地)한 채 내게 말했다.

"나이 열다섯에 아비도 없고 어미도 없어 어쩔 수 없이 절간에서 머리 깎고 중이 되었습니다. 이제 절에 산 지가 또 스무 해입니다. 다른 사람이 머리 깎는 것은 대부분 비유하자면 스스로 향이나 담배를 지닌 까닭에 불에 던져 태우는 것과 같습니다. 저는 물건을 태우려 했던 것은 아닌데 잘못 불에 떨어져 타고 말았으니, 비록 타지 않으려 해도 이미 불타고 만지라 또한 어찌할 수가 없어, 아승기겁에 길이 죄인이 되었습니다. 이제 우레 같은 말씀을 듣고 보니 마음 가득히 부끄럽습니다."

행문이 이와 같이 한탄하는 것을 보고 그에게 말했다.

"향은 향 연기가 되고, 담배는 담배 연기가 된다. 연기가 비록 같지는 않지만 연기인 점은 서로 같다. 사물이 변화하여 연기가 되고 연기가 변화하여 무(無)가 된다. 연기가 나와서는 잠깐 사이에 함께 허무로 돌아가니, 네가 보았던 전각 가운데 향 연기와 담배 연기가 지금은 어디에 있는가. 인간세상은 하나의 큰 향로일세그려."

이옥은 대답이 궁해진 사미승을 다시 몰아붙인다. 연기는 어디서 나오는가? 화롯불에서 나오는가, 향이나 담배에서 나오는가? 이 물음은 소동파의 시에서도 보이는 친숙한 화두이다.

소리가 거문고에 있다 하면은
갑 속에 놓았을 젠 왜 울지 않나.
소리가 손가락 끝에 있다고 하면
그대 손가락 위에선 왜 안 들리나.

若言琴上有琴聲　放在匣中何不鳴
若言聲在指頭上　何不于君指上聽

소리는 어디서 나는가? 연기는 어디서 나오는가? 손가락이 거문고 줄과 만날 때 나온다. 향이 불씨와 만날 때 일어난다. 만나지 않으면 소리는 나지 않는다. 인연이 없으면 연기도 없다. 너는 싸워보지도 않고 항복부터 하려는구나. 향을 합 속에 담아두면 거기서 무슨 연기가 나겠니? 거문고를 갑 속에 넣어두면 저 혼자 울 수는 없겠지? 그러니 향을 합 속에서 꺼내야겠지. 불씨를 당겨야겠지. 손가락을 튕겨야 거문고가 울겠지. 자네는 어떻게 향을 꺼낼 텐가? 불씨를 어찌 당길 텐가? 부처님께 바칠 향연을 어이 마련할 텐가?

사미는 그만 엉엉 울고 만다. 땅바닥에 온몸으로 엎드려 운다. "선생님! 제가 불문(佛門)에 몸을 의탁한 것은 향을 지녀서가 아닙니다. 부처님의 인연이 소중해서가 아닙니다. 깨달음을 얻겠다고 한 것이 아닙니다. 조실부모하고 먹고 살 길 막막해서 머리를 깎았습니다. 애초에 향을 살라 부처님께 이 마음을 드리려 했던 것이 아닙니다. 저는 이제 어찌해야 합니까? 이미 불에 떨어져 타버린 이 몸을 어이해야 좋습니까? 길을 모르겠습니다. 길을 보여주십시오."

"그렇지가 않다. 네 생각은 틀렸다. 향은 향 연기로 변하지, 담배 연기를 내는 법이 없다. 담배에서 향 연기가 나는 법도 있더냐? 하나 연기를 내는 것은 한 가지이지. 너의 길과 나의 길은 같을 수가 없겠지. 하지만 생각해보렴. 향이나 담배나 마침내는 허공으로 스러지고 마는 것을. 너는 무엇을 보았느냐? 너는 무엇을 들었더냐? 조금 전 네 귀를 간지르던 거문고 소리, 눈앞을 아른대던 연기의 자취를 이제 와 어디서 찾을 것이냐? 인연 따라 살다가 인연 따라 가는 것이지. 그러고 보면 눈앞의 모든 것은 헛것이기도 한 게지. 무(無)라, 무라. 세상은 하나의 큰 향로, 인연의 불씨 따라 제 지닌 품성 따라 한 모금 연기를 피워올린 후 허공으로 스러져 자취도 없게 되는 것이지. 슬퍼하지 마라. 얻으려 하지 마라."

이렇게 해서 송광사 향로전에서의 한 바탕 설법은 끝이 난다. 이이제이(以夷制夷), 오랑캐의 논리로 오랑캐를 제압한다는 논법이다. 그런데 나는 막상 알 수가 없다. 그의 말이 불가의 논리로 불가의 연기설을 격파하고자 한 것인지, 마침내 연기처럼 스러지고 말 인생의 슬픔을 말하려 한 것인지. 담배 한 대 피우자고 늘어놓은 장광설치고는 남기는 여운이 길다.

이때 이옥은 불온한 문체를 쓴다 하여 정조의 견책을 입고서 머나먼 남쪽 기장 땅으로 고역을 살러 가던 길이었다. 세상살이 쓸쓸하기는 깨달음을 얻지 못한 행문 사미나 망우초(忘憂草)를 태우며 푸른 슬픔을 내뿜던 이옥이나 별반 차이가 없었을 것이다.

너는 그 텅 빈 것을 보거라

박지원의 글에도 이와 비슷한 장면이 나온다. 가까운 벗 서상수(徐常修, 1735~1793)가 집 이름을 관재(觀齋)로 짓고, 기문(記文)을

이교익(李敎翼)이 그린 담배를 피우는 모습(19세기)
나무 그늘 아래 갓을 쓴 선비가 웃통을 벗어젖힌 장사꾼과 어울려 담배를 피우고 있다. 웃통을 벗은 남자는 담배 쌈지에서 담배를 꺼내고 있고, 선비는 불을 붙이려고 열심히 부시를 친다. 그 옆의 남자는 비굴한 웃음을 지으며 웃통 벗은 사내에게 담배를 좀 나눠달라는 시늉을 하고 있다. 이 시기 담배는 상하 귀천 없이 누구나 즐기는 기호품이 되어 있었다. 국립중앙박물관 소장.

청해왔다. 관재는 '보는 집'이다. 본다니 무엇을 본단 말인가? 박지원은 그를 위해 〈관재기(觀齋記)〉를 지어주며 언젠가 금강산 마하연(摩訶衍)에서 들었던 치준대사(緇俊大師)와 사미승과의 대화를 가지고 보는 문제를 정면에서 거론했다. 역시 두 단락으로 나누어 읽어보자.

    을유년 가을, 팔담에서부터 거슬러 가서 마하연으로 들어가 치준대사를 방문하였다. 대사는 손가락을 깍지 껴서 인상을 만들고는 눈은 코끝을 바라보고 있었다. 작은 동자가 화로를 뒤적이며 향에 불을 붙이는데, 연기가 동글동글한 것이 마치 헝클어진 머리털을 비끌어 매어놓은 것도 같고, 자욱한 것은 지초가 무성히 돋아나는 듯도 하여, 그대로 곧게 오르다가는 바람도 없는데 절로 물결쳐서 너울너울 춤추듯 흔들려 마치 가누지 못하는 것 같았다. 동자가 홀연히 묘오(妙悟: 깨달음)를 발하여 웃으며 말하였다.
    "공덕이 이미 원만하다가 지나는 바람에도 움직여 도는구나. 내가 부처를 이룸도 한낱 무지개가 일어남과 같겠구나."
    대사가 눈을 뜨며 말하였다.
    "애야! 너는 그 향을 맡은 게로구나. 나는 그 재를 볼 뿐이니라. 너는 그 연기를 기뻐하나, 나는 그 공(空)을 바라보나니. 움직이고 고요함이 이미 적막할진대 공덕은 어디에다 베풀어야 할꼬?"

동자가 말하였다.

"감히 여쭙겠습니다. 무슨 말씀이신지요?"

대사가 말하였다.

"너는 시험삼아 그 재의 냄새를 맡아보아라. 다시 무슨 냄새가 나더냐? 너는 그 텅 빈 것을 보거라. 또 무엇이 있더냐?"

향을 피우니 연기가 올라간다. 온갖 모양을 지으며 꼬물꼬물 잘 오르던 향이 어느 순간 너울너울 춤추듯 흔들려 허공으로 바쁘게 흩어진다. 바람도 없는데 연기는 어이해 저렇듯 흔들리는가? 어린 스님은 그것을 보다가 마음속에 문득 스쳐 지나가는 생각이 있었던 모양이다. 곱게 올라가던 연기가 까닭 없이 흔들려 흩어지는구나. 나의 원만하던 공덕도 나도 모르게 저리 사라지고 말 테니, 내 어찌 부처를 이룰 수 있으리. 깨달음이란 것도 알고 보니 있다가 사라지는 무지개가 아닌가? 스스로 흐뭇한 나머지 씩 웃기까지 했겠지.

가부좌를 틀고 좌선삼매에 들었던 큰 스님은 종작없이 주절대는 어린 스님의 말을 듣고 감았던 눈을 동그랗게 뜬다.

"제법이구나. 연기를 보고 깨달음을 말하는도다. 너는 연기를 보았느냐? 나는 그 연기가 사라진 허공을 본다. 내 마음은 흩어진 연기요, 사라진 종소리다. 본래무일물(本來無一物)이거늘 네 공덕을 어디다 베풀려느냐? 아니, 그 공덕이란 것이 어디에 있느냐? 한 번 내놓아보아라."

까불다가 한 방 맞았다.

허공 속의 연기를 보았다고 하지 말라

동자가 눈물을 줄줄 흘리며 말했다.

"옛날에 스승님께서 제 정수리를 문지르시며 제게 다섯 가지 계율을 내리시고 법명을 주셨습니다. 이제 스승님께서 말씀하시길, 이름은 내가 아니요 나는 곧 공(空)이라 하십니다. 공은 형체가 없는 것이니 이름을 장차 어디에다 베푼답니까? 청컨대 그 이름을 돌려드리렵니다."

대사가 말하였다.

"너는 순순히 받아서 이를 보내도록 해라. 내가 예순 해 동안 세상을 살펴보았으되, 사물은 한 자리에 머무는 법 없이 도도히 모두 가버리는 것이더구나. 해와 달도 흘러가 잠시도 쉬지 않느니, 내일의 해는 오늘이 아닌 것이다. 그럴진대 맞이한다는 것은 거스르는 것이요, 끌어당기는 것은 애만 쓰는 것이니라. 보내는 것을 순리대로 하면, 너는 마음에 머무는 것도 없게 되고, 기운이 막히는 것도 없게 되겠지. 명(命)에 따라 순응하여 명으로써 아(我)를 보고, 이(理)로써 떠나 보내 이로써 물(物)을 보면, 호르는 물이 손가락에 있고 흰 구름이 피어날 것이니라."
 내가 이때 턱을 받치고 곁에 앉아 이를 듣고 있었는데 참으로 아마득하였다.
 서상수가 그 집을 관재(觀齋)라고 이름 짓고서 내게 서문을 부탁하였다. 대저 그가 어찌 치준 스님의 설법을 들었단 말인가? 드디어 그 말을 써서 기문으로 삼는다.

 "큰 스님! 예전에 제게 계율을 내리시고 법명을 주시면서 공덕을 닦으라 하시더니, 이제 와 그 공덕이 무(無)라 하시고 공(空)이라 하십니다. 공덕을 닦아도 까닭 모를 바람에 흩어져버리고, 재에는 향기가 없고, 허공엔 연기가 없다 하십니다. 제 몸은 껍데기요 마음은 텅 비었다 하십니다. 그렇다면 저는 누구입니까? 저는 어찌 살아야 합니까?"
 "까불지도 말고 애쓰지도 말아라. 얻었다 좋아 말고, 잃었다 슬퍼 말아라. 인연 따라 왔다가 인연 따라 가는 것이지. 오늘 해는 내일도 뜬다. 오늘은 내일과 다르지만, 그 해는 어제 떴던 바로 그 해니라. 같지만 다르고, 다른데도 같다. 산이 물이 되고, 물이 산이 되는 이치를 네가 알겠느냐? 산은 산이요 물은 물인 까닭을 너는 알겠느냐? 있지도 않은 마음을 잡았다고 하지 말아라. 허공 속의 연기를 보았다고 하지 말아라. 종을 떠난 종소리를 어이 쫓아 잡으리. 오는 인연 막지 말고 가는 인연 잡지 말아야지.

하나 속에 없는 것이 없고, 그 많은 것들 속에 든 것도 기실은 하나뿐이니라〔一中一切多中一〕. 그렇다면 하나가 곧 전체요, 전체가 다름아닌 하나가 아니냐?〔一卽一切多卽一〕 티끌 하나 속에도 시방세계를 머금었으니〔一微塵中亦舍十方〕, 그 많은 티끌마다 다 그렇지 않겠느냐?〔一切塵中亦如是〕 흐르는 물처럼 순리를 따라 이치로 본다면 네 마음이 허공처럼 맑아질 것이니라. 텅 빈 산에 사람 없고, 물은 흘러가고 꽃은 피었다〔空山無人, 水流花開〕. 손가락을 들어 흐르는 물을 가리켜 보렴. 네 손가락 끝에서 흰 구름이 피어오를 것이니라. 네가 세계가 되고, 향기가 되고, 허공이 되고, 우주가 될 것이니라. 제자야! 네가 이 뜻을 정녕 알겠느냐?"

이렇게 해서 큰 스님 앞에서 깨달은 체하던 사미승은 앞서 송광사의 스님이 그랬던 것처럼 엉엉 울며 엎드리고 만다. 관재(觀齋)란 벗의 집을 위해 글을 써주면서 박지원이 엉뚱한 이야기를 끌어온 까닭은 이렇다. '자네가 이 집에서 무언가를 보려 하는 모양인데, 도대체 무엇을 보려 하는가? 아니 ㄱ 전에 본다는 것은 무엇인가? 보려면 똑똑히 보아야 할 것일세. 보려면 정신 차리고 보아야 할 것이네. 헛것을 보지 말고 제대로 보아야지.'

담배 연기와 향로 연기를 가지고 쓴 두 편의 글을 읽었다. 장난투가 있지만 행간에 만만찮은 내공이 느껴진다. 공연히 아는 것 많은 체해봤자, 우리가 이런 글 한 줄 쓸 수 있을 것 같지가 않다.

유자들이 불교의 논리를 빌어 쓴 이런 글을 읽는 것은 조금 뜻밖이라 재미있다. 사실 깨달음의 길에 문이 따로 있을 수야 없겠다. 그 옛날 절집 향로 앞에서 향을 사르다 주고받은 문답들이 이렇게 글로 남아 우리의 건조한 일상에 죽비소리가 된다. 정신이 화들짝 들어오게 해준다.

그림자 놀이

이덕무와 정약용의 산문

늘 여유와 한가를 꿈꾸지만 현실은 그렇지 못하다. 옛사람은 "젊었을 적 한가로움이라야 한가로움이다〔未老得閑方是閑〕"라고 말했다. 사실 다 늙어 한가로운 것이야 할 일이 없는 것이지 한가로움이라 말할 것이 못 된다. 숨가쁜 일상 속에서 짬 내어 누리는 한가로움, 일부러 애써서 찾아내는 한가로움이라야 그 맛이 달고 고맙다. 어찌하면 생활 속에서 기쁨을 빚어올릴까? 삶이 그대로 예술이 되고, 예술이 곧 생활인 삶은 어떻게 누릴 수 있을까? 여기서는 바쁘게 돌아가는 생활의 현장 속에서 작은 여유로 섬광 같은 기쁨을 찾아내며 즐거워했던 선인들의 내면을 엿보기로 한다.

실상이 빚어낸 허상, 그림자

가물대는 등불이 반대편 벽 위에 내 얼굴을 그려놓고, 달밤에는 엄청난 거인 같은 그림자가 길게 앞서가던 시절이 있었다. 그 시절에는 그림자가 생활 속에 늘 같이 있었다. 그림자는 삶의 그늘이다. 그림자는 허상일 뿐이지만, 실체가 드리우지 않고는 만들어지지 않는다.

소동파(蘇東坡)의 글 중에 〈전신기(傳神記)〉란 것이 있다. 어느 날 벗들과 앉아 이런 저런 이야기를 나누던 그는 문득 벽에 비친 제 옆모습을 보았다. 그래서 옆에 있던 사람을 시켜 벽으로 가서 그 그림자의 윤곽을 그리게 하였다. 눈썹과 눈을 미처 그리지도 않았는데, 옆에서 보던 사람들이 모두 웃었다. 대번에 자기 모습인 줄을 알아보았기 때문이었다.

우리 옛글 속에도 그림자에 얽힌 이런 저런 이야기가 적지 않다. 그림자가 들려주는 이야기는 슬프기도 하고, 경쾌하기도 하다. 그림자는 실상이 빚어낸 허상이다. 그리고 그것은 연출하기에 따라 변형과 왜곡이 일어난다. 우리네 일상이 그러하듯이 말이다. 먼저 이덕무의 글 두 편을 읽어본다.

바야흐로 이경인지 삼경인지 싶은데 대문을 마주한 이웃집에서 떠들썩 웃는 소리가 멀리서 이따금씩 들려왔다. 매운 바람에 눈가루가 날려 창 틈에서 곧바로 등불 그림자까지 이르고, 펄럭이며 벼루 위로도 떨어졌다. 나는 이때 옛날을 감상(感傷)하는 마음이 너무도 구슬프고 절실하였기에 다만 손가락 끝으로 뜻 가는 대로 화로의 재에다 글씨를 썼다. 모나고 반듯한 것은 전서 (篆書)나 주서(籀書)와 비슷했고, 얽히고 설킨 것은 행서나 초서에 가까웠다. 나는 넋놓고 바라보며 마침내 그것이 무슨 글자인지를 알지 못하였다.

갑자기 눈썹 언저리가 돌같이 무거워져왔다. 혼자서 불빛에 비친 얼굴 그림자를 보니 무너질 듯 기우숙하였다. 이에 다시금 엄숙하게 옷깃을 바로하고 똑바로 앉아서 자세를 가다듬었다. 한동안 붙박힌 듯 집의 들보를 우러러보았다. 그러자 옛사람의 고결한 행실과 바른 절개가 역력히 떠오르는 것이었다. 나는 개연히 말하였다. "명절(名節)을 세울 수만 있다면 비록 바람 서리가 휘몰아치고 거센 파도에 휩쓸려 죽게 된다 할지라도 후회하지 않으리라. 또 인간 세상의 쌀과 소금 따위 자질구레하게 사람을 얽어매는 것들은 훌훌 벗어던져 깨끗이 마음에 두지 않겠다."

어린 동생은 아무것도 모르고 이불에 누웠는데, 자는 소리가 쌔근쌔근하여 매우 편안하니 상쾌하였다. 내가 이에 번연히 평(平)과 불평(不平) 중 어느 것이 더 나은가를 깨달았다. 그제서야 눈썹을 내리깔고 손을 모으고 《논어》 서너 장을 읽었다. 그 소리가 처음에는 막혀 껄끄럽다가 나중에는 화평하게 되었다. 가슴

속에 가득 차오르던 것이 그 소리에 점점 가라앉더니, 답답하던 기운이 비로소 내려앉고, 정신이 맑고도 시원해졌다. 공자는 도대체 어떤 사람이기에 온화하고 화평한 말 기운으로 나로 하여금 거친 마음을 떨쳐내어 말끔히 없어지게 하고, 평정한 마음에 이르게 한단 말인가? 공자가 아니었더라면 나는 거의 발광하여 뛰쳐나갈 뻔하였다. 앞서 한 일을 생각해보니 아마득하기 마치 꿈속만 같다. 을유년(1765년, 25세) 12월 7일에 쓴다.

일기의 한 토막이다. 깊은 밤중인데 이웃에선 무슨 즐거운 일이 있는지 연신 떠들썩한 웃음소리가 건너온다. 성근 창 틈으로는 눈가루가 펄럭이며 들어와 책상 위로 떨어진다. 눈가루가 날아들 지경이라면 그 방안의 추위가 어땠을까? 싸늘하게 식은 화로의 재 위에 뜻 모를 낙서를 하다가, 왁자한 웃음소리에 고개를 든다. 벽 쪽을 보니 웬 수척한 사내의 금세라도 무너질 듯한 무거운 그림자가 바람에 흔들리고 있다.

사람은 무엇으로 사는가? 제 그림자를 보며 건네는 너무도 절절한 물음에 고개 들어 천장을 우러르다가 화들짝 놀라 자세를 고쳐 앉는다. 올바른 이름과 곧은 절개를 세울 수만 있다면 어떤 역경 속에서도 나는 꺾이지 않으리라. 마음을 다잡고 《논어》를 꺼내 읽는다. 꺽꺽 막히던 소리가 점차 맑아지더니 마침내 마음속에도 평화가 왔다. 그는 《논어》가 아니었다면 미쳐 발광할 뻔했다고 적었다.

이런 광경은 참 슬프다. 하지만 읽는 이가 함께 환해지는 그림자 놀이도 있다.

나비를 얻었는데 참새를 또 얻었구나

가을날 오건(烏巾)을 쓰고 흰 겹옷을 입고 녹침필(綠沈筆)을 흔들면서 해어도(海魚圖)를 평하고 있었다. 문종이를 바른 창이 환해지더니, 흰 국화의 기우숙한 그림자를 만들었다. 묽은 먹을 묻혀 즐겁게 베껴 그리는데, 한 쌍의 큰 나비가 향기를 쫓아와서는 꽃 가운데 앉는다. 더듬이가 마치 구리줄같이 또렷하여 헤일 수가 있었으므로, 꽃 그림에 보태어 그렸다. 또 참새 한 마리가 가지를 잡고 매달리니 더욱 기이하였다. 참새가 놀라 달아날까 봐 급히 베끼고는 쟁그렁 붓을 던지며 말하였다. "일을 잘 마쳤다. 나비를 얻었는데 참새를 또 얻었구나!"

역시 이덕무의 《이목구심서》에 나오는 글이다. 밝고도 경쾌하다. 구름이 걷혔는지 햇살 한 자락이 문종이 위로 쏟아진다. 국화꽃이 창호지 위에 또렷한 그림자를 남긴다. 얼른 묽은 먹으로 창호지 위에 비친 국화꽃을 그렸다. 나비 한 쌍이 꽃잎 위에 앉는다. 마음이 급해진다. 움직이지 마라 움직이지 마라, 속으로 열두 번도 더 되뇌이면서 붓질이 다급하다. 그런데 이게 웬일이란 말인가?

이번엔 참새란 녀석이 나도 그려달라고 가지에 덜렁 매달린다.

한순간에 그린 크로키! 숨가쁘게 붓을 놓으니, 그 사이에 나비도 날아가고, 참새도 날아가버렸다. 잠시 후엔 국화꽃 그림자도 옮겨가 찾을 길이 없게 되었다. 창호지 위에는 엷은 먹 자국만 또렷이 남았다. 가을이 가고 겨울이 다 가도록 문종이 위에 머문 국화의 그림자는 지워지지 않았다.

캄캄한 방에 구멍 하나 뚫어놓고

정약용도 그림자와 관련된 두 편의 멋진 글을 남겼다. 많은 사람이 정약용을 《목민심서》를 지은 근엄한 사상가로만 알고 있지만 천만의 말씀이다. 나는 그의 산문처럼 따뜻하고 정스럽고 인간적인 글을 별로 보지 못했다. 그는 예술을 알고 아취(雅趣)를 즐길 줄 알았던 사람이다. 먼저 읽을 글은 〈캄캄한 방에서 그림 보는 이야기〔漆室觀畵說〕〉이다.

호수와 산 사이에 집을 지으니 물가와 묏부리의 아름다움이 양편으로 둘러 얼비친다. 대나무와 꽃과 바위도 무리지어 쌓여 누각과 울타리에 둘리어 있다. 맑고 좋은 날씨를 골라 방을 닫는다. 무릇 들창이니 창문이니 바깥의 빛을 받아들일 만한 것은 모두 틀어막는다. 방 가운데를 칠흑같이 해놓고, 다만 구멍 하나만 남겨둔다. 돋보기 하나를 가져다가 구멍에 맞춰놓고, 눈처럼 흰 종이판을 가져다가 돋보기에서 몇 자 거리를 두어 비치는 빛을 받는다. 그러면 물가와 묏부리의 아름다움과 대나무나 꽃과 바위의 무더기, 누각과 울타리의 둘러친 모습이 모두 종이판 위로 내리 비친다. 짙은 청색과 옅은 초록빛이 그 빛깔 그대로요, 성근 가지와 촘촘한 잎이 그 형상 그대로다. 구성이 조밀하고 위치가 가지런해서 절로 한 폭의 그림을 이룬다. 세세하기가 실낱이나 터럭 같아 마침내 중국의 유명한 화가 고개지(顧愷之)나 육탐미(陸探微)라도 능히 할 수 있는 바가 아니다. 대개 천하의 기이한 경관이다. 안타까운 것은 바람 맞은 가지가 살아 움직이므로 묘사해내기가 지극히 어렵다는 점이다. 사물의 형상도 거꾸로 비쳐 있어 감상하면 황홀하다. 이제 어떤 사람이 초상화를 그리되 터럭 하나도 차이 없기를 구한다면 이 방법을 버리고서는 달리 좋은 방법이 없을 것이다. 비록 그러나 마당 가운데서 진흙으로 빚은 사람처럼 꼼짝도 않고 단정히 앉아 있는 것은, 그 묘사하기 어려움이 바람에 흔들리는 나뭇가지와 다르지 않다.

놀랍게도 정약용의 글은 현대 사진술의 원리를 정확히 설명하고 있다. 창 밖의 아름다운 경치, 꼭 그리고 싶은 얼굴을 한 치의 오차도 없이 종이 위에 사진 찍듯이 옮길 수가 있다. 암실(暗室)을 만들어 작은 구멍을 통과한 빛의 무리가 돋보기를 통과하면서 확산되어 바깥의 풍경을 종이 위로 옮겨놓는 신기한 마술을 설명하고 있다.

국화꽃 그림자 감상하는 법

이번에는 국화꽃으로 그림자 놀이를 하며 벗들간에 즐겁게 노니는 광경을 묘사한 〈국영시서(菊影詩序)〉를 함께 읽어보자.

국화는 여러 꽃 가운데 특히 빼어난 점이 네 가지 있다. 늦게야 꽃을 피우는 것이 한 가지이고, 오래도록 견디는 것이 한 가지이며, 향기로운 것이 한 가지이고, 어여쁘지만 요염하지 않고 깨끗하지만 차갑지 않은 것이 한 가지이다. 세상에서 국화를 사랑한다고 하면서 스스로 국화의 운치를 안다고 하는 사람들도 이 네 가지 범위를 벗어나지는 않는다.

나는 이 네 가지 외에 또 다만 등불 앞의 그림자를 꼽는다. 매일 밤 이를 위해 방의 벽면을 치우고 등잔 받침과 등잔을 차려놓고 가만히 그 가운데 앉아서 혼자 즐기곤 했다. 하루는 남고(南皐) 윤이서(尹彝敍)에게 들렀다가 이렇게 말했다.

"오늘 저녁 자네가 우리 집에 자면서 나와 함께 국화를 보는 것이 어떻겠나?"

윤이서는,

"국화가 비록 아름답다고는 하나 어찌 밤중에 볼 수가 있겠는가?"

라고 하며 아프다고 사양하였다. 내가,

"어쨌든 가보기나 하세."

하며 억지로 청하여 함께 집으로 돌아왔다.

저녁이 되었다. 짐짓 동자를 시켜 등잔을 잡고 꽃 한 송이에 바싹 갖다 대게 하고는 윤이서를 당겨서 이를 보게 하며 말했다.

"기이하지 않은가?"

윤이서가 한참을 살펴보더니 말했다.

"자네의 말이 더 이상하군. 나는 아무리 봐도 기이한 줄 모르겠는걸."

내가 말했다.

"자네 말이 옳아."

조금 있다가 동자를 시켜 법대로 하게 하였다. 이번에는 옷걸이와 책상 등 여러 가지 방안에 있던 산만한 물건들을 치우고, 국화의 위치를 정돈하여 벽에서 약간 떨어지게 하였다. 그리고 등잔도 꼭 알맞은 위치에 놓아두고서 불을 밝혔다.

그러자 기이한 무늬와 희한한 형상이 갑자기 벽에 가득 차오르는 것이었다. 가까운 것은 꽃과 잎이 엇갈려 있고 가지와 줄기가 또렷하고 가지런한 것이 마치 수묵화를 그려놓은 것만 같았다. 그 다음 조금 떨어진 것은 너울대고 어른대는 그림자가 춤추듯 하늘거리는 것이 마치 동산에 달이 떠올라 뜨락의 나뭇가지가 서쪽 담장에 일렁이는 듯하였다. 먼 것은 흐릿하고 모호해서 마치 구름 노을이 엷게 깔린 것만 같고, 사라질 듯 여울지는 것은 파도가 넘쳐흐르는 듯해서, 황홀하고도 비슷한 것을 이루 형언할 수가 없었다.

이에 윤이서가 즐거워 크게 소리 지르며 뛸 듯이 기뻐하다가 손으로 무릎을 치면서 감탄하며 말했다.

"기이하고 기이하다! 천하의 뛰어난 광경일세그려."

한참을 그러다 흥분이 가라앉자 술을 내오게 하였다. 술이 거나해지자 서로 시를 지으면서 즐겼다. 이때 주신(舟臣) 이유수(李儒修), 혜보(徯父) 한치응(韓致應), 무구(无咎) 윤지눌(尹持訥) 등도 또한 같이 모였다.

사람들은 서리를 아랑곳않고 꽃을 피우는 국화의 매운 마음과 향기를 사랑한다. 그렇지만 그는 이것말고 국화의 그림자를 사랑한다고 했다. 국화 그림자를 보는데도 갖추어야 할 것이 적지 않다. 아닌 밤중에 웬 국화 타령이냐며 타박하는 벗을 억지로 집으로 끌고 왔다. 어쩌나 보려고 되는 대로 꽃 한 송이를 등잔 앞에 갖다 대고 그림자를 보라고 했다. '고작 이깟것 보라고 나를 청했더란 말인가? 그림자가 기이한 게 아니라 자네 하는 짓이 기이할세그려.' 벗의 말꼬리가 슬쩍 올라간다.

문장으로 치자면 억양법(抑揚法)이다. 이번에는 제대로 준비를 한다. 방안에 너저분한 세간들을 말끔히 치운다. 그 빈 공간에 국

허필(許佖, 1709~1761)이 그린 〈국화도〉
국화 그림은 문인화의 단골 소재 중 하나다. 국화는 장수를 상징하는 꽃이다. 국화꽃 아래 왼쪽 풀은 여뀌다. 벼슬을 마치고 오래오래 사시라는 뜻을 담은 그림이다. 허필의 호는 연객(烟客)인데, 아들이 제사상에 담뱃대를 얹어놓았을 만큼 애연가였다. 서울대박물관 소장.

화 화분을 세운다. 그리고 약간 거리를 두고 등잔불을 밝힌다. 어둡던 방에 등잔불이 들어오고, 저 자가 지금 무슨 해괴한 일을 벌이려나 싶어 궁금한 눈길이 일제히 벽면으로 가 꽂힌다.

아! 이게 무슨 일인가? 벽에는 갑자기 요지경(瑤池鏡)의 세상이 어리비치는 것이다. 가까운 그림자는 또렷이 국화의 꽃술과 가지와 잎새를 마치 먹으로 그린 것처럼 박아놓았다. 조금 먼 그림자는 어른어른 너울너울 불꽃을 따라 흔들리며, 달빛에 일렁이는 나무의 그림자를 만든다. 먼 그림자는 아예 노을인지 구름인지 아스라한 것이 어느새 넘치는 파도가 되어 덮치기도 하여 아마득히 보는 이의 정신을 앗아가버린다.

투덜대던 벗은 저도 모르게 무릎을 치면서 놀라 뛴다. 주인은 이만하면 어떠냐는 듯이 만면에 흐뭇한 미소를 흘렸겠지. 그제서야 술을 내오고, 국화 그림자로 시도 지으면서 벗들은 그렇게 밤을 새우며 놀았다.

일에는 순서가 있다. 처음부터 바로 제대로 된 그림자를 보여주었더라면 감동은 이렇게 크지 않았을 것이다. 술부터 내와서 자리가 소란스러웠어도 안 될 말이다. 처음에 짐짓 허튼 수를 한 번 두어 상대의 김을 뺀 뒤, 아예 기대를 하지 않게 해놓고서 느닷없이 정면 공격으로 일격에 무찔러버린다.

가을밤, 국화 화분 하나 앉혀놓고 깜깜한 방안에서 등잔에 불을 붙일 때, 그리하여 일순간 쏟아져나온 빛의 무리들이 만화경 같은 세상을 벽 위에 펼쳐 보일 때, 건조하고 답답하던 삶은 문득 생기를 얻는다. 사는 일이 답답하기야 그때나 지금이나 다를 것이 무에 있겠는가? 다만 그때 그네들이 지녔던 여유를 우리가 지니지 못했을 뿐이다.

램프 불빛이 보여준 그늘

나는 폴 그셀이 엮은 《로댕어록》을 읽다가, 또 하나 인상 깊은 그림자 놀이 장면을 접하였다. 로댕이 벌인 그림자 놀이이다.

어느 날 오후, 나는 로댕의 아틀리에로 그를 찾았다. 이야기를 나누는 동안에 어느새 밤이 되었다.

"당신은 여태까지 램프 불빛으로 고대의 조각상을 본 적이 있습니까?"

갑자기 주인이 내게 물었다.

"아뇨, 전혀 없습니다."

나는 약간 당황하여 대답했다.

"뜻밖인 모양이군요. 낮도 아닌 밤에 조각을 본다는 생각이 유별난 호기심으로 여겨지시는가 보죠. 하기야 자연의 빛은 아름다운 작품을 그 전체로서 가장 감탄하게 만들지요. 그렇지만 잠깐만 기다려주시오. 내가 틀림없이 당신에게 매우 유익한 실험을 한 가지 보여드릴 테니."

이야기를 계속하면서, 그는 램프에 불을 켰다. 그것을 들더니, 그는 아틀리에 한 구석의 받침대 위에 서 있는 대리석 토르소 앞으로 나를 데리고 갔다.

그것은 '메디티의 비너스'의 작은 모조품이었는데 매우 뛰어난 솜씨로 만들어진 것이었다. 로댕은 그것을 제작 도중에 자신의 영감을 자극하기 위해 거기에 놓아두었던 것이다.

"이리 가까이 오시오."

로댕이 말했다. 램프를 조각의 옆쪽에 바싹 가까이 가져가면서 그는 그 복부를 일렁이는 불꽃으로 비추었다.

"무엇을 보았나요?"

그가 물었다. 그 짧은 순간에 갑자기 내 눈앞에 나타난 것을 보고 나는 몹시 놀랐다. 이렇게 비춰진 불빛은 내가 꿈에도 상상하지 못했던 수많은 작은 요철(凹凸)을 대리석 위에 보여주었던 것이다. 내가 그 사실을 로댕에게 말했다.

"좋아요!"

그는 고개를 끄덕였다.

"잘 보시오!"

이렇게 말하고 나더니 그는 아주 조용히 그 비너스 상을 세워놓은 회전반을 돌렸다. 그것이 돌고 있는 동안 나는 복부의 전체적인 형태 속에 있는 수많은 미세한 기복에 끊임없이 주의를 기울였다. 언뜻 볼 때는 단순하게만 보이던 것들이 사실은 비할 데

없이 복잡하였다. 나는 이 위대한 조각가에게 내가 관찰한 바를 고백하였다. 그는 빙그레 웃으면서 머리를 끄덕였다.

"이상하지요?"

그가 계속해서 말했다.

"이렇게까지 세부를 관찰하게 될 줄은 뜻밖이었다고 인정하시오. 자! 허벅지와 복부를 잇는 골짜기 부분의 이 무수한 기복을, 자, 보시오. 골반의 육감적인 요부(凹部)를 모조리 맛보시오. 그리고 다음에는, 이쪽……, 이루 말할 수 없이 아름다운 이 요부를."

그는 나지막한 목소리로 넘치는 열정을 담아 이야기했다. 그리고 황홀하다는 듯 그 대리석을 들여다보는 것이었다.

"이건 정말 육체요!"

이렇게 말한 그는 활기 있게 덧붙였다.

"키스와 애무 아래서 만들어졌다고밖에는 생각할 수 없지요."

갑자기 조각의 허리에 손바닥을 대고는 말했다.

"이 동체에 닿으면 체온이 느껴질 정도예요."

고수(高手)들은 뭔가 달라도 다르다. 그들의 눈은 남들이 다 보면서도 보지 못하는 것들을 단번에 읽어낸다. 핵심을 찌른다. 국화 그림자를 연출하며 벗들과 가을밤을 보내던 정약용의 그림자 놀이와, 비너스 상 둘레로 램프를 돌리면서 햇볕 아래서는 볼 수 없었

로댕의 조각 〈입맞춤〉(1901~1904)
입맞춤하는 남녀의 포옹을 조각했다. 표면 처리를 하지 않은 바위의 투박한 질감과 매끄러운 인체 곡선이 대조를 이룬다.

던 조각상 위의 수많은 요철을 음미하던 로댕의 그림자 놀이는 참 무던히 닮아 있다. 깨달음으로 가는 길에는 양(洋)의 동서도 없고 때의 고금(古今)도 없다.

  그저 주는 눈길에 사물은 결코 제 비밀을 열어 보이지 않는다. 볼 줄 아는 눈, 들을 줄 아는 귀가 없이는 나는 본 것도 없고 들은 것도 없다. 워낙 환한 조명 속에 살다 보니 이제 우리는 좀체로 제 그림자조차 보기가 어렵다. 도시의 밝은 불빛 속에는 그림자가 없다. 그림자는 삶이 빚어내는 그늘이다. 그림자가 없는 삶에는 그늘이 없다. 녹슬 줄 모르는 스테인리스처럼, 언제나 웃고 있는 마네킹처럼, 0과 1 사이를 끊임없이 깜빡거리는 디지털처럼 그늘이 없다. 덧없는 시간 속에 덧없는 인생들이 덧없는 생각을 하다가 덧없이 스러져간다. 도처에 바빠 죽겠다는 아우성뿐이다.

천하의 지극한 문장

홍길주의 이상한 기행문

글쓰기는 지식인의 기초 교양이다. 제 품은 생각을 오해 없이 충분히 전달할 수 있으려면 문필(文筆)의 힘이 꼭 필요하다. 지금도 그렇고 예전에도 그랬다. 글쓰기는 생각의 힘에서 나온다. 머릿속에 든 것 없이 좋은 글, 알찬 생각이 나올 수 없다. 출력을 하려면 입력이 있어야 한다. 가뭄에도 마르지 않는 샘물처럼 든든한 바탕 공부를 갖추어야 한다. 든 것도 없이 꺼내려고만 들면 얼마 못 가 밑천이 바닥나고 만다. 바싹 마른 우물에서는 물이 솟지 않는다.

세상 모든 것이 글 아닌 것이 없다

예전 과거시험 문제를 보면, 오늘날 대입 논술시험에 견줄 것이 아니다. 답안지에서 그 엄청난 경전들이 줄줄이 꿰어져 나오는 것을 보면 어안이 벙벙해진다. 책을 어떻게 읽을까? 글은 어떻게 쓸까? 질문은 막연하고 대답은 막막하다. 이번에 읽을 글은 이에 대한 홍길주(洪吉周, 1786~1841)의 대답이다. 그의 형은 대제학을 지낸 홍석주(洪奭周)였고, 동생은 정조의 사위인 홍현주(洪顯周)였다. 그런데도 그는 평생을 죄인처럼 근신하며 벼슬길에도 좀체 나서지 않았다.

그는 《수여방필(睡餘放筆)》과 《수여연필(睡餘演筆)》《수여난필(睡餘瀾筆)》 등의 연작 수필을 남겼다. 나는 벌써 2년째 대학원 학생들과 이 글을 읽어오고 있는데, 읽을 때마다 그 생각의 깊이와 너비에 감탄한다. 그의 생각은 지금 읽어도 참 신선하다. 그는 이렇게 말한다. "문장은 다만 책 읽는 데 있지 않다. 독서는 단지 책 속에만 있는 것이 아니다. 산천운물(山川雲物)과 조수초목(鳥獸草木)의 볼거리 및 일상의 자질구레한 일들이 모두 독서다." 정신을 차리고 깨어서 바라보면 천지만물 어느 것 하나 훌륭한 문장 아닌 것이 없고, 기막힌 책 아닌 것이 없다. 천지만물, 삼라만상은 그 자체로 하나의 훌륭한 텍스트다. 그것을 제대로 바라볼 안목이 없어 그 멋진 책을 그냥 스쳐 지나고 있을 뿐이다.

증자(曾子)의 제자 중 공명선(公明宣)이 있었다. 문하에 3년을 머물렀는데, 스승은 제자가 책 읽는 꼴을 볼 수 없었다. 스승이 연유를 묻자, 제자는 이렇게 대답한다.

"선생님! 제가 책을 읽지 않다니요. 저는 선생님께서 가정에서 생활하시는 것을 보았고, 손님 접대하시는 것을 보았습니다. 또 조정에 처하시는 것도 보았습니다. 열심히 보고 익혔지만 아직 능히 하지 못합니다. 제가 어찌 감히 배우지도 않으면서 선생님의 문하에 있겠습니까?"

홍길주는 〈이생문고서(李生文藁序)〉에서 공명선의 일을 말한 뒤 이렇게 부연했다.

사람이 일용기거(日用起居)와 보고 듣고 하는 일이 진실로 천하의 지극한 문장이 아님이 없다. 그런데도 사람들은 스스로 글이라 여기지 아니하고 반드시 책을 펼쳐 몇 줄의 글을 어설프게 목구멍과 이빨로 소리 내어 읽은 뒤에야 비로소 책을 읽었다고 말한다. 이 같은 것은 비록 백만 번을 하더라도 무슨 보람이 있겠는가?

꼭 문자로 된 종이책을 소리 내어 읽는 것이 독서가 아니다. 삼라만상이 다 문자요 책이다. 삶이 곧 독서다. 죽은 지식, 아집과 편견만을 조장하는 지식은 지식이 아니라 독이다. 홍길주의 글 속에서 이런 방식의 글쓰기는 어디서나 쉽게 만나볼 수가 있다.

천하에서 옛 법도에 따라 차례를 지켜 조금도 어그러질 수 없는 것에 계절의 차례만한 것이 없다. 하지만 2월에 있어야 할 절기가 정월에 들어가는 경우가 있다. 한 달 중에 단지 한 번의 절기만 있는 경우도 있고, 한 달 중에 세 차례나 절기가 있는 경우도 있다. 일 년 중에 입춘을 두 번 만날 때도 있고, 일 년 중에 입춘이 없을 때도 있다. 또 일 년이 열세 달이 될 때도 있어, 해마다 달력이 같은 법이 없다. 내가 어릴 적에 군영에 순라하는 군사를 살펴보니, 4패로 나누어 각 패마다 장교 하나에 병졸이 넷이었다. 4패 뒤에 또 한 패가 있는데, 5패라고 부르지 않고, 별4패로 불렀다. 장교가 하나고, 병졸 또한 한 사람뿐이기 때문이었다. 내가 말했다. 이것이 바로 문장의 법이다.

글쓰기의 방법을 그는 묘한 비유로 설명했다. 1년이 365일인 것은 같지만, 달력은 어느 한 해 같은 적이 없다. 순라꾼의 조직에도 문장법은 살아 있다. 장교 하나에 병졸 넷이 한 단위를 이루어 1패가 된다. 그런데 장교 하나에 병졸 하나는 5패라 하지 않고 별4패라 한다. 명실이 뒤섞여 혼동됨을 막기 위해서다. 글쓰기가 같은 원리 위에 끊임없는 변화를 추구해야 한다는 말을 이렇게 돌려서 했다.

그는 또 "나는 배움이 넓지 못한데, 만년에는 더욱 게을러져서 평소에 혹 책을 마주하지 않기도 한다. 하지만 아침 저녁으로 눈과 귀로 접하는 일월(日月) 풍운(風雲) 조수(鳥獸)의 변화하는 자태로부터, 방안에 늘어선 책상이나 손님과 하인들의 자질구레한 말에 이르기까지 글 아닌 것이 없었다"고 술회하기도 했다.

같으면서 같지 않은 두 번의 여행

이제 조금 긴 글을 한 편 읽어보자. 《수여방필》 앞머리에 나오는 잡록의 일부이다. 제목도 없는 글이다. 홍길주는 이 글에서 삼형제가 함께했던 두 차례의 비슷한, 그러나 전혀 다른 여행을 이야기하면서 전혀 엉뚱하게 글 쓰는 방법에 대해 말한다. 처음 이 글을 읽고 나도 모르게 기뻐서 소리를 질렀다. '야! 무슨 이런 글을 쓸 수 있단 말인가?' 흥분을 가라앉히려고 주먹을 불끈 쥐고 방안을 몇 바퀴나 빙빙 돌았다. 그날 밤으로 원문을 입력하며 혼자 신이 나서 어쩔 줄 몰랐던 기억이 있다.

전체 글은 단지 두 차례의 여행이 어떻게 같았고, 또 어떻게 달랐는가를 설명하고 있을 뿐이다. 설명은 지리하고 시시콜콜하기까지 하다. 하지만 그 속에는 사물의 본질을 투시하는 맑고 깊은 눈, 평범한 곳에서 비범한 일깨움을 이끌어내는 통찰력이 담겨 있다. 옛사람의 생각하는 방법, 사물을 이해하는 태도가 고스란히 들어 있어, 찬찬히 음미해볼 만한 가치가 충분한 글이다. 다만 너무 길고 지리하므로 단락을 나누어 읽어보겠다.

기축년(1829년, 44세) 4월 3일에 형님을 모시고 아우와 함께 통진(通津)에 성묘 갔다가 하룻밤을 자고서 돌아왔다. 7일에 또 형님 아우와 수락산에 놀러 가기로 약속하여 내원암(內院庵)에서 자고 이튿날 돌아왔다. 이 두 번의 여행은 천하의 지극한 문장이었다. 두 번 모두 출발은 새벽이었고, 돌아온 것은 이튿날 석양 무렵이었다. 같이 간 사람은 모두 형님과 나와 아우 삼형제였고, 세 사람이 탄 것 역시 모두 가마였다. 길에서는 두 번 다 비를 만났으니 대개 같지 않음이 없었다. 그렇지만 통진에 간 것은 성묘를 위해서였고, 수락산에 간 것은 승경을 구경하기 위해서였다. 통진에는 성묘를 위해 갔는데 도중에 용금루(湧金樓)의 빼어난 경치와 만났고, 수락산에는 승경을 구경하기 위해 갔는데, 길에서 흥덕(興德) 대원군의 산소를 배알하였다. 용금루의 승경은 갈 때와 올 때 두 번 만났고, 대원군의 산소는 돌아오는 길에 한 번만 배알하였다. 용금루는 처음엔 만나볼 수 없을 거라고 여겼는데 뜻하지 않게 만났고, 대원군의 무덤은 처음부터 지나는 길에 들르려고 마음먹어, 배알하여 살펴봄이 이와 같았다. 용금루는 파원루(把元樓)가 그 가운데 자리잡고 있어서 외롭지 않았다. 그러나 파원루를 오르는 길은 계단이 끊어져 위험하였다. 대원군의 산소는 판돈(判敦)의 묘를 앞에 두고 하원(河原)의 묘를 뒤에 두어 양 날개로 삼았다. 그러나 판돈의 묘는 그 비문만 읽고 봉분은 보지 않았고, 하원의 묘는 그 비문을 읽고 봉분도 보았지만 절을 올리지는 않았다.

　통진 길에는 형님과 나, 아우 외에 하인 하나가 노새를 타고서 따라왔다. 수락산 길에는 삼형제 외에 조카 세 사람이 노새와 나귀를 타고, 하인은 걸어서 따라왔다. 그 밖에 또 두 손님이 있어 모두 가마를 탔는데, 한 사람은 앞서고 한 사람은 뒤쳐져, 갈 때엔 못 만났지만 돌아올 때는 함께 왔다. 통진 길에는 이튿날 돌아올 때 비를 만나 가마꾼이 흠뻑 젖었지만, 수락산 길에는 첫날 산에 들어가 절에서 쉰 뒤에 비를 만나 힘들지 않았다. 그러나 도리어 돌아오는 길에는 큰 바람과 모래 먼지가 일어 두 눈을 치는 바람에 눈을 뜰 수가 없었다.

　통진 길에는 돌아오는 길에 밤섬(栗嶼)을 건너 마포의 하목정(霞鶩亭)에 올라가기로 약속했으나 비 때문에 그렇게 하지 못하는 바람에 음식을 장만해놓고 마중 나와 기다리던 자들이 모두 헛걸음치고 돌아갔다. 수락산 길에는 돌아올 때 갑작스레 길을 바꿔 오산(梧山)에 있는 이씨의 별장을 찾는 바람에 먹을 것을 차려놓고 마중 나와 기다리던 자들이 모두 분주하게 그리로 대왔다. 무릇 이 모든 일이 또한 한 가지도 같은 것이 없으니, 천하의 지극한 문장이 아니라면 그 누가 능히 이것에 참여할 수 있겠는가?

형님을 모시고 아우와 함께 통진으로 성묘 갔다가 하룻밤 자고 돌아온 것이 첫번째 여행이었고, 사흘 뒤 또 삼형제가 수락산에 놀러 갔다가 이튿날 돌아온 것이 두번째 여행이었다. 두 번 다 삼형제가 동행했고 두 차례 모두 가마를 타고 갔으며, 두 번 모두 비를 만났고 두 차례 다 새벽에 출발해 이튿날 석양 무렵에 돌아왔다. 그렇지만 똑같은 두 차례의 여행은 판이하게 달랐다.

통진 길에는 성묘하러 갔다가 중간에 아름다운 경치를 만나 놀았고, 수락산 길에는 승경(勝景)을 구경하러 갔다가 생각지 않게 성묘를 하게 되었다. 처음부터 그리 하리라고 작정한 것은 실제로는 그리 되지 않았고, 때로는 생각지 않았던 것들과 마주하게 되어 뜻밖의 기쁨을 누렸다.

통진 길에는 가마를 탄 삼형제 외에 노새를 탄 하인 한 명이 있었다. 수락산 길에는 삼형제 외에 노새와 나귀를 탄 조카 세 사람이 있었고, 걸어서 따라온 하인이 있었다. 통진 길에는 돌아올 때 비를 맞았고, 수락산 길에는 절에 들어가 쉰 뒤 비가 내렸다. 통진 길에는 비 때문에 노정을 변경하여 마중 나온 사람들이 헛걸음을 쳤고, 수락산 길에는 돌아올 때 갑자기 길을 바꾸는 바람에 마중 나온 사람들이 그리로 대어오느라고 힘들었다. 이 모두 같지 않은 것이 없었으나 같은 것 또한 하나도 없었다.

같다고 해도 안 되고, 다르다고 해도 안 된다

이어지는 단락에서는 기술의 방법을 바꾸어, '아주 같다고 해도

수락산
매월당 김시습(金時習)을 비롯하여 박세당(朴世堂) 등 뛰어난 학자와 문인의 자취가 곳곳에 배어 있는 산이다.

안 되고, 다르다고 해도 또한 안 된다〔謂之純同不可, 謂之不同亦不可〕'로 결속되는 구문이 세 차례 이어진다.

또 통진 길에는 두 번을 물과 만났는데 모두 큰 강이었다. 양화도에서는 가까웠고 용금루에서는 멀리 보였다. 그러나 양천과 김포 사이에서는 멀리 길 오른편에서 당기어 보이는 것이 끊이지 않았다. 양화도 뒤편에는 또 보통 깊이의 작은 나루가 하나 있어 양화 나루를 보좌하고 있다. 수락산 길에도 또한 두 번 물과 만났는데 모두 기이한 폭포였다. 옥류동(玉流洞)에서는 가까웠고 금류동(金流洞)에서는 멀리서 보였다. 그러나 덕릉(德陵)과 내원(內院)의 사이에서는 산길을 끼고 가는 것이 또한 끊이지 않았다. 두 골짝의 밖에는 또 유채(留債)의 은선대(隱仙臺)가 있어 두 골짝을 비추고 있다. 이를 두고는 아주 같다고 해도 안 되고, 같지 않다고 해도 또한 안 될 것이다.

통진 길에는 김포의 어간에서 밥을 먹다가 군수의 예방을 받았는데 기약하지 않은 것이었다. 수락산 길에는 이씨의 분암(墳庵)에서 밥을 먹다가 산승의 예방을 받았는데, 미리 약속이 있던 것이었다. 이를 두고는 아주 같다고 할 수도 없고, 같지 않다고 말할 수도 또한 없다.

통진 길에는 가고 올 때 모두 양천 읍내 길을 지났지만 들어가지는 않았고, 수락산 길에 갈 때 흥국사를 지났으나 들어가지 않았고 돌아올 때는 점심을 여기서 지어 먹었다. 이를 일러 아주 같다고 할 수도 없지만 같지 않다고 말할 수도 또한 없다 하겠다.

모두 천하 문장의 기이한 변화를 지극히 한 것이다. 그렇지만 두 번 행차한 일이 제각기 하나의 단락을 이루어 서로 이어지지 않는다면 문장가의 끊어졌다 이어지는 기이함을 잃었다 할 것이다. 통진 길에서는 돌아올 때 비를 만났는데, 비록 잠시 젖는 것이 괴롭긴 했지만 집에 돌아온 뒤에 비가 더욱 심해져서 사흘 만에야 겨우 개었다. 이 때문에 폭포 볼 것을 생각하게 되었으니, 수락산 길은 원래 통진에서 돌아오는 길에 말미암은 것이다. 그러나 옥류동과 금류동 두 골의 폭포가 기운차게 쏟아져 내렸던 것은 실로 또한 통진에서 돌아오는 길에 만났던 비가 바탕이 된 것이다. 한 줄기 맥락이 암암리에 이어져 정취의 기이함이 거나하였다. 보며 유람하는 장쾌함을 이미 비의 힘에 힘입었으니, 세상에 다 좋기만 하고 나쁜 점이 하나도 없는 일은 있지 않듯이, 또한 다 꽉 채워 가장자리조차 없는 글은 있지 않은 법이다. 절에서 쉰 뒤에 비가 조금 내렸고, 돌아오는 길에는 바람 먼지가 크게 일었는데 이번 일의 작은 흠이요, 문장으로 치면 여파(餘波), 즉 여운이라 하겠다.

두 번의 행차에서 모두 두 번씩 물과 만났다. 그렇지만 한 번은 두 번 다 큰 강물이었고 다른 한 번은 두 번 다 폭포였다. 한 번은 길 옆으로 물을 보며 갔고, 한 번은 양편으로 산을 끼고 왔다. 두 번 다 밥 먹는 도중에 손님의 방문이 있었는데, 한 번은 미리 약속이 되어 있던 것이고 한 번은 사전에 약속이 없던 방문이었다. 두 번 다 같은 곳을 지나쳤으나 한 번은 오갈 때 모두 들어갔고, 한 번은 올 때만 들어갔다. 두 번 다 어쩌면 그리도 공통점이 많고 또 그러면서도 어쩌면 그리도 같지 않단 말이냐?

그렇다면 이 두 차례의 행차는 아무런 연관이 없이 그냥 우연히 그렇게 같고도 다르게 되었던 것일까? 둘 사이에는 무슨 관련이 있는 것일까? 통진 길에서 돌아올 때 일행은 비를 만났었다. 집에 돌아온 뒤 비가 더욱 심해져 사흘이 지난 뒤에야 비로소 개었다. 그러니까 비가 그친 뒤 이들이 수락산 길을 나서게 된 것은 사흘 계속 내린 비로 수락산의 폭포가 볼 만할 것이라고 생각했기 때문이다. 곧 전혀 상관없는 듯 보이지만 통진 길에서 만난 비가 결국은 수락산 길을 부추긴 셈이다.

파란과 여운

가마에 앉아서는 참으로 책 보기가 좋은데, 통진 길에서는 책을 지니고 가지 않은 것을 유감스레 여겼다. 그래서 수락산을 찾아갈 때는 위응물(韋應物)과 유종원(柳宗元)의 시 몇 권을 하인

하나에게 맡겨 따라오게 한 후에 도중에 여러 번 기다렸으나 오지 않았다. 어떤 사람은 '틀림없이 술 취해 자빠져 있을 게야'라 하고, '그 녀석은 술을 마실 줄 몰라' 하는 이가 있는가 하면, '길을 잃은 게지'라고 말하기도 했는데, 아우는 '녀석이 몹시 멍청하니, 분명히 잘못 도봉산 길로 찾아들었을 게야' 하였다. 나는 아우의 말이 사실에 가까울 것으로 생각했다. 내원에 도착하여 한참 지나 해는 저물려 하는데 빗방울이 뚝뚝 듣는다. 하인 녀석이 그제서야 비로소 숨을 헐떡이며 이르렀길래, 물어보니 과연 아우의 말처럼 거의 백 리 길을 돌아왔다고 말한다. 이것이 이번 길 도중에 한 가지 포복절도할 만한 기이한 일이었으니, 문장가가 하나의 별경(別境)으로 파란을 일으키는 것에 해당한다.

그러나 가마에 앉아 책 보는 흥취는 이 때문에 또 잃고 말았다. 앞서의 행차에서 책을 가져 가지 않은 것과 맥락이 미세하게 이어지니 조화의 묘가 이에 이르러 지극하다 하겠다. 먼저 행차에서는 용금루 위에서 《규장전운(奎章全韻)》 등 몇 권의 책을, 나중 행차에서는 절 가운데 있던 불서(佛書) 및 《화동정음(華東正音)》과 이씨 별장에 있던 고사(攷事)와 신서(新書)의 부류를 또 여러 종 읽었다. 책을 가져간 것과 더불어 책을 가져가지 않은 것이 서로 비추어, 문득 위류(韋柳)의 시집으로 하여금 쓸쓸하지 않게 하였다.

이 절세의 기이한 문장을 벗삼음은 좌구명과 사마천도 뒤에

홍길주의 동생 홍현주(洪顯周)가 그린 〈월야청흥도(月夜淸興圖)〉
홍현주는 정조의 사위였다. 나무 그늘 아래 두 사람이 술병과 거문고를 앞에 두고 달빛에 젖고 있다. 옆에 쓴 글에는 〈장취원도(將就園圖)〉의 남은 뜻을 본떠 그렸다고 적었다. 장취원(將就園)은 명말청초 중국의 황주성(黃周星, 1611~1680)이 꿈꾸었던 상상속의 정원 이름이다. 말 그대로 장차 나아가 살고 싶은 정원이다. 조선 후기 문인들에게 큰 영향을 끼친 글이다. 다산의 글에도 이에 대한 언급이 종종 보인다.

서 눈을 동그랗게 뜰 터이다. 내가 이 두 번의 행차에서 천하의 기이한 문장을 읽은 것이 몇 십백 편이었으므로 나도 몰래 손과 발이 너울너울 춤을 추었다. 반드시 책에 임하여 몇 줄의 먹 글씨가 낭랑하게 목구멍과 어금니 소리를 낸 뒤에야 책을 읽었다고 여기는 자에게야 어찌 족히 이를 말하겠는가?

오지 않는 하인을 두고 보인 동행들의 반응도 제각각이다. 술 취해 자빠져 있을 거라고도 했고, 술 마실 줄 모르니 그렇지 않을 거란 사람도 있었다. 그냥 길을 잃었을 거라고 하는 사람도 있고, 더 구체적으로 도봉산 길로 잘못 들어 헤매고 있을 거라고 말한 사람도 있었다. 같은 현상을 두고도 해석하는 태도와 방법은 각자 달랐다.

더욱이 하인 녀석이 길을 잃고 헤매다 뒤늦게 헐떡이며 달려온 일은 전혀 예상에 없던 것이라 일행에게 한바탕 웃음을 선사했다. 그렇지만 홍길주는 그깟 책 때문에 그 소동이 일어난 것을 생각하매 책 읽고 싶은 마음이 싹 가시고 말았다. 결국 두 번의 행차에서 모두 가마에서는 책을 읽지 못했다. 한 번은 책이 없어서였고, 한 번은 있기는 있었지만 흥미를 잃어서였다. 또 따지고 보면 앞서 통진 길에 책을 안 가져갔기에 수락산 길에서의 책 소동이 벌어졌다. 그러니까 앞뒤의 행차는 무관하지 않게 자꾸 서로 알게 모르게 간섭하고 있는 것이다.

참 이상하다. 같은 사람들이 같은 가마를 타고 똑같이 1박 2일의 일정으로 놀러 가서 같이 승경을 보고 성묘도 하고 같이 비를 맞고 같이 마중 나온 사람들도 있었고, 같이 책을 읽었고, 같이 방문 온 사람이 있었는데도 어느 것 하나 똑같은 것이 없으니 말이다.

천하의 지극한 문장

홍길주는 "무릇 이 모든 일이 한 가지도 같은 것이 없으니, 천하의 지극한 문장이 아니라면 그 누가 능히 이것에 참여할 수 있겠는가?"라고 적고 있다. 그렇다면 그가 말하는 '천하의 지극한 문장'이란 무엇일까? 다 같건만 한 가지도 같은 것이 없다면 그것이 천하의 지극한 문장이 되는 것일까? 그렇다면 같다는 것은 무엇이고, 다르다는 것은 또 무엇인가?

그는 아주 같다고 해도 안 되고, 같지 않다고 해도 또한 안 되는 것이야말로 천하의 지극한 문장이라고 했다. 같고도 다르게, 이는 상동구이(尙同求異)의 요결을 말한 것이다. 같지만 다르다. 여기서 같다는 것은 외재적 형식이거나 표층의 내용일 터이고, 다르다는 것은 그것이 놓인 자리나 내재적 의미가 결코 같아서는 안 된다는 것이다. 겉보기에는 대동소이하다. 그러나 찬찬히 살펴보면 하나도 같은 것이 없다. 그런데 대부분의 글들은 겉보기에도 대동소이하고, 찬찬히 살펴보면 더 똑같다. 이것이 천하의 지극한 문장과 일반의 저열한 문장을 구별짓는 가장 큰 차이다.

다시 홍길주는 두 차례 행차 사이의 맥락 문제를 문장가가 문장 지을 때 끊어졌다 이어지는 기변(奇變)과 연관짓는다. 한 편의 글은 여러 개의 단락으로 이루어진다. 단락이란 생각의 덩어리이다. 여러 개의 생각들이 여러 개의 덩어리를 이루고, 그 덩어리들이 합쳐져서 하나의 총체적인 형상을 빚어낸다. 그러기에 하나 하나의 덩어리들은 각기 독립된 개체로 존재하고 있지만, 그것들 사이에는 보이지 않는 긴밀한 연계가 있어야 한다.
　통진에서 돌아오는 길에 만난 비가 사흘 뒤 수락산 폭포의 장관을 연출하게 되고, 또 그 비 때문에 수락산 행을 결심하게 된다. 통진 길에 책을 가져갔더라면 수락산 길에서 책 때문에 그 소동이 벌어지지는 않았을 것이다. 앞에서 툭 던져둔 한 마디 말이 땅 밑으로 삼천리를 흐르다가 불쑥 솟아 황하수를 이루듯, 뒤의 단락과 앞의 단락이 서로 호응하여 한 편 글의 밀고 당기는 긴장과 이완을 연출해야만 한다.
　또 글에는 한 줄기 맥락이 암암리에 보이지 않게 이어져야 한다. 사흘 전에 내린 비가 폭포의 유량을 증가시켜 목전의 장관을 연출한다. 그 비 때문에 아무 상관 없어 보이는 통진 길이 사흘 뒤의 수락산 여행으로 이어졌다. 막상 올 때 비 맞는 것은 싫었는데, 결국 사흘 뒤 여행의 빌미를 주었으니 이것은 좋기도 하고 나쁘기도 하다. 한 편의 글도 이와 다를 바가 없다. 앞에서 읽을 때는 쓸데없는 군더더기로 생각되던 것이 뒤에 와 마무리에서 호응을 이루자, 없어서는 안 될 요긴한 말로 변화해버린다. 잘 나가던 글이 때로 우정 딴전을 부리거나 곁길로 새는 것은 뒷부분과의 호응을 배려한 것일 터이다. 이에 글은 아연 생기를 얻어 꽉 짜인 짜임새를 획득하게 된다.

그렇지만 글에는 여운이 있어야 한다. 통진 길에서 만난 비가 수락산 길을 재촉했고, 수락산 길에서는 절에 도착한 뒤에야 비가 와 비에 젖는 고생은 없었다. 이렇게 단순히 비교만 하고 끝난다면 여운이 남지 않는다. 그 대신 수락산에서 돌아올 때는 바람 먼지가 심하게 불어 눈을 뜰 수 없어 고생을 했다고 적었다. 이것이 바로 문장의 여운이다. 제 할 말을 다 했다고 해서 그쳐버리고 말면 글에 여운이 생기지 않는다. 여운이란 길게 남는 뒷맛이다. 한 번 더 음미하게 만드는 힘이 여기서 생긴다.

글에는 또 파란이 있어야 한다. 평면적인 설명이나 서술만으로는 안 된다. 강물이 드넓은 벌판을 만나서는 잔잔히 흐르다가 굽이친 골짜기를 만나면 여울을 이루듯, 문장에는 변화와 곡절이 있어야 한다. 중간에 하인 녀석이 길을 잃고 헤맨 소동은 평면적으로 흘러가던 서사에 긴장과 활력을 불어넣었다. 예기치 않았던 일이 늘상 여행의 잊지 못할 추억이 되듯, 생각지 못한 변화는 문장에 탄력을 넣어준다. 물론 그 변화는 자연스러운 것이라야 작위적이어서는 안 된다. 또 이 소동 때문에 가마에서 책을 읽으려던 당초의 흥취가 싹 가시고 말았는데, 이것은 모두 애초에 통진 길에 책을 가져가지 않았기에 생긴 일이니, 이 사이에도 보이지 않는 맥락이 이어지고 있음을 놓쳐서는 안 된다. 이렇듯 한 편의 훌륭한 문장은 단락과 단락이 유기적으로 긴밀하게 연결되어야 한다.

  이렇듯 그는 두 차례의 여행에서 느낀 것을 가지고 한 편의 훌륭한 독서론과 문장론으로 발전시켰다. 여행과 문장 작법은 전혀 관계없을 것 같은데 따지고 보니 다를 것이 하나도 없었다. 세상 모든 일이 다 그렇다. 그저 활자를 읽는 것만이 독서가 아니다. 글로 쓰는 것만 작문이 아니다. 글로 쓰여지지 않고, 문자로 고정되지 않은 글을 읽고 쓸 줄 아는 안목이 있어야 한다. 그럴 때 천하 사물은 명문 아닌 것이 없다.

신선의 꿈과 깨달음의 길

마음을 다스리는 방법에 관한 허균의 생각

한때 '단(丹)'이란 제목의 소설이 온 나라에 수련 열풍을 몰고 온 일이 있었다. 지금도 많은 수행자들은 심산유곡(深山幽谷)에서 풀뿌리를 캐어 먹으며 신선의 꿈과 깨달음의 길을 찾아 헤맨다. 삶에 찌들고 생활에 지친 사람들은 대도시의 빌딩 숲 속에서도 내면의 고요와 육체의 자유를 찾아 수련 삼매에 빠져든다. 깨달음이란 무엇인가? 신선의 꿈은 가능한가?

알 수 없는 사람, 허균

허균, 그는 참 알 수 없는 사람이다. 기생과 사귀다 구설수에 올랐고, 과거시험에서 조카를 부정 합격시켜 유배를 가기도 했다. 지방관으로 있으면서는 아침마다 향을 피워놓고 부처님께 예불을 했다 하여 파직된 일도 있다. 서자들과 허물없이 어울렸다가 옥사에 연루되기도 했다. 하지만 다달이 관리들이 치르는 시험에선 번번이 일등을 했고, 그를 고약하게 비방하던 인물들조차 그의 문학적 재능만큼은 꼼짝없이 인정했다. 또한 그는 내단수련에도 조예가 깊었다. 실존인물인 도사 남궁두(南宮斗)의 수련과정을 적은 연단소설 〈남궁선생전(南宮先生傳)〉은 오늘날 단학 수련하는 사람들이 교과서로 삼을 만큼 정심한 연단이론을 섭렵하고 있다.

허균은 여러 번 탄핵당해 파직되고 귀양갔지만, 오뚝이처럼 일어나 어느새 벼슬길에 복귀하곤 했다. 언제나 현실 정치의 중심에 있었고, 목표를 위해서라면 수단 방법을 가리지 않았다. 또 그 때문에 역모를 꾀하다 49세의 나이로 능지처참형에 처해져 죽었다.

오늘날 그는 〈홍길동전〉의 작가로 더 잘 알려져 있다. 백성의 무서운 힘을 역설한 〈호민론(豪民論)〉 같은 글은 그의 개혁사상을 말할 때면 으레 함께 이야기된다. 하지만 그가 그 바쁜 벼슬길의 여가에, 주체적 삶을 살며 세상의 영리에 초연히 벗어났던 옛 선비들의 육성을 하나 하나 모아 《한정록(閑情錄)》 같은 책을 엮은 것에 대해서는 잘 알지 못한다. 그는 쉴 새 없이 맞물려 돌아가는 현실의 소용돌이 속에서 마음이 많이 허탈했던 듯하다. 그런 마음을 추슬러 다잡고자 마음공부와 관계된 글들을 많이 남겼다.

눈은 자더라도 마음은 깨어 있으라
먼저 읽을 글은 〈수잠(睡箴)〉, 즉 잠에 대한 경계를 담은 내용이다.

세상 사람들은 잠자는 걸 좋아한다. 밤새도록 잠을 자고도 낮잠을 또 잔다. 잠을 잤는데도 자꾸 졸리면 병들었다고 생각한다. 그래서 서로 안부를 물을 때 먹는 것과 나란히 잘 잤느냐 식사는 했느냐고 묻곤 한다. 사람들이 잠을 얼마나 중히 여기는지 알 만하다. 젊었을 때 나는 잠이 적었지만 앓는 법이 없었다. 근년 들어 잠이 점점 많아질수록 더 쇠약해지는지라 그 까닭을 알지 못했다.
곰곰이 생각해보았다. 잠이란 병이 들어오는 통로이다. 사람의 몸은 혼(魂)과 백(魄) 두 가지로 작용하게 된다. 혼은 양이고 백은 음이다. 음이 성하게 되면 사람은 쇠약해져 병들고 만다. 양이 성대해지면 사람은 건강하여 질병이 없다. 잠들면 혼은 나가고 백이 속에서 일을 꾸민다. 그래서 음의 기운이 성해져 쇠약한 질병을 불러들이게 되는 것은 당연하다. 잠자지 않으면 혼이 작용하게 되어, 스스로 능히 백을 제압하여 양의 기운을 침범치 못하게 된다. 그러니 잠은 너무 많으면 안 된다.

　옛 경전에서는 이렇게 말했다. "번뇌는 독사(毒蛇)이고, 잠은 네 마음에 달렸다. 독사가 떠나가야 편히 잘 수가 있다. 잠을 즐기는 세상 사람들은 모두 번뇌라는 독사에게 괴롭힘당하는 바가 되니, 어찌 두려워하지 않겠는가?" 잠(箴)을 지어 스스로 경계한다.

　　아, 성성옹(허균 자신의 호)이여!
　　눈은 자더라도 마음은 자지 말라.
　　눈만 자면 마음을 비출 수 있겠지만,
　　마음마저 잠들면
　　음기(陰氣)를 지닌 백(魄)이 와서 침범한다네.
　　백이 침범해 양(陽)이 다치면
　　몸은 변화해 음이 되리라.
　　귀신과 더불어 어울릴 테니
　　아, 두렵구나 성성옹이여!

　눈은 자더라도 마음은 자지 말라. 육신의 눈은 감아도 마음의 눈마저 잠들면 안 된다. 잠을 자되 마음은 깨어 있으란 말은, 맨 정신으로 자란 말이 아니다. 우리 마음속에는 이런 저런 근심이 독이 바짝 오른 독사처럼 똬리를 틀고 고개를 세우고 있다. 여차하여 빈

틈을 보이면 단숨에 물어 그 독이 금세 온몸에 퍼지고 말 것이다. 번뇌는 왜 생기는가? 욕심 때문에 생긴다. 내가 남을 이겨야겠고, 더 많이 가져야겠고, 그것도 모자라 통째로 다 가져야겠기에 생긴다. 잠자리가 편치 않고 꿈자리가 사나운 것도 모두 이 마음속에 똬리를 튼 독사 때문이다. 음산한 기운이 그 빈틈을 파고들어와 내 영혼의 축대를 허물지 않도록 마음의 창을 닦고 또 닦아 깨끗하게 지켜야겠다. 잠들지 말아야겠다.

텅 비고 고요하니

마음이 잠들지 않으려면 어찌해야 할까? 하루에도 수없이 일어났다 스러지는 그 많은 상념들을 다스려야 한다. 생각을 어떻게 다스리나? 마음을 순리에 내맡겨 텅 비우면 된다. 텅 빈 마음속에서는 생각들이 들어왔다가도 그대로 그 빈 통 속에서 퉁퉁 부딪치다 제풀에 돌아나가고 만다. 그래서 쓴 것이 다음의 〈위순잠(委順箴)〉이다.

텅 빈 고요 속에 몸을 맡기면 몸이 순해져서 천명에 맡기게 된다. 능히 남에게 응할 수가 있다. 툭 터진 데에 마음을 얹으면 마음이 순해져서 도에 내맡기게 되므로 능히 사물에 응할 수가 있다. 혼연(混然)한 데에 세상을 맡기면 세상이 순해져서 때에 따르게 되어 변화에 응할 수가 있다. 자연스런 것에 일을 맡기면 일이 순조로워 이치에 내맡기게 된다. 그래서 능히 기미에 응할 수가 있다. 능히 맡기고 능히 순조롭고 능히 응할 수 있게 되면 생각이 생겨나지 않으므로 절로 단련할 수 있게 된다. 바르게 할 수 있고 성의를 다할 수 있으며 고요할 수 있다. 능히 내맡기므로 성내지 않고, 능히 순한지라 다투지 않으며, 능히 응하기에 다함이 없다. 이것으로 능히 바르고 안정되며 정성스러움에 이르게 되어, 마침내 고요함에 능하게 되면 마치 달빛의 밝음이나 물결의 깨끗함과 같게 될 것이다. 이와 같이 생각을 단련하여 닦아 성명(性命)을 안정시킬 수 있게 되면 천하의 능한 일을 다 마친 것이다.

위순(委順)이란, 말 그대로 순리대로 내맡기라는 것이다. 몸에 고요를 깃들이고, 마음에 허공을 담으며, 분별지(分別知)로 세상을 가르지 않고, 자연의 법에 따라 일을 처리한다면, 마음속에 잡된 생각이 일어날 까닭이 없다. 마음을 단련한다 함은 생각을 일으키지 않는 공부를 닦는 것을 말한다. 텅 비고 고요하니 분노가 일어날 일이 없고, 앞서려는 다툼도 없고, 아무리 써도 축나지 않는다. 달이 허공에 떠서 천지 사방을 밝히듯, 맑은 물이 바닥을 훤히 비추듯 일렁이는 생각을 걷어내고 걷어내면 고요만 남는다. 그 고요가 바로 '본 마음'이요 '참 나'다.

헛생각을 막아야

이런 그의 생각은 〈연념잠(煉念箴)〉으로 이어진다.

마음의 본체는
맑아 늘 깨끗하다.
움직이지 않을 땐
맑은 물 거울 같고
텅 비어 신령하고
신비롭고 정밀하다.
으뜸 되는 한 기운
냄새 없고 소리 없네.
잡아둔 지 얼마 안 돼
생각 문득 생겨나지.
엎어지고 자빠져서
미친 듯 놀란 듯이.
슬픔 기쁨, 즐거움 성냄
궁하고 달하고 시들고 번화함.
망령됨이 망령됨을 낳아
온갖 일로 다투누나.
이때를 당하면
마음은 장님처럼 어두워져

업을 짓고 재앙 빚어
악한 길을 재촉한다.
저 깨달은 사람
재앙의 싹 깊이 알아,
도둑 보듯 생각 보고
군대처럼 무서워하네.
보배인 양 생각 감추고
성처럼 생각을 지키지.
부지런히 생각을 간직해
제멋대로 못 날뛰게 한다네.
생각 단련 어이 하나?
고요히 안정하여 정성을 다해.
단련하고 단련하여,
무위(無爲)로써 곧게 한다.
단련하면 성인 되고
그냥 두면 무지렁이 백성.
이렇듯 지극한 도
굳이 처음 이름지어
황제(黃帝) 헌원씨(軒轅氏)는
광성자(廣成子)에게서 들었다네.
이같이 생각을 단련하면

옥경(玉京)에 조회하게 되리.

　풀어 간추리면 이렇다. 마음은 본래 맑고 깨끗한 텅 빈 허공이다. 잔잔한 수면 같고 드넓은 하늘 같아, 냄새도 없고 소리도 없다. 하지만 잠시만 그대로 두면 마음의 수면 위로 온갖 헛생각들이 일렁인다. 기쁨과 슬픔이 작용하고, 얻고 잃음이 망상이 되어, 생각은 생각을 낳고 망령됨은 망령됨을 부추긴다. 맑고 잔잔한 수면엔 파도가 일고, 텅 빈 허공엔 먹구름이 몰려온다. 온갖 추악한 냄새, 귀를 찢는 소음이 밀려든다. 정신을 차릴 수가 없다. 마음의 문은 닫혀버려 대낮에 길을 잃고 그 자리서 울게 된다.
　깨달은 사람은 이 헛생각이 온갖 재앙을 불러오는 빌미임을 잘 안다. 도둑을 지키듯 외적을 막듯 조심하고 무서워한다. 보배처럼 감추고 성처럼 지켜서 제멋대로 날뛰는 일이 없도록 한다. 생각은 어떻게 다스려야 좋을까? 고요히 내면을 응시하며 자세를 안정시켜, 한결같은 정성으로 무념의 긴이(眞我)를 찾을 일이다. 그리하여 마침내 아무것도 하지 않으면서 하지 못하는 일이 없는 무위이화(無爲而化)의 경지에 들게 되면, 신선이 따로 없게 된다.

깨달음이 있는 집

　이렇게 대자유의 경계가 눈앞에 활짝 펼쳐지려면 먼저 깨달아야 한다. 그렇다면 깨달음은 어떻게 오는가? 허균은 자신의 거처를

'각헌(覺軒)' 즉 '깨달음의 집'이라고 이름짓고 〈각헌명(覺軒銘)〉을 지었다. 그 글을 읽어본다.

사람만이 각성(覺性)을 지녔을 뿐이다. 각(覺)이란 한 글자는 의심하는 마음을 끊어버리고, 삿된 망념을 없앨 수 있다. 어지러운 것을 하나되게 하고, 참된 평상으로 돌아오게 한다. 사람이 진실로 그릇이 맑고 밝으며, 심신이 툭 트여 환하면 삿된 기미가 어디로 쫓아 들어오겠는가? 다만 어둡고 어지러움이 절로 생겨나, 보고 이해하는 것이 전도되는 까닭에 바깥의 삿된 것과 떠도는 기운이 틈타게 된다.

그러나 바깥의 삿된 것과 떠도는 기운도 내가 보고 이해하는 것이 전도됨에서 말미암은 것일 뿐, 밖에서 온 것은 아니다. 안이 절로 바르지 못한 까닭에 바깥의 나쁜 것이라고 말한다. 마음에 주장하는 바가 없으므로 떠도는 기운이라고 한다. 각성이란 마땅히 흐려지기 쉬운 줄을 알아야 한다. 오로지 정성으로 길러야만 환해진다. 안정시켜 붙들어야만 맑아진다. 지극히 맑고 밝으면 도를 이룰 수가 있다. 공경을 다해 귀신을 섬기는 것은 도리어 하늘이 준 본래 성품을 섬김만 못하다. 성성옹은 이 말을 가슴에 새기는지라 집 이름을 각헌(覺軒)이라 하였다. 인하여 명(銘)을 지었다.

사람에겐 성품 있어
깨달으면 어둡지 않네.
깨닫지 못한 자는
물욕에 어두워
먼지 낀 거울 같다.
먼지 털면 환해지듯
깨달으면 원만해져
크고 밝은 거울 같다.
밖으론 망령됨 삿됨 막고
안으론 맑고 밝음 보존하네.
맑음과 밝음은
공경과 정성이니,
이 깨달음 신선도 아니요
부처도 아니며,
또한 성인도 아니어서
마음으로 건너편 마주함일세.

    깨닫지 못한 사람의 마음은 잔뜩 때가 낀 거울과 같다. 사물을 비추지 못하는 것은 이미 거울이 아니다. 하지만 물로 씻어내고 수건으로 닦아내면 거울은 다시 사물을 비춘다. 마음의 먼지도 이같이 털어낼 일이다. 세상 살아가면서 생겨나는 온갖 망념들은 바로 거울에 덕지덕지 붙은 때다. 환한 거울 앞에서는 모든 사물이 제 모습을 드러낸다. 감출 수가 없다. 거울에는 거울의 아(我)가 없다. 지나가는 사물이, 세계가 있을 뿐이다. 거울은 나이면서 나가 아니고, 세계가 아니면서 세계다. 내가 없으므로 세계를 받을 수가 있고, 그 세계는 바로 나이기도 한 것이다. 표면이 흐려지면 거울은 사물 비추기를 거부하고 제 자신을 고집하게 된다. 제 자신을 고집할 때 거울은 이미 거울이 아니다. 부지런히 닦지 않으면 거울은 금세 더러워진다. 마음 밭도 이와 다를 것이 없다. 차분히 가라앉혀 침묵을 깃들여야 한다. 생각을 걷어내야 한다. 그 끝에 깨달음이 있다. 이 깨달음은 유불도 삼교의 가르침을 넘어선다. 나와 우주의 사이, 나와 세계의 사이에 간극이 없어진다. 무어라 말할 것이 없게 된다.

마음을 닦는 요결

그런데 이 마음을 비우고 생각을 단련하는 공부는 도가의 내단 수련 과정과 아주 흡사하다. 그런 점에서 앞서 말한 〈남궁선생전〉과 통하는 바가 있다. 역시 허균이 지은 〈남궁선생전〉은 남궁두란 인물이 자신의 첩과 집안 조카가 사통하는 것을 보고 두 남녀를 죽였다가 수배 죄인이 되어 떠돌던 중 무주 적상산(赤裳山)에서 스승을 만나 내단을 수련하는 과정을 엮은 이야기다. 처음 수련 단계에서 스승은 그에게 이렇게 말한다.

"대저 모든 방술은 먼저 정신을 모은 뒤에 이룰 수가 있다. 하물며 백(魄)을 단련하고 신(神)을 드날려 신선이 되고자 하는 사람이겠는가? 정신을 모으는 것은 잠자지 않는 것으로 시작한다. 너는 먼저 잠을 자지 않도록 해라."

앞서 본 잠을 줄이라는 〈수잠(睡箴)〉의 단계다. 이 단계를 무사히 넘기자 스승은 남궁두에게 도가의 기본 경전인 위백양(魏伯陽)의 《참동계(參同契)》를 만 번이나 읽게 하면서 다시 이렇게 말한다.

"대저 신선술을 배우는 자는 생각의 실마리를 끊어 없애고 편안히 앉아 정기신(精氣神) 삼보(三寶)를 단련하여 감리(坎离)와 용호(龍虎)를 교제(交濟)하여 단(丹)을 이루게 된다."

순리에 맡겨 생각을 없애는 〈위순잠(委順箴)〉〈연념잠(煉念箴)〉의 단계다. 이 단계에서 남궁두는 벽곡(辟穀) 수련에 들어간다. 벽곡이란 불에 익힌 곡식을 먹지 않는 것이다. 말하자면 생식이다. 검은 콩 가루와 황정(黃精: 둥글레) 그리고 복숭아씨 가루를 한 숟가락씩 물에 타서 하루에 두 번만 먹었다. 여기에 호흡하는 법과 운기(運氣)하는 법을 익히자, 오히려 얼굴에 살이 찌고 기운이 상쾌해지며 온갖 생각이 말끔히 사라지는 경지에 다다르게 된다.

다시 몇 년을 더 수련했다. 이제 남궁두는 꼼짝도 않고 앉아 눈 감고 마음의 눈으로 바깥을 투시할 수 있게 되었다. 그러던 어느 날 그는 윗 잇몸에 조그만 오얏 같은 물건이 돋아 여기에서 단물이 나와 흐르는 것을 느꼈다. 마침내 단전에 금단(金丹)이 좁쌀만한 붉은 구슬처럼 맺히면서 화후(火候)를 운행할 수 있게 된 것이다. 깨달음을 이룬〈각헌명(覺軒銘)〉의 단계다.

스승은 기뻐하며 삼재경(三才鏡)과 칠성검(七星劍)을 꽂아 주문을 외워 마귀를 물리치고는 그를 독려한다. 다시 6개월을 수련하자, 단전이 충만해지면서 배꼽 아래에서 황금빛이 흘러나왔다. 하지만 그는 급히 도태(道胎)를 이루려는 욕념(慾念)을 못 이겨 순간적으로 배꼽 아래 단전에 불이 붙어 고함을 지르며 방을 뛰쳐나오고 만다. 깨끗이 닦았던 거울에 다시 때가 앉은 것이다. 결국 그는 마지막 관문을 통과하지 못해 천선(天仙)의 경지에는 오르지 못하고 지선(地仙)에 머물고 만다.

마지막으로 남궁두를 하산시키며 스승은 이렇게 말한다.

"너는 이미 인연이 박하여 이곳에 오래 머물 수는 없다. 하산하여 머리를 기르고, 황정을 먹으며 북두성에 늘 절하도록 해라. 살인하거나 음란한 짓, 도둑질을 하지 말고, 비린내 나는 생선이나 개고기 소고기를 먹지 말며, 남을 몰래 해치지 않는다면 이것이 바로 지상선(地上仙)이니라. 이를 닦아 행하기를 그치지 않는다면 하늘로 날아오를 수도 있지.《황정경(黃庭經)》과《참동계》는 도가의 으뜸가는 경전이니 늘 지니며 외우기를 게을리해서는 안 된다.《도인경(度人經)》은 태상노군(太上老君 : 노자를 신격화한 존칭)이 도를 전한 글이고,《옥추경(玉樞經)》은 뇌부(雷府)의 여러 신이 높이는 것이다. 이를 지니고 있으면 귀신이 두려워 공경하게 되느니라.

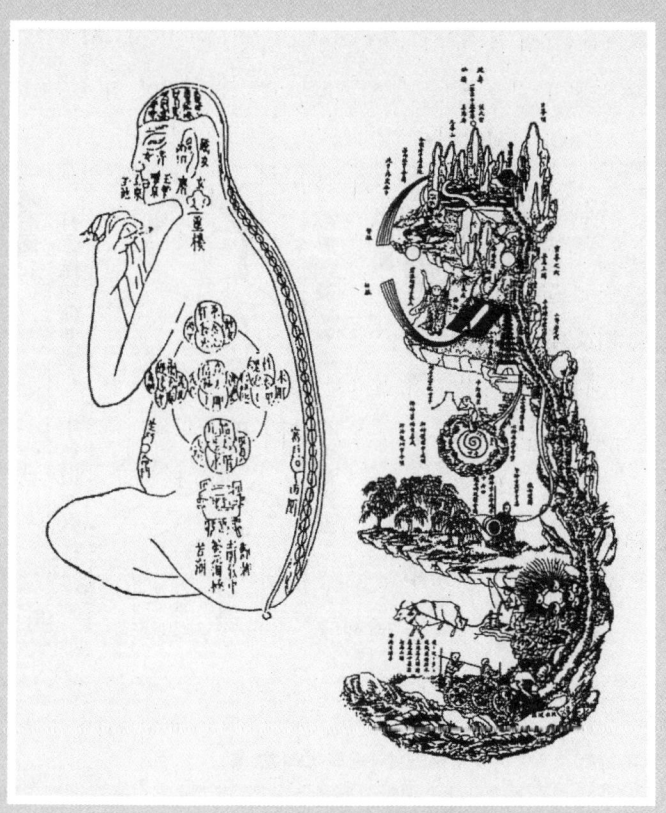

기의 순환을 나타낸 시조도(時照圖)
단전 아래 부분에 솥이 그려져 있는 것이 보인다. 오장육부를 물과 불, 음양의 원리에 따라 설명한 그림이다. 인간의 육체를 천지 자연의 이치로 풀어 설명하고 있다.

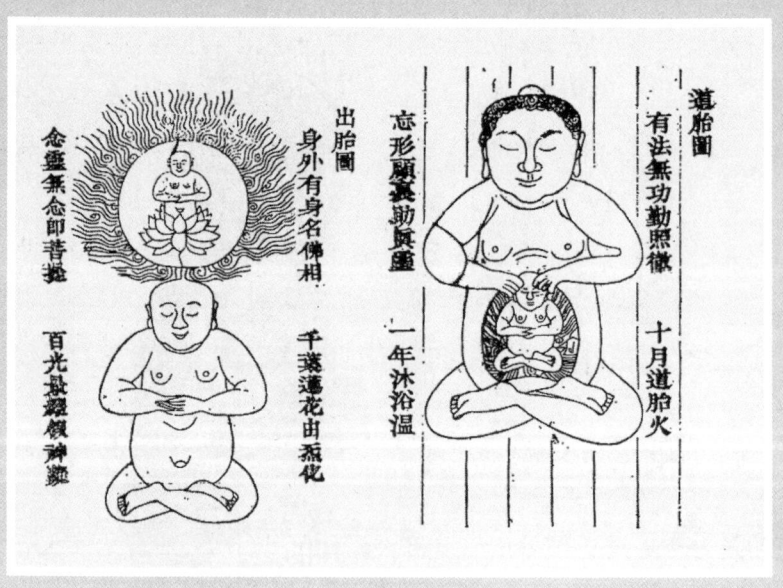

단전에 도태(道胎)가 이루어진 상태를 나타낸 도태도(道胎圖)
옛사람들은 내단수련을 통해 단전에 태(胎)가 맺히는 깨달음의 경지를 이룰 수 있다고 믿었다. 특히 허균의 시대에는 실제 상당한 수준의 수련가들이 적지 않았고, 수련에 관한 저술들도 많았다.

이 밖에 마음을 닦는 요결은 오직 속이지 않음을 으뜸으로 치느니라. 무릇 사람이 한 번 선과 악을 생각에 담게 되면 귀신이 좌우에 늘어서 있어 모두 먼저 이를 알게 된다. 옥황상제께서 강림하사 가까이에서 마지막 심판을 하게 되면 문득 두궁(斗宮)에 이를 기록하여 보응하는 효과가 그림자나 메아리보다 빠르곤 하지. 어리석은 자는 제멋대로 아득하고 어두워서 두려워할 것이 없다고 여기곤 한다. 그들이야 저 푸른 하늘 위에 참 주재자가 있어 그 자루를 잡고 있음을 어찌 알겠느냐? 너는 인내하는 마음은 비록 강하지만 욕념(慾念)이 사라지지 않았으니, 혹 삼가지 않아 한 번 이단에 떨어지면 영원히 고통을 받게 될 것이다. 삼가지 않을 수 있겠느냐?"

초월의 상상, 신선의 꿈

앞서 허균이 마음을 닦는 방법을 적었던 글들과 도가의 내단수련 과정을 적은 〈남궁선생전〉은 이렇게 다시 만난다. 그렇다면 그가 이토록 길게 설명했던 도가의 내단수련이란, 결국 마음을 텅 비워 욕념을 걷어내고 거울처럼 투명하게 되어, 거기에 온갖 사물을 깃들여, 내가 세계가 되고 세계가 내가 되는 조화를 추구하는 마음 수련의 환유가 아니겠는가? 단전에 불이 붙어 천선(天仙)이 되지 못했다 함은 끊임없이 갈고 닦지 않으면 다시 더러워질 수밖에 없는 인간의 본성을 일깨움이 아닌가? 벽곡을 하고 호흡법을 익힘도 욕심을 버리고 피를 맑게 해서 잡념을 걷어내란 말이 아니겠는가?

나는 이제야 알겠다. 저 단학의 수련도 결국은 마음공부에 지나지 않는다는 것을. 그것은 결코 속세를 떠나 가족도 버리고 직장도 버리고 깊은 산 속에서 풀뿌리나 캐어 먹으며 사는 삶을 부추기는 것일 수 없다. 생식하고 고기 안 먹고, 잠 안 자고 수련하여 얻고자 하는 것이 무엇인가? 학의 등을 타고 태청허공을 날아오르고, 겨드랑이 밑에 날개가 돋아 보허등공(步虛登空)하는 신선이 되고자 함인가? 그리하여 천상선계에 올라가 밤마다 서왕모의 요지연(瑤池宴)에 참여해 한 알만 먹으면 천 년을 산다는 선도(仙桃)를 따먹으며, 장생불사한다는 유하주(流霞酒)를 마시는 호사를 누리고자 함인가? 그렇지는 않을 것이다. 하늘을 훨훨 나는 신선이란 것도 결국은 잡념을 걷어가 해맑아진 마음이 얻게 되는 대자유의 경계를 비유한 것이 아니겠는가?

어쨌든 허균은 어지러운 세상에서 그것을 벗어난 자유의 세계, 즉 신선의 꿈을 꾸고 있었다. 두 발은 땅을 딛고 있었지만, 그의 두 눈은 끊임없이 허공을 향하고 있었다. 그는 마음에서 욕심을 걷어내면 몸이 둥실 떠올라 광대무변의 새로운 세상이 열릴 것으로 꿈꾸었던 모양이다. 하지만 정작 그것이야말로 큰 욕심인 줄은 몰랐던 것 같다. 그 꿈을 성급히 이루려고 역모를 계획하다 그는 죽임을 당했다. 그의 호는 교산(蛟山)이다. 교(蛟)는 이무기다. 이무기는

용이 되려다 승천하지 못하고 못에 사는 이물(異物)이다. 그의 호 교산은 용으로 승천하지 못한 그의 꿈을 상징하는 것만 같다.

허균! 그의 글을 읽노라면 떠오르는 생각이 참 많다.

세검정 구경하는 법

정약용의 유기(遊記) 세 편

　속도에 대한 인간의 반응은 옛날이라고 해서 지금과 다를 것이 없었겠다는 생각이다. 물론 지극히 자연적이고 인간적인 속도로 삶이 진행되기는 했겠지만, 개개인이 느끼는 삶의 속도감은 꼭 그렇지만은 않았을 터이다. 남들보다 빨리 출세해야겠다는 생각, 저것을 꼭 내 손에 넣고야 말겠다는 집착, 이런 저런 욕심들이 끼어 들어 예나 지금이나 삶의 속도는 가파르게 고조되어만 간다.
　도시생활에 지친 사람들은 언제나 자연을 꿈꾼다. 늘 곁에 둘 수 없기에 커진 꿈이다. 옛글 속에도 이런 꿈의 조각들이 남아 있다. 바쁜 벼슬길에서 한가롭게 귀거래(歸去來)를 꿈꾸는 것은 일종의 버릇과도 같다. 갈 수 없고, 실상 가고 싶은 마음도 별로 없지만, 귀거래의 관념은 마음속에서 자꾸만 공룡처럼 커져서 마침내 골수에 깊이 박힌 고질이 되고 만다.

절정은 기다린 자를 위해서만 존재한다

함께 읽을 글은 정약용이 30대 초반 서울 명례방(明禮坊), 즉 지금의 명동에 살 무렵에 지은, 벗들과의 노닒을 적은 글 세 편이다. 당시 그는 정조의 총애를 한몸에 받아 신임이 두터웠다. 한 켠에선 그를 천주학쟁이로 지목하여 구렁텅이에 몰아넣으려는 음모가 진행되고 있었다. 늘 바쁘고 부산한 나날이었다.

앞서 본 그림자 놀이에 대해 쓴 글에서도 보았겠지만, 정약용은 젊은 나이에도 깊고 맑은 눈을 지녔다. 그는 종종 사물의 표피를 지나 핵심을 꿰뚫어 본다. 보통 강진 유배 이후의 글들이 알려져 있지만, 젊은 날 그의 글에는 생동하는 삶의 활기가 살아 있다.

세검정의 빼어난 풍광은 오직 소낙비에 폭포를 볼 때뿐이다. 그러나 막 비가 내릴 때는 사람들이 옷을 적셔가며 말에 안장을 얹고 성문 밖으로 나서기를 내켜하지 않고, 비가 개고 나면 산골 물도 금세 수그러들고 만다. 이 때문에 정자가 저편 푸른 숲 사이에 있는데도 성중(城中)의 사대부 중에 능히 이 정자의 빼어난 풍광을 다 맛본 자가 드물다.

신해년(1791) 여름 일이다. 나는 한혜보(韓徯甫) 등 여러 사람과 함께 명례방 집에서 조그만 모임을 가졌다. 술이 몇 순배 돌자 무더위가 찌는 듯하였다. 먹장구름이 갑자기 사방에서 일어나더니, 빈 우렛소리가 은은히 울리는 것이었다. 내가 술병을 걷어치우고 벌떡 일어나며 말했다.

"이건 폭우가 쏟아질 조짐일세. 자네들 어찌 세검정에 가보지 않으려나? 만약 내켜하지 않는 사람이 있으면 벌주 열 병을 한 차례 갖추어 내도록 하세."

모두들 이렇게 말했다.

"여부가 있겠나!"

마침내 말을 재촉하여 창의문(彰義門)을 나섰다. 비가 벌써 몇 방울 떨어지는데 주먹만큼 컸다. 서둘러 내달려 정자 아래 수문에 이르렀다. 양편 산골짝 사이에서는 이미 고래가 물을 뿜어내는 듯하였다. 옷자락이 얼룩덜룩했다. 정자에 올라 자리를 벌여놓고 앉았다. 난간 앞의 나무는 이미 뒤집힐 듯 미친 듯이 흔들렸다. 상쾌한 기운이 뼈에 스미는 것만 같았다.

이때 비바람이 크게 일어나 산골 물이 사납게 들이닥치더니 순식간에 골짜기를 메워버렸다. 물결은 사납게 출렁이며 세차게 흘러갔다. 모래가 일어나고 돌맹이가 구르면서 콸콸 쏟아져내렸다. 물줄기가 정자의 주춧돌을 할퀴는데 기세가 웅장하고 소리는 사납기 그지없었다. 난간이 온통 진동하니 겁이 나서 안심할 수가 없었다. 내가 말했다.

"자! 어떤가."

모두들 말했다.

"여부가 있나!"

정선이 부채에 그린 〈세검정도(洗劍亭圖)〉(부분)
계곡물이 콸콸 쏟아져 내리고 있는 것으로 보아 비 온 뒤의 광경이다. 지금 도로와 주택에 포위당한 세검정의 답답한 광경과 비교해보면 참으로 격세지감이 있다. 국립중앙박물관 소장.

술과 안주를 내오라 명하여 돌아가며 웃고 떠들었다. 잠시 후 비는 그치고 구름이 걷혔다. 산골 물도 잦아들었다. 석양이 나무 사이에 비치자 물상들이 온통 자줏빛과 초록빛으로 물들었다. 서로 더불어 베개 베고 기대 시를 읊조리며 누웠다.

조금 있으려니까 심화오(沈華五)가 이 소식을 듣고 뒤쫓아 정자에 이르렀는데 물은 이미 잔잔해져버렸다. 처음에 화오는 청했는데도 오지 않았던 터였다. 여러 사람들이 함께 골리며 조롱하다가 더불어 한 순배 더 마시고 돌아왔다. 같이 갔던 친구들은 홍약여(洪約汝)와 이휘조(李輝祖), 윤무구(尹无咎) 등이다.

〈유세검정기(遊洗劍亭記)〉의 한 대목이다. 몇 해 전 이 글을 처음 읽고, 푹푹 찌던 그 여름 내내 나는 소나기가 막 쏟아지려 하는 그 순간, 멀리서 마른번개가 쿵쿵 울리며 먹장구름이 뒤덮여올 바로 그 무렵 세검정으로 달려가볼 작정을 하고 있었다. 마음속에 이런 작정을 두고 있는 것만으로도 상쾌하였기에 정작 실행에 옮기지 못한 것은 개의할 것이 못 되었다.

후텁지근한 무더위에 실없이 앉아 술 사발을 돌리며 시간을 죽이고 있던 벗들. 멀리서 먹장구름이 몰려들더니 난데없는 마른번개가 하늘을 가른다. 주인은 뜬금없이 자리를 박차고 일어나 세검정 구경을 종용하고, 영문을 모르며 눈만 껌뻑이던 벗들도 군말 없이 따라나섰다. 나귀를 재촉하고 신들을 찾아 신고, 한 차례 부산을 떨었을 그 모습이 눈에 선하다. 창의문을 나서서 지금 상명대학 앞 홍지문 아래 수문에 당도하자 이미 빗방울이 후득인다. 그리하여 그들은 자못 감동적인 세검정 놀이를 거나하게 마쳤던 것이다. 뒤늦게 들이닥친 심화오 때문에 그들은 더 통쾌했을 게다.

후득이는 빗방울에 옷자락을 적실 각오 없이는 세검정의 진면목은 구경할 수가 없다. 정말 좋은 것은 싫은 일을 감내한 뒤라야 맛볼 수 있다. 하지만 뒤늦게 헐레벌떡 달려온 심화오처럼 우리네 하는 일은 언제나 한 발 늦는다. 나는 이 글을 읽다가 마른우레 쿵쿵대는 찜통더위 속에서 엉뚱하게 세검정으로 달려갈 생각을 하는 다산의 그 마음자리를 그리워한다. 아직 드러나지 않은 사물의 핵심을 꿰뚫어 보는 그의 안목이 부럽다. 절정은 미리 알고 기다린 자를 위해서만 존재한다. 그것이 절정인 줄 알았을 때는 이미 늦는다. 속인들은 언제나 버스가 다 지나간 다음에 난리를 치지만, 지혜로운 이는 천기(天機)를 먼저 읽는다.

세상 사는 맛이 이런 것인가?
두번째 글은 천진암에 놀러 갔던 일을 기록한 〈유천진암기(遊天眞菴記)〉다.

    정사년(1797) 여름 나는 명례방에 있었다. 석류꽃이 막 망울을 터뜨리고 보슬비가 갓 개자, 초천(苕川)에서 물고기를 잡고 싶은 마음이 굴뚝같이 일었다. 이때 법제가 대부는 위에 아뢰어 고하지 않고서는 도성문을 나설 수가 없었다. 그러나 아뢰어보았자 허락하지 않을 것이 뻔했으므로, 마침내 그저 가서 초천에 이르렀다.

이튿날 절강망(截江網) 그물을 가져다가 고기를 잡으니, 크고 작은 놈이 50여 마리나 되었다. 작은 배는 무게를 감당치 못하여 가라앉지 않은 것이 겨우 몇 치뿐이었다. 배를 남자주(藍子洲)로 저어가 즐거이 한바탕 배불리 먹었다. 먹고 나서 내가 말했다.

"옛날 장한(張翰)은 강동을 그리면서 농어와 미나리를 말했었는데, 물고기는 내가 이미 맛보았다. 지금은 산나물이 한창 향기로울 때이니 어찌 천진암(天眞菴)에 가 놀지 않겠는가?"

이에 형제 네 사람이 집안 사람 서너 명과 함께 천진암으로 갔다. 산에 들어서자 초목이 울창하고, 산속엔 온갖 꽃들이 활짝 피어 그 꽃다운 향기가 매우 짙었다. 또 온갖 새들이 화답하며 우는데 그 소리는 맑고도 매끄러웠다. 가다가는 듣고, 듣다가는 가면서 서로 돌아보며 모두들 즐거워하였다.

절에 이르러 술 한 잔에 시 한 수를 읊조리며 하루 해를 보냈다. 이렇게 사흘을 놀다가 비로소 서울로 돌아오니, 무릇 얻은 시가 20여 수였다. 먹어본 산나물은 냉이와 도라지, 고비와 고사리, 그리고 두릅 따위 대여섯 종류였다.

이 시절 다산은 바쁜 벼슬살이의 와중에서 갇힌 사람처럼 답답했던 모양이다. 봄비 개이고 석류꽃 갓 피어난 어느 봄날 그는 갑자기 고향 능내 앞을 흐르는 초천의 쪽빛 강물이 그리웠다. 매운탕 끓여 먹겠다고 휴가를 신청할 수도 없는 노릇이기에 그냥 훌쩍 근무지 무단이탈을 감행하고 말았다. 조랑말을 타고 동대문을 빠져나가 뚝섬에서 배에 올라탈 때의 기분은 얼마나 상쾌했을까? 이때의 흥분을 그는 〈초천에 놀러 가려고 형님을 모시고 뚝섬을 출발하며〔將游苕川陪伯氏晚出纛洲作〕〉란 시에서 이렇게 적었다.

버드나무 언덕에서 쓸쓸히 말은 울고
오사모(烏紗帽)로 광릉 가는 배에 바삐 올라타네.
아스라한 성궐은 구름 속에 아득한데
울멍줄멍 묏부리는 물 위로 떠 있구나.
만 이랑 물결치며 눈익은 길을 열자
바람 맞은 나룻배는 나는 누각 앉은 듯.
수레바퀴 어깨 부딪는 서울 땅은 알았어도
푸른 강물 흰 갈매기 정말 믿지 못하겠네.

鳴馬蕭蕭柳岸頭　烏紗催上廣陵舟
逶迤城闕雲中逈　零碎峰巒水上浮
萬斛波來開熟路　一篙風動坐飛樓
遙知轂櫓摩肩地　未信滄江有白鷗

수레바퀴가 먼지를 일으키고 붐비는 사람들 사이로 어깨를 부딪치며 다녀야 하는 서울을 저만치 티끌 구름 속에 남겨두고, 덩실덩실 흔들리는 뱃전에서 마치 허공에 뜬 누각 위에 앉은 듯 흔들리며 가노라니, 눈앞에서 끼룩끼룩 울며 나는 갈매기의 모습이 꿈인지 생시인지 도저히 믿어지지 않을 지경이라고 했다.

그렇게 광나루를 지나 미사리를 거쳐 가파른 여울을 가까스로 올랐다. 하룻밤을 미음촌(渼陰村)에서 자고, 이튿날 마침내 초천의 맑은 강물이 눈에 들어오기 시작했을 때, 그의 마음은 또 얼마나 설레었을까? 예고도 없이 갑자기 들이닥친 그를 보며, 반가우면서도 웬일인가 싶어 의아하게 바라보는 눈길들도 많았겠다. 도착하기가 무섭게 오래 주렸던 사람처럼 그물을 재촉하고 배 띄우기를 서두르자 곁에서 빙그레 웃었을 그 표정들도 정겹다. 둥그렇게 그물을 던져 묵직하게 당겨 올라올 때는 세상 사는 맛이 이런 것인가 싶었겠지. 서둘러 근처 모래섬으로 건너가 회를 치고, 솥을 걸어 매운탕을 끓였겠지. 배가 둥글어지도록 먹었을 때의 그 포만감은 또 어땠을까?

천진암의 봄소풍

어려운 걸음이니 예서 그만두고 말 수야 있나. 일행은 다시 천진암으로 걸음을 재촉한다. 넘실넘실 걷는 걸음 따라 산중에는 온갖 꽃들이 만발했구나. 그 향기는 마치도 출렁이는 물결과 같다. 새들은 그 내음에 취해 까르르 그만 웃음을 터뜨린다. 도저히 그냥 갈 수가 없다. 취한 듯 바라보다 가만히 귀기울이고, 그러다간 깜빡 생각났다는 듯이 다시 걸음을 재촉한다. 나도 몰래 걸음은 다시금 멈춰지고. 향기로운 냉이와 두릅, 부드러운 고사리를 캐어 국도 끓여 먹고 회도 쳐서 내오고, 나물로 무쳐도 먹었다. 아! 피가 제대로 돌고 답답하던 숨이 탁 트이는구나.

천진암을 오르던 날은 때마침 단옷날이었다. 이날의 광경을 그는 시로도 남겼다. 제목은 〈단옷날에 두 형님을 모시고 천진암에 놀러 가다〔端午日陪二兄游天眞庵〕〉이다.

뫼부리 울창한데 소롯길 희미하다
푸른 잎새 나무 줄기 오후 햇살 희롱하네.
뽕잎은 살져 있고 멧비둘기 새끼 치니
보리이삭 갓 나오고 꿩은 짝져 나누나.
산불에 옛길 불타 절 가는 길 헛갈리고
개인 폭포 아슬한 다리 나그네 옷 적시누나.
산 깊은 곳 사람 사는 집 있는 줄 알겠거니
시내 저편 딸애 찾아 부르는 소리 들려오네.
양자봉(楊子峯) 뫼부리에 푸나무 우거져서
흰 구름 흩어지자 초록의 산빛만이.
청설모 건너가자 꾀꼬리 피해 날고

표범이 숲 지나니 까치가 우짖누나.
오르막길서 나물 캐는 아낙을 만났는데
산속 집서 날마다 꽃구경하는 이 보낸다고.
시냇가서 발 씻으니 기분 너무 상쾌하다
서울 땅 자옥한 먼지 그토록 밟더라니.
산 비탈 첩첩 지나 천진암이 숨었거늘
불경 놓인 향로는 깊고도 그윽해라.
시내 풀은 청황(靑黃)과 초록빛이 섞여 있고
산새의 울음소리 백 가지 천 가지라.
이벽(李檗)이 책 읽던 곳 오히려 남았는데
원공(苑公)이 살던 자취 아득히 못 찾겠네.
풍류와 문채가 모름지기 영경(靈境)이라
반나절 술 마시고 반나절 시 지었네.

重巒蓊蔚一蹊微　　濃綠深黃弄晚暉
桑葉欲肥鳩正乳　　麥芒初長雉交飛
春燒古棧迷僧徑　　晴瀑危橋濺客衣
知有人家深處住　　隔溪聞喚女兒歸
楊子峰頭草木蓁　　白雲飛盡綠嶙峋
蒼鼯度樹鶯先避　　文豹行林鵲亂嗔
磴路時逢挑茱女　　巖飛日送賞花人

臨流濯足知何意　曾蹋東華萬斛塵
巖阿層疊抱祇林　經卷香爐深復深
澗草雜靑黃綠色　山禽交十百千音
李蘗讀書猶有處　苑公棲跡杳難尋
風流文采須靈境　半日行栖半日吟

여름 숲은 참 부산하기도 하다. 새끼 치는 멧비둘기, 짝져 나는 꿩, 청설모에 놀란 꾀꼬리와 표범 보고 법석을 떠는 까치. 나물 캐는 아낙과 딸아이 부르는 소리. 서울 땅 자욱한 먼지 밟던 발을 시냇가에서 깨끗이 씻고, 난만한 숲속 지저귀는 새소리 속에 술 마시고 시를 지었다. 이렇게 고향집 강과 산에서 노닐며 서울 생활에 답답하던 숨통을 틔운 뒤, 그는 다시 원기를 얻어 먼지 자욱한 서울로 돌아온다.

수종사에서 만난 세 가지 즐거움

능내에 있는 다산의 여유당(與猶堂)에서 강 건너 맞은편에 천진암이 있다면, 반대편 운길산 위에는 수종사가 있다. 수종사는 다산이 어린 시절 과거시험을 준비하며 공부하던 곳이다. 다음 글은 다산이 앞의 두 글보다 10년 전에 지은 〈유수종사기(游水鐘寺記)〉이다. 스물두 살 때인 1783년 봄, 증광시(增廣試)에서 급제한 뒤 벗들과 함께 초천에 돌아와 놀러 갔을 때 지은 글이다.

어린 시절 노닐던 곳을 어른이 되어 오는 것이 한 가지 즐거움이고, 곤궁할 때 지나갔던 곳을 뜻을 얻어 이르는 것이 한 가지 즐거움이며, 혼자서 갔던 곳을 좋은 벗을 이끌고 이르니 또 한 가지 즐거움이다.

내가 어릴 적에 처음으로 수종사에서 놀았고, 일찍이 책을 읽기 위해 두 번을 놀았다. 매번 몇 사람과 짝이 되어 쓸쓸하고 적막하게 돌아오곤 했었다. 건륭 계묘년(1783) 봄에 내가 경의(經義)로 진사가 되어, 장차 초천으로 돌아가려 하니 아버지께서 말씀하셨다.

"이번 길은 서둘러서는 안 된다. 친한 벗들을 두루 불러 함께 가도록 해라."

이에 좌랑 목만중(睦萬中)과 승지 오대익(吳大益), 장령 윤필병(尹弼秉), 교리 이정운(李鼎運) 등이 모두 와서 함께 배를 탔다. 광주 부윤은 세악(細樂) 즉 줄풍류하는 악공 몇을 보내 흥을 돕게 하였다.

초천에 돌아온 지 사흘이 지나 수종사로 놀러 갔다. 젊은 사람으로 함께 간 사람이 또한 10여 사람이었다. 어른은 말을 타고, 혹 소를 타거나 나귀를 탔고, 젊은이들은 모두 걸어서 갔다. 절에 이르자 해가 뉘엿하였다. 동남편의 여러 봉우리들은 저녁볕을 받아 한창 붉었고, 강물빛은 햇볕으로 반짝거려 들창 안으로까지 비쳐 들어왔다. 제공은 서로 더불어 함께 즐겼다. 밤이

수종사에서 내려다 본 양수리 전경
서울 근교에서 이만한 물맛과 전망을 갖춘 곳이 없다. 초의(艸衣)를 비롯하여 조선 후기 내로라 하는 시인묵객들이 한 번씩은 이곳에 올라 시문을 남겼다.

되자 달빛이 대낮과 같아 서로 배회하면서 둘러보다가 술을 가져오게 하여 시를 지었다. 술이 몇 순배 돌자 나는 세 가지 즐거움을 가지고 제공에게 이야기해주었다.

수종사는 신라의 옛절이다. 절에 돌 구멍에서 솟아나는 샘이 있어, 땅에 떨어지면서 종소리를 내는 까닭에 수종(水鐘)이라고 한다.

어린 시절 소풍으로 한 번 갔었고, 젊어서는 공부하러 몇 번 갔었다. 절에 가서는 열심히 책만 읽다가 쓸쓸히 돌아오곤 했었다. 이제 과거에 급제해서 금의환향을 했다. 좋은 벗들을 대동하고서 즐거운 노님의 자리를 예서 마련하고 보니, 세 가지 즐거움을 한꺼번에 만난 셈이 되었다.

석양빛 물든 산은 단풍처럼 붉고, 저 아래 두물머리의 물길은 지는 볕을 받아 비단처럼 반짝인다. 술잔을 나누며 노니는 동안 해가 지더니, 이윽고 달빛이 떠올라 낮을 이었다. 수종사에서 한밤중 뚤롱뚤롱 떨어지는 샘물소리를 들으며 그들은 앞으로 펼쳐질 청운의 꿈에 가슴이 한껏 벅차올랐을 것이다.

〈유수종사기〉를 쓰던 스물두 살 무렵부터 〈유천진암기〉를 지은 서른여섯까지가 다산으로서는 가장 득의의 시절이었다. 세상 길 건너가기가 숨가쁘고 힘겹기는 그때나 지금이나 같았을 것이다. 꽁지에 불붙인 듯 바쁜 것도 따지고 보면 다를 것이 없었을 터. 하지만 천둥소리에 잠시 후 펼쳐질 세검정의 장관을 떠올리고, 무단 결근을 감행하며 고향 앞 강물에서 고기 잡고, 앞산에 올라 나물 캘 생각을 하는 일, 어린 시절의 쓸쓸한 추억 깃들인 곳에서 금의 환향의 잔치를 베푸는 일은 누구나 할 수 있는 일이 아니다.

다산의 이 글을 읽고 난 후 나는 늘 수종사를 생각했다. 마음이 답답할 때면 불쑥 차를 몰고 가서 잔설을 밟으며 산길을 혼자 쓸쓸히 올랐다. 대학원 수업을 아예 그리로 옮겨 진행한 일도 있다. 다산의 숨결을 느끼자고 간 길인데 번번이 그곳 다실 보살의 고약한 행세 때문에 마음만 상해 내려왔다. 그래서 다시는 가지 않는다. 주택가로 뒤덮인 세검정은 지금 가도 그런 장한 물살을 보여주지 않는다. 천주교의 성지가 된 천진암은 지금 엄청난 공사가 진행중이다. 그러니 마음으로 노닐 밖에 달리 도리가 없다. 사는 일은 갈수록 팍팍해져만 가는데 정작 마음 편히 쉴 곳이 없다.

미쳐야 미친다

⊙ 2004년 4월 3일 초판 1쇄 발행
⊙ 2023년 3월 21일 초판 68쇄 발행
⊙ 글쓴이   정민
⊙ 펴낸이   박혜숙
⊙ 제호 전각   고암 정병례
⊙ 펴낸곳 도서출판 푸른역사
   우) 03044 서울시 종로구 자하문로8길 13
   전화: 02)720-8921(편집부) 02)720-8920(영업부)
   팩스: 02)720-9887
   전자우편: 2013history@naver.com
   등록: 1997년 2월 14일 제13-483호

ⓒ 정민, 2023

ISBN 89-87787-84-2 03810

· 잘못 만들어진 책은 교환해드립니다.